以人为本的卓越领导之道

一个团队是否业绩出色，是否斗志昂扬，是否遵规守纪，其实不完全在于员工有怎样的素质、能力和态度，而在于管理者有怎样的管理方法和管理力度。

绝版
精华本
★★★★★

ZHEYANG
GUANLI
ZUI GEILI

管理，是一门艺术。一个成功的领导者，往往能够在纷繁的事务中营造最惬意的氛围、最适合的工作环境、最高效的管理机制。

没有管理不好的企业
只有管不好企业的人

这样管理最给力

李高朋◎编著

领导必修的9堂课

本书就是一本针对管理者需求而作的书！

对于一个管理者来说，管理技巧就是一种成本，是一种比生产成本、销售成本更稳定、更高效的成本。如何让管理更给力，这是管理者需要正视的大问题。

北京工业大学出版社

图书在版编目(CIP)数据

这样管理最给力：领导必修的9堂课 / 李高朋编著.
—北京：北京工业大学出版社，2011.8
ISBN 978-7-5639-2777-7

Ⅰ.①这… Ⅱ.①李… Ⅲ.①领导学 Ⅳ.①C933

中国版本图书馆 CIP 数据核字（2011）第121680号

这样管理最给力——领导必修的9堂课

编　　著：李高朋
责任编辑：黄维维
封面设计：翼之扬设计
出版发行：北京工业大学出版社
（北京市朝阳区平乐园100号　100124）
010-67391722（传真）　bgdcbs@sina.com
出 版 人：郝　勇
经销单位：全国各地新华书店
承印单位：九洲财鑫印刷有限公司
开　　本：787mm×1092mm　1/16
印　　张：16.5
字　　数：251千字
版　　次：2011年8月第1版
印　　次：2011年8月第1次印刷
标准书号：ISBN 978-7-5639-2777-7
定　　价：28.00元

前 言

经常听到一些公司领导在聊天的时候说："现在管理公司感觉是拳头打在棉花上，总感觉有力气使不出来。"其实这就是对管理不给力的感慨。现在商场竞争比较激烈，管理是每个领导必修的课程，但是如何管理才能"给力"，这是现阶段领导要深思的一个课题。

老子说："大象无形，大音希声，大智若愚。"前两句说的是自然现象，是自然万物的运行法则，第三句则落在了我们人的身上，这不但是中华民族的传统美德，更是一个人成熟、睿智的标志，是为人处世的基本尺度。按照这样的说法，做领导的就应当稳重、深沉，这既是现实所需，也遵循了自然法则。

冷静、沉着反映一种境界，一种风度；运筹帷幄、慧眼识金反映一种修为，一种能力；稳中求胜、行有所依反映一种策略，一种智慧；果敢干练、有礼有节反映一种气场，一种洒脱。对于领导者来说，管理体现的是一种智慧。

俗话说："心不慌，神不乱。"凡事只有稳住内心、不慌乱、不显露出来，才不会给对手可乘之机；慧眼识金、运筹帷幄，才能够未雨绸缪，争取竞争中的主动；稳扎稳打、步步为营、行有所依、以理服人才能够稳操胜券、无往不利；果敢干练、有礼有节才能够凝聚团队的精神，鼓舞团队的力量，使得管理制度化、人性化，取得快速发展。作为领导，这才是最给力的管理方式。

本书重点探讨了领导者在平时的修炼，修炼什么、如何修炼，以实现自我能力培养和自我超越，旨在与领导者一起分享在决策、协调、用人、应变、行动等方面的管理技巧与方法。它们看似普通，但领导者能掌握并做好则非常不易。本书用简单的语言启发并引导领导者跳出现象看本质，尽快摆脱因心浮气躁而难有所成的现状，进而成为卓越的领导者。

目　录

第一课　头脑清醒：保持理智思维

思维即财富，智者与愚者的差别，并不是明明白白写在脸上的，而是隐现于他们的思想经营的行为、日常生活及立身处世之间。

人们追求的许多答案其实都是从冷静思索中得来，诸如想法、观点、经验和心态，无不如此。正因为这个原因，深入了解自己的大脑到底如何工作，这是非常重要的一件事。拥有智慧并能始终保持头脑清醒，这样的领导必然会走向成功与卓越，实现其人生价值。

第二课　低调沉稳：领导者要具有正确的心态

低调是一种风度，善于低调做人，不仅是体面生存和尊严立世的根本，也体现了赢得人生、成就事业的最佳心态。

从一定意义上说，所谓“低调沉稳”就是不把自己看得太重要、太有能耐、太高明。倘若认为自己处处胜人一筹、高人一等，就会有失谦逊之德、平易之美。所以，一个人不管在什么情况下，都要放下自己的身价，严格要求自己。在做事上向高标准看齐，在做人上则低调处理，方为大智之人。

第三课　运筹帷幄：做决策中轻灵的舞者

领导在进行决策时，通常采用少数服从多数的方式，但另一方面，优异的想法往往与众人的看法截然不同，有反对的想法是很自然的现象，因为这可能是真正有实力的想法，也因此值得领导者去尝试。如果领导者本身有自信，反对意见正好可当做一次项契机：正因为有人反对，更使这种想法具有意义，而且若是成功，也可以证明自己的能力。

第四课　识人用人：让合适的人干合适的事

用人要成功而有效，这是每个领导者都想做到的。每个员工都有其自身的工作背景和性格特点，而工作的性质往往会影响到个人能力的发挥。某种人员安排，可能会使他胜任原本高于其自身能力的工作，也可能使其仅发挥实际能力的一部分。因此，人员的配置有效率、运用恰当，则事半功倍；运用不当，不仅埋没人才，而且影响整个公司运转的效率。另外，即使是一个才能出众的人，也不可能胜任所有工作，应把他安排到他最擅长的工作上。这就是把正确的人放在正确的位置。

第五课　八面玲珑：进退自如的协调术

世界上最复杂的莫过于人心，人际关系中的各种矛盾无处不在、无时不有，公司里更是如此。领导者与下属相处难免发生矛盾，领导者应该怎样处理各种各样的矛盾呢？协调是一种方法。因此企业经营术中提倡“协调矛盾”。领导者如果能妥善处理好这些矛盾，就会在下属中树立起威信，与下属建立起和谐的关系。

第六课　稳扎稳打：不走弯路便是捷径

“事实胜于雄辩”。回应别人说你“不行”的最好方式，就是用事实证明你“行”。一个人在面对蔑视、诋毁和不理解时，一定要心态平和地检视自己，自视过高或把自己贬得一无是处，都是没有调整好自己心态的表现。

我们要不满足于现状，不断寻找机会提升自我，接受挑战，不畏艰难，不怕失败。不要理会别人的目光，而要靠自身的努力不断突破自己，不断进取。

第七课　行使权力：让下属口服心服

领导者当然可以借由他在组织中的“法定地位”行使权力。换句话说，他可以利用他的职权依法指挥、命令、支配下属，只要被领导者认识到领导者有“权”要求，并且服从其要求，影响力就产生了。我们特别要注意的是，当我们运用法定权力行使影响力时，应避免让追随者有受到操纵、控制或威胁的感觉，别让他们觉得好像在廉价拍卖自己的灵魂、肉体和自尊。最好的方法是学习做一个建设型取向，而非操纵型取向的领导者。这样的领导者才能让下属心服口服。

第八课　拒绝拖延：行动才会有结果

成功需要韧性，需要持之以恒。大凡获得成功的领导者，都是多年如一日，专心致志、坚忍不拔的人。事实上，成功往往就深藏在你无数次失败、将要坚持不住、就要退却的地方。

一个目标明确、胸有成竹、充满自信的人，绝不会浪费时间把计划拿出来与别人反复讨论，除非他遇到了见识比他高得多、能力比他强得多的人。一个成功的领导者不会徘徊在观望中等待，也不会在挫折面前气馁，只要作出了行动的决定，就立刻勇往直前，朝向成功的未来奋力迈进。

第九课　个性魅力：树立良好的个人形象

个性魅力源于良好的个人品质，这包括积极的心态与良好的品德。有良好的个人品质的人更让人信赖，即使才能稍逊，也比那些才能出众而品质低劣的人更有可能成为领导人物。那些品质低劣的人，或者自私自利，见利忘义，或者毫无原则，胡作非为，只要稍具理智的人，怎么会将希望寄托在他们身上呢？

当然，单靠良好的个人品质还不能成为领导人物，领导者还需要建立起良好的人际关系，主动关怀别人，学会与别人交谈并调动别人的积极性，领导者通过这一过程，将自己的人格魅力焕发出来，对他人产生潜移默化的吸引力和巨大的鼓舞力量，使人们产生这样的信念：跟着他干，没错！

第一课　头脑清醒：保持理智思维

思维即财富，智者与愚者的差别，并不是明明白白写在脸上的，而是隐现于他们的思想经营的行为、日常生活及立身处世之间。

人们追求的许多答案其实都是从冷静思索中得来，诸如想法、观点、经验和心态，无不如此。正因为这个原因，深入了解自己的大脑到底如何工作，这是非常重要的一件事。拥有智慧并能始终保持头脑清醒，这样的领导必然会走向成功与卓越，实现其人生价值。

放开胸怀，接受新的或不同的想法

有的领导者不愿意听下属和专家的意见，反面意见就更不用说了。分析其原因，首先是怕受到各种不同意见的干扰，使自己无法作出决策，毕竟自己才是拍板的人，别人绝不能代替自己作决策；其次则是担心下属和专家们提意见时没有考虑后果，毕竟为后果承担责任的是他自己而不是下属和专家。

尽管在一些集体决策中，决策者表面上看来是让参与者各抒已见、畅所欲言，但是最终决策还是由他一人垄断，一个人说了算，一个人包打天下，个人决定企业的命运，真可谓“成也萧何，败也萧何。”

以前锐步公司研制出极受市场欢迎的气垫鞋，在女鞋市场上超过耐克公司暂时一统天下。按说锐步公司完全可以巩固自己在女鞋市场的霸主地位，与耐克公司在体育用品市场上平分秋色。然而，当时锐步公司的董事长法尔曼却错误地估计了形势，独断决策，要与耐克公司争夺体育用品和男子运动鞋市场。

这时，公司召开了许多次集体会议，很多部门经理勇敢地提出意见，理由是凭锐步公司当时的知名度和实力，还无法在男子运动鞋市场与耐克抗衡，而且在新产品的设计和开发方面，耐克终归略胜一筹。

但是，法尔曼根本就听不进去，他固执已见，不肯改变最初的决定。法尔曼重用穆勒，并由其负责设计和开发工作。在穆勒的一手策划下，锐步公司与许多著名球星签约。从表面上看来，这对提高锐步公司的知名度有好处，但许多消费者认为此举毫无新意，完全是步耐克公司的后尘。更糟糕的是，由于锐步公司为签约名人支付了高额的费用，从而使公司的生产成本急剧增高，管理费用在营业支出中所占的比例比两年前上升了。

危机已经显露出来了，如果此时果断采取措施，还为时不晚。公司内部出现了很多反对的声音，比较集中的有两点：一是更换喜欢说大话却从不务实的穆勒；二是顺应市场的需求，开发高价位的运动鞋。遗憾的是，法尔曼对这两点都置之不理。

后来，耐克公司潜心研究多年的可视气囊运动鞋终于问世了，尽管这种鞋定价颇高，但恰恰迎合了人们内心对高品质运动鞋的需求，所以刚一投放市场就迅速火暴起来。相比之下，尽管锐步的产品价位比耐克低好几十美元，却备受冷落。

随后耐克公司已抢占了锐步公司的大部分市场。更令法尔曼痛苦的是，公司一半以上的设计人员和部分销售、开发的经理，因不堪忍受法尔曼的独裁，相继离开了锐步公司，其中还包括曾经深受宠幸的穆勒。

众人拾柴火焰高。作为一名企业领导者，在经营环境错综复杂的当今，竟然不谙智慧之道、集思广益之道，听不进下属的意见，拒绝集体的智慧，注定会走向失败。

其实，在我们身边随时随地总有各种不同的意见，作为领导者，最重要的不是他一定要拿出什么与众不同的看法，而是要从各种建议中筛选出一个正确的。

作为领导者，有主见是应该的，但过分固执和独断就成了刚愎自用。所以说，凡事都有个限度，一旦超过了限度就应了那句老话："过犹不及，自食苦果。"

1. 只得到掌声的决策不是好决策

在进行集体决策时，我们经常看到只有领导者一个人在那高谈阔论，其阵势一点也不亚于诸葛亮的隆中对，然后就是下面人雷鸣般的掌声。领导者如坠云雾般飘飘然。殊不知，这正是集体决策失败的开始。

艾尔弗雷德·斯隆是长期担任美国通用汽车公司总裁的管理者，他对这一点的理解非常透彻，他把提出不同意见作为决策中一个系统的方法来运用。斯隆主持的决策会议气氛一般都非常热烈，在一次会议中，斯隆发现所有参与决策的人都对一个重要决策持认同态度。他强调说：“对于这个问题，所有的不同意见都可以提出。”大家都点了点头，表示知道有不同意见是可以提出来的。斯隆接着说：“先生们，我想我们大家对这项决定都一致同意，是吗？”在场的人都点头表示同意。于是斯隆接着说：“那么，我建议推迟到下次会议再对这项决定作进一步的讨论，以便我们有时间来提出不同意见，并对与这项决定有关的各个方面有所了解。”事实证明，斯隆避免了一个错误的决策。

斯隆作决策从来不靠“直觉”。他知道，只能得到掌声的决策不是好决策，有时意见一致是因为每一个人都没有认真地做好自己的工作，没有完成自己的准备工作。他想要的是不同的意见，他也积极地促进不同意见的产生。

2. 没有不同意见产生不了好决策

在每次集体决策中，最让领导头痛的就是，原本计划要经过一番激烈的讨论之后才能敲定的方案，却在不到数分钟的时间便尘埃落定。过快达成一致的意见让一个好的领导者感到害怕，他们不相信这样的“和平”，他们知道，这后面必定隐藏着某个问题，只要深入分析，就会发现下属中其实存在着不同的观点，这些观点最迟在实现决策的阶段就会出现。

如果事先明了，谁同意这个决策，谁反对，人们到底是如何看待这件事的，反对的“症结”在哪里，他们为什么反对等，那么领导者就会推动系统性的意见分歧，以便达成在决策的实现阶段也能站得住脚的一致看法。

作决策之所以需要不同的意见，有3点理由。

(1) 保证决策者不受组织中某个利益体的束缚。

每一个人都在某些方面对决策者有所要求。每一个人都是一个特殊的恳求者，而且往往是十分真诚的——试图使决策者有利于他，无论决策者是总裁还是年轻的工程师，都是这样。

(2) 只有有了不同意见才能为一项决策提供各种可供选择的方案。

一项没有其他备选方案的决策，无论它经过了怎样仔细的思考，可能都是赌徒式的孤注一掷。一项决策被证实为错误的可能性是高度存在的——这或者是由于它一开始就是错误的，或者是由于情况的变化使得它变成错误的。如果人们在决策过程中仔细考虑了各种备选方案，那么假如原来的决策行不通，就能拿出已经仔细考虑过、研究过的补救方案。如果没有这种备选方案，当实际情况表明一种决策行不通时，很可能使决策相关方付出惨重的代价。

(3) 不同意见是激发想象力所必需的。

当人们为问题寻找一种唯一正确的答案时，可能并不需要想象力。在领导者所处理的具有真正的非确定性的所有事情中——无论所处理的是政治的、经济的、社会的或军事的事务，人们都需要创造性的答案。而这就意味着需要有想象力——领悟和理解新的、不同的方法。第一流的想象力并不是随处可见的，但也并不像普遍认为的那样稀少。但是，想象力需加以挑战和激发，否则将被表面看来是正确的、实际上却是虚假或不完全的意见所迷惑。

善动脑筋去突破思维死角

罗丹说："真正的艺术大师用自己的眼睛去看别人看过的东西，在别人司空见惯的东西上能够发现出美来。"这就说明了思路开阔的重要性。如今的社会竞争尤其是商家之间竞争越来越激烈，有时一个突破常规的好主意就能产生异乎寻常的效果。

例如，在伦敦，一家名不见经传的小饭店在激烈的竞争中竟独占鳌头，终日门庭若市。直接原因是该店的广告十分引人注目："本店饮食卫生无与伦比——汤菜中任何时候见不到一根毛发！"原来饭店的全体人员一律谢顶！又如，瑞士一家饭店为招揽顾客，在饭店入口处放了一座奇特的钟。钟上的数字顺序与普通钟相反。饭店老板认为，这座钟显示的时间会使客人觉得离开饭店比来时还"早"。因此，总愿在店里多坐一会儿。

当你在美国纽约的麦当劳快餐店享受完汉堡包、炸薯条和冰激凌之后，也许并没有什么特别的感受。可当你跨入北京王府井的麦当劳快餐店，你会发现完全一致的装饰布置、一致的进餐环境、一致的服务范围，连汉堡包的滋味、薯条的炸法都几乎一样。此时你可能会感到惊异，因为纽约与北京相距万里，而美国人制作的麦当劳食品与中国人制作的麦当劳食品会一模一样。这一模一样的背后恰恰是创新的结果。

其实，创新并非是高不可攀的事情，只要我们能改变过去的模式，推出一种令人耳目一新的东西就是创造。麦当劳并没有发明任何新的东西，它生产的“产品”也许以前任何一个小餐馆都可以制作。但是麦当劳连锁店的创始人运用文化概念和管理技术，使“产品”标准化，设计出生产流程和加工工具，制定各阶段的工作标准，从而大大提高了资源的使用效率，并以“质量、清洁、服务和价值”这样一丝不苟的企业文化准则和经营观念不断开拓新市场，接纳新顾客，这就是创新精神。

有创意的人已经找到让右脑脱离左脑控制的方法了，你是不是为了一件事曾坐在桌前数小时苦思不得，却在洗澡或遛狗时灵光一现，想出解答方法？因为你的心智从逻辑思考的压力中解放，所以能从反应迅速、充满艺术气息的右脑接收到讯息。要想找到问题的最佳解决答案，你必须尽力做到以下几点。

1. 改变你的态度

要想创意思考，你首先必须彻底抛弃旧习，拒绝维持现状。事不分大小，从变换午餐的新花样到测试公司由来已久的问题解决方案，都可以有变化。换句话说，有创意的人接受风险。不冒一些风险、跌几次跤，不可能有所进步。

2. 杜绝错误的态度

“我们都是这么做的。”

“这个要花太多时间。”

“这个要花太多钱。”

“那个不是我分内的工作。”

“我们向来不这么做。”

“你可能说得对。可是……保持现状就已经很不错了。”

“正确的方法应该怎么做？”

“这样做对吗？”

“专家怎么说？”

3. 培养正确的态度

“我们试试看这个方法，看看会有什么结果，得失如何？”

“我们一直没有时间好好想一想这项计划，但总是有时间纠正错误。”

“长远来看，我们会省多少钱？如在这里赔了，什么地方可以再赚回来？”

“我很高兴能有这个机会。”

“如果我们试着去……结果如何？”

“最坏的结果会是什么？”

“你说得很对，而且……还有什么地方可以改善的？”

“比较好的方法应该怎么做？”

“这样行得通吗？这是不是最有效的方法？”

“这件事可能非常有趣。”

4. 富有创意地思考

拿一张白纸出来，在中间写上你要思考的主题，圈起来，然后放轻松。把心里闪过的任何点子（不要刻意去想，让它自然产生）写到图上，把每个点子圈起来，再把相关的圈连在一起。

记住：能否富有创意地思考全在于你。不论你认为自己行或不行，都对。训练思维、激发灵感并不需要高深的技巧，在日常生活中随时都可以有意识地进行。

另辟蹊径，才有出路

在瞬息万变的商业世界里，企业创新是一种不可或缺的商业行为。事实上，在商业的道路上没有一条道是平坦的，在它的前面有险滩、有荆棘、有无法逾越的障碍。作为领导者，只有主动地求新求变，才能使企业获得长足的发展。当你发现这条道路走不通的时候，就应该果断地转换思路，这才是企业竞争制胜的关键。

二十世纪八九十年代，美国大陆航空从得克萨斯州到纽约市的机票价格一度降到 49 美元，1994 年 12 月，大陆航空的股价已跌至 3.25 美元，进入 1995 年初，公司宣布了第 10 个亏损年。十几年来大陆航空所做的每件事都行之无效，因此，一直处于亏损状态，18%的飞行是负利润经营的。为使亏损现象不再继续，新任总裁戈登采取的措施之一就是停飞这些负利润飞行的航线，并在深思熟虑后果断作出飞行的新航线、飞行的频率，以及如何飞行的决定。

戈登调查后发现依靠出售最低价格的机票这一下策并不能使大陆航空的现状发生转变，更无法使大陆航空成为出类拔萃的航空公司。事实上，一味降价的结果往往适得其反，人们根本不想买大陆航空提供的产品。也就是说，与仅仅削减开支相比，这些低成本的票价是更为拙劣之举。大陆航空以保持机票的低价格出售、增加座位的方式洪水猛兽般地冲击市场，每天无数次地奔波往返于城市之间，而这些城市其实并没有这么大的需求量。大陆航空在向人们提供一种他们并不需要的服务。

了解到这些，戈登迅速把飞行航线改为人们想去的地方。过去大陆航空通常每天有 6 班航班往返于格林斯伯勒、北卡罗来纳、格林费尔和南卡罗来纳之间。这些城市并不需要往返数次的班机，然而大陆航空却频繁地飞向那里。戈登于是砍掉了几个班次。

一些人士认为，提高市场份额的做法就是每天多飞几次，为人们提供便利的飞行工具。他们认为，大陆航空只需挑选几条服务水平要求不高的航线，投入大批航班后，便可坐享其成，等待不尽的财源滚滚而来。然而问题的关键就在于，这些航班的服务水准并不低，这几条航线客流量也不大。而且大陆航空在不大的市场上，已经成了市场份额的大赢家，它拥有了在某些人眼里举足轻重的市场份额。

戈登经调查后发现，在格林斯伯勒至格林费尔之间的航线中，大陆航空占有 90%的市场份额，然而大陆航空仍然亏损。而大陆航空一旦开拓了飞往纽瓦克的市场，市场份额的占有率就足以支持大陆航空开通飞往克利夫兰和休斯敦的航线。乘客们从这些地方可以很方便地搭乘大陆航空的其他班机飞往他们想去的地方，而且价格合理，航班的班次也具有选择性。

戈登决定哪里的机票价格过低大陆航空便提高这些地方的机票价格，这样使得大陆航空的班机减少了，但赚的钱却增加了。事实证明戈登的这一决策是正确的。

戈登做的另一件相当简单的事情是解决了机舱的座椅太多的问题。戈登的前任已经认识到这一点，并就此事展开过讨论，但公司机构职能瘫痪，谁都无能为力。后来，在新上任的计划部与价格部主管的帮助下，戈登很快想出了极其简单而有效的办法：砍掉 A300 型飞机。

A300 型飞机是大陆航空拥有的最大型飞机，使用 A300 型的飞机在某些航线可以减少亏损，但并非 A300 的所有航线都能赚到钱。首先，A300 型飞机的租赁费用很高，对大陆航空来说，这是些不经济、不实用的飞机；其次，A300 型飞机要求特殊的保养程序，它们与大陆航空现有的其他任何一种机型都不同，操作起来很麻烦，因此，在 A300 型飞机上大陆航空根本无钱可赚。1995 年，大陆航空把 A300 型飞机从公司的骨干飞机队伍中剔除，机群得到了有效调整，很快适应了大陆航空新的飞行计划。

简单并不意味着随意，恰恰相反，由于它是在抓住关键问题的基础上对众多的方案进行筛选的，因此，往往也是最富有想象力、最能创造出利润的方法，那么领导者应该如何做呢？

1. 要有自己的见解

领导者首先要有自己的见解，唯一可以印证某一见解是否符合实际的方法，就是应该明确承认“见解为先”作为基础——这是必要的做法。有了这样的认识，才能知道我们是以“尚待证实的假设”为起点——思维程序如此，科学研究也如此。我们都知道，假设是不必辩论的，却必须经得起验证。经得起验证的假设才值得我们重视，经不起验证者，就只有放弃了。

2. 要有良好的判断力

领导者要有很好的判断力。我们通常所作的决策，大部分都介于必须作决策与可以不作决策这两者之间。我们碰到的问题，大多数并不是“随它去吧，船到桥头自然直”，但也不至于严重到不作新决策便将无可救药的程度。我们的问题通常多是如何改进，而不是如何进行真正的变革和创新。当然，这类问题还是颇值得我们重视的。这就是说，对这类问题，虽不作新决策我们同样能够生存，但有了新决策，情况也许会变得更好，在这种情况下，就需要领导具备很好的判断力。

另外，决策是在若干方案中的选择。中层领导在对决策的实践过程中，通常不是在“是”与“非”之间的选择，而是常常会遇到许多可以互相代替或类别差异不大的决策方案，并且任何一项方案均不一定优于其他方案，甚至在每一项决策的各个环节，也需要多种选择。中层领导在这些各有差别又有些相似的方案面前，就需要拥有很好的判断能力。在许多可行方案中选择较优的方案，这会使经营的成功具有更大的可能性。所以，中层领导若想作出正确的决策，一定要不断提高自身的判断能力。提高自己的判断力可以从下面几个方面入手。

1. 提升从广处探讨问题的能力的方法

先假设自己是上司，然后思考所负责部门的工作方式是否适当，并从相关部门的立场作同样的考虑。此外，还要积极吸收新知识、新信息，帮助自己作出正确判断。

2. 提升长远思考问题的能力的方法

不妨自问：这种工作方法持续一年以后会怎样？接着彻底研究自己企业的中长期经营计划与经营策略的内容及基础，然后再探讨上述的研究内容和该年度的计划之间的关系。

3. 提升深入思考问题能力的方法

发生问题时，一定要追究“为什么会这样”。同时经常思考“这件事的本质究竟是什么”，并且认真研究经营方针的内容和基础。

换一种角度思考

任何事物的存在、发生、发展过程总是与环境紧密联系在一起的，是发展、变化的。但是，我们在思考一个问题时，有时常常把事物孤立起来，不与其他事物联系起来，或者使之处于静止的状态，不从另一个角度思考问题，从而使问题难以解决。

如何克服孤立、片面和静止化的习惯性思维呢？显然在解决问题时要树立起全面、系统、发展的观点来看问题，考虑一下问题的可能情境、情况将会怎样发展。具体做法是重复想象你处在这种环境下将怎样发展，可能处于什么状态，你将怎样变化，行动的过程如何，等等。通过转换角度的思考，使你较容易摆脱孤立、片面、静态化的习惯性思维，顺利地解决问题。

请看下面这个例子。

一个犹太人走进美国纽约的一家银行，来到贷款部，大模大样地坐了下来。

“请问先生有什么事情吗？”贷款部经理一边问，一边打量着来人的穿着：豪华的西服、高级皮鞋、昂贵的手表，还有领带夹子。

“我想借些钱。”

“好啊，你要借多少？”

“1 美元。”

“只需要 1 美元？”

“不错，只借 1 美元。可以吗？”

“当然可以。只要有担保，再多点也无妨。”

“好吧，这些担保可以吗？”

犹太人说着，从豪华的皮包里取出一堆股票、国债等，放在经理的写字台上。

“总共50万美元，够了吧?”

“当然，当然！不过，你真的只要借1美元吗?”

“是的。”说着，犹太人接过了1美元。

“年息为6%。只要您付出6%的利息，一年后归还，我们就可以把这些股票等还给你。”

“谢谢。”

犹太人说完，就准备离开银行。

一直在旁边冷眼观看的分行长，怎么也弄不明白拥有50万美元的人，怎么会做来银行借1美元这种事情。他慌慌张张地追上前去，对犹太人说：

“啊，这位先生……”

“有什么事情吗?”

“我实在弄不清楚，你拥有50万美元，为什么只借1美元呢？你要是想借30万、40万美元的话，我们也会很乐意的……”

“请不要为我操心。只是我来贵行之前，问过了几家金库，他们保险箱的租金都很昂贵。所以嘛，我就准备在贵行寄存这些股票和债券。因为‘租金’实在太便宜了——一年只需花6美分。”

贵重物品的寄存按常理应放在金库的保险箱里。对许多人来说，这是唯一的选择。但犹太商人没有囿于常理，而是另辟蹊径，找到让证券等锁进银行保险箱的办法。从可靠、保险的角度来看，两者确实没有多大区别，除了收费不同。这个例子中的犹太人用的就是转化思维方式的方法。

转换思路是将人们通常思考问题的思路稍加扭转，另辟蹊径，换一个角度，采用被人忽视的方法解决问题。

由此可见，真正能够创造性地解决问题的人，通常不是针对方法，而是针对目标的。他为达到某一个目的如痴如醉，促使他急于搬掉阻碍走路的一切障碍。

培养一种务实的工作作风

对领导者来说，必须培养一种务实的作风。为什么这么说呢？在《现代汉语词典》里，“务实”被解释为“①从事或讨论具体的工作；②讲究实际，不乐浮华”。从字面意义来理解，务实就是要求用实际不浮华的态度开展具体的工作，事实上，务实包含更深刻的意义，务实是什么？务实是任何组织机构内部的工作人员都必须培养的工作作风，而且也是一种非常值得培养的工作作风。

当企业的领导者养成了务实的工作作风之后，不仅仅能为社会提供实实在在的产品和服务的企业，还会深刻地影响到企业员工的行为，让企业员工成为创造实实在在业绩的员工。如果缺少了这一作风，那么对企业来说，就不会再有持续发展的希望；对于员工来说，远大的理想会成为空中楼阁，周密的计划会变为夸夸其谈，高效能的工作业绩只会成为可望而不可即的奢望。也就是因为如此，企业的领导者就必须养成务实的优良作风。

那么，领导者如何才能养成务实的工作作风呢？这就要求企业的领导管理者认识到以下几点。

1. 务实是相信有播种才有收获

务实是相信有播种才有收获，从不奢望天上可以掉馅饼。不劳而获的思想无论何时何地都与务实的工作作风格格不入，对于具有务实精神的人而言，如果不付出努力，成功永远不会自动来到自己身边；如果不提前准备，机会即使来到自己面前也无法将其留住。

2. 务实是自信而不自负

务实是相信通过自己的全部努力可以实现成功，但绝不自负地以为自己可以无所不能。

企业的领导和管理者需要拥有自信，因为自信是一个人勇气和力量的源泉，但是却不能过分地夸大自己的能力，以为自己可以无所不能。自信而不自负，二者同样都是相信自己的实力，但自信是基于现实基础之上的，自信者相信的“实力”是真真正正的个人实际能力；而自负则不同，自负是脱离现实的随意夸大，自负者相信的“实力”充其量不过是自以为是却没有经过任何实践检验的能力罢了。

3. 务实是脚踏实地不好高骛远

其实，务实作风归根结底就是一种脚踏实地的工作作风，企业领导和管理者需要做到脚踏实地，而不好高骛远。任何伟大事业的成功都来源于一步一步地努力、实干。

一位年轻人曾经是铁路上的养路工人，他始终脚踏实地地在自己的工作岗位上努力付出，几年以来，在他负责的路段从来没有出过一丝故障。后来，总裁在一次基层检查中发现了这位年轻人，他成了总裁办公室的一名工作人员。在办公室工作期间，年轻人同样兢兢业业地做好所有自己能够做到的事情，而且他还潜心学习和研究，以便将来把工作做到更好。总裁办公室的一些工作人员总是想人非非地希望能够得到总裁的青睐，以实现高升，所以他们总是做一些“面子”工作——当主管进来的时候就埋头工作，装做很忙碌的样子，主管刚一迈出办公室的大门，他们就开始聊天、休闲；他们总是争先恐后地抢着为总裁本人送资料，可是他们送去的资料大多都是由那位年轻人查找和整理的。

后来总裁终于决定从办公室里选择一个人担当自己的特别助理，但是必须要经过考核。结果年轻人又一次脱颖而出，因为他在长期的工作实践中已经积累了足够的经验，并且他的能力已经达到了作为一名总裁助理需要的标准。而办公室里的其他人，有的留了下来，有的则因为能力不佳被调到了基层。

4. 务实是珍惜时间讲求效率

务实是珍惜时间讲求效率，但不盲目求多求快。企业的领导和管理者需要追求高效，因为对企业而言，高效就意味着高业绩，而对于企业而言，高效就意味着低成本、高利润。一个不珍惜时间、不讲求效率的领导者、管理者不会成为员工所学习的榜样，而且这类领导者、管理者还会因为自己的不作为而自食苦果。但是值得注意的是，真正的高效不仅仅是数量多、速度快的高效率，还必须是针对性强、品质有保证的高效能。如果单纯追求效率，那很可能会导致盲目生产，最后面对的不是无用功就是南辕北辙的负面工作。所以，企业的领导者、管理者在追求效率的时候，首先要做到的是着眼于实际，从社会的实际需求和企业的实际发展需要出发，只有基于这样的立场，高效率才能创造高成就，这样的员工才是真正有价值的优秀员工。

善于从失败中学习

即便是功绩显赫的伟人，也不都是常胜将军。他们之所以伟大，就在于他们每每能够从失败中吸取经验教训，逐步建立起战胜困难的坚定信心，最终取得伟大成就。

很多人都喜欢学习别人的成功经验，但是也要从别人的失败经验中学习。因为从失败中学习，可以获得宝贵的经验教训。从别人的成功经验中学习和从其失败经验中学习的最大差别是：前者很容易限于模仿层面，即知道如何做；而后者则能知道为什么，即从失败的经验中学习，知道了别人失败的原因，就能避免自己将来遭遇同样的失败。

面对失败、损失、挫折、不幸和危机，人们的态度各有不同，有的人跌倒了又爬起来，有的人跌倒后就再也没有爬起来，原因何在？能够从跌倒中爬起来的人，善于从失败中学习制胜的道理，当他学会如何反败为胜时，东山再起就会为时不远了。

2000 年底，中国国家食品药品监督管理局继美国食品及药品监督局（FDA）对含有 PPA（苯丙醇胺）的药物禁止销售后，对在中国市场的几十种含 PPA 的药物也发出禁止销售的通知。在这几十种药品中，最有影响及销售量最大的就是中美天津史克制药有限公司生产的康泰克。一时之间，康泰克醒目地出现在各大媒体上，就像公众分不清南京冠生园与上海冠生园（集团）一样，许多人都认为PPA就等于康泰克。康泰克一时陷入严重危机。

中美史克领导在事件发生后并没有慌张，而是客观分析问题后采取积极的处理措施。立即组织专门负责应对危机事件的危机管理领导小组、沟通小组、市场小组和生产小组，并划分职责。随后，危机管理小组发布了公关纲领，执行政府暂停令，向政府企业表态，坚决执行政府法令，暂停康泰克和康得（解热镇痛抗炎药）的生产和销售；通知经销商和客户立即停止康泰克和康得的销售，取消相关合同；停止广告宣传和市场推广活动。企业专门培训了数十名专职接线员，负责接听来自客户、消费者的问讯电话，并给出专业回答，使之取消疑虑。21日，15条消费者热线全面开通。

在这段时间里，中美史克首先抓紧时间组织企业各方面的资源，研制新产品，仅用半年多时间就推出了不含PPA的新康泰克，而且新产品采用了新的生产工艺，在技术上有了新提高。292天后新康泰克出来了，面对原有的市场，高层领导又一次组成公关小组，成功地解决了新康泰克进入市场的问题。面对顾客、媒体、竞争者，他们成功化解了这次危机，成功地从挫折中走了出来。2001年9月3日举行的“新康泰克”新闻发布会上，在华南市场拿下了37万盒的订单，为新姿态的康泰克的重出江湖打响了有力的第一炮。从此，中美史克企业昂首跨进了“新康泰克”时代。

在之后的近10个月里，中美史克的员工在危机下形成了一种新的工作模式，那就是对于任何事情都能开诚布公地发表不同意见，将这些意见由专人进行收集、综合、分析并反映到上层，而当管理层作出统一的决策后，大家就一致服从和执行。

从这件事看出，企业在危机中对待员工的做法是“一个都不能少”，企业让康泰克相关企业的员工拿着分文不减的薪水放大假。这样让工人能够产生更大的凝聚力和工作力，比从工人那里省下来的钱价值更大。事实也确实如此，中美史克最后能够在短期内高质量地安装、调试好新的生产设备并投入生产推出新康泰克，都是因为员工们热情高涨拼命加班加点创造的奇迹。连带的效果是得到政府、相关企业的高度赞赏以及不遗余力的大力支持。康泰克的“死而复生”几乎创造了一个奇迹。导致人类致命失败不断重演的原因，乃在于人们不从失败中学习，因此也就无法了解真相。因为我们都把失败当成是可耻的事情，都想尽力隐瞒，因此很难从错误中学得教训。当失败发生后，大家关注的是“谁该负责”，而不是弄清事情的真相，这是人性使然，也导致错误发生后，大家都忙于寻找推卸责任的借口。

那么，如何从失败中学习呢？杰克·韦尔奇说过，他曾经历过亏掉几千万美元的投资失败，但他从中学到了教训，并将这个教训公开出来，让大家一同学习。

1. 要塑造容许失败的企业文化

这并不是指企业可以放任失败，而是让员工养成毫不隐瞒的习惯，把自己做错的事情公开出来，并告诉大家从中学习到的教训。企业也不要因此而惩罚发生失误的员工。

美国 IBM 公司就曾发生过这样一件事。

一位年轻经理作了一个错误的决策，使 IBM 公司损失了 1000 万美元。当时 IBM 的总裁因此特别召见这位经理，这位经理以为自己要走人了，就把辞职信递上。没想到总裁却说：“你不会是认真的吧？我们才花了 1000 万美元教育你啊！”

1000 万美元的损失的确很大，但一次的失败并非是罪恶，真正的罪恶是不会从失败中学习。也就是说，最重要的是如何从起初的失败中吸取经验，使之成为“有用的失败"，化为公司珍贵的资产，才能替公司在未来创造更多的价值。

2. 建立将失败的信息加以知识化的机制

这个机制能将失败的过程与事后的经验传达给所有的员工，前提是，企业的所有成员都有虚心学习的精神，不嘲笑将失败经验传达出来的员工，更不进行秋后算账。失败的员工不仅要清楚地描述失败原因，而且还要描述当时的情景及决策过程，使这些知识成为知识数据库的一部分。这些资料长期保存下来，能帮助其他员工有效避免再犯同样的错误。

3. 让失败分析成为习惯

有许多企业或组织成立调查委员会之类的部门，专门负责调查造成失败的真正原因，但是效果不明显。因为其他员工认为，调查失败问题是这些人的工作，跟自己没有关系，所以不愿意主动参与或协助。正确的做法是，以非正式的方式进行讨论，使员工认识到，每个人都有义务分享与记录失败的教训，才能避免失败再度发生。然而，遗憾的是，如今太多的管理者非但不关心过去，而且憎恶过去，由于没有很好地回顾过去的历史，以至于很多看起来合乎情理的决策最终以失败而告终。

那些优秀的公司不是不犯错误，只是不犯或极少犯同样的错误。而糟糕的公司就是那种不长记性的公司，在这些公司里，领导者和员工常常遇到的大量难题其实都是由来已久的。所以，企业必须找到一整套管理工具，使组织能够从它过去的经验里学到更多的东西。

正确应对危机

过去正确的事情，现在可能不正确；今天正确的事情，将来也不会永远正确。市场瞬息万变，对企业的要求越来越高，企业内部所具有的战略策划能力也越来越强，而按照新战略的要求在组织内部进行变革的能力，越来越显得不足。怎样才能避免因墨守成规而给企业带来损失呢？领导者的应变能力是企业组织的核心竞争力。在信息极为发达、科技日新月异、经济全球化的今天，任何企业已经不能只凭一两项管理或技术上的创新来获得长久的竞争优势，只有不断根据环境的变化迅速地对自身作出改变，企业才能维持持久的竞争优势。

因此，在21世纪的今天，谁具备迅速、成功地实施变革的能力，谁就能随着环境的变化迅速地改变自己，谁就具有竞争优势。要获得这种竞争优势，企业必须具有能够适应快速变化环境的组织结构、管理体系。勤于学习、善于沟通、勇于探索的员工，能够敏锐地感受到环境发出的变革信息，根据这种信息制定变革措施并激励员工去实现。应变能力的培养需要长期的累积，建立公司学习体制、加强知识管理等都是增加企业应变能力的举措。

危机会给企业带来麻烦，但同时也会给企业的转型提供难得的机遇。在危机中生存下来的不是最强大的，也不是最聪明的，而是最能适应变化的。危机，对企业来说，几乎把前所未有的压力都浓缩在一个突然而短暂的时间内强迫领导者去接受、去适应。从领导者的角度看，这无异于把领他们丢到一个巨大的战场上，考验其自身的心理承受力，考验企业的应变能力和危机处理能力。

1. 领导者要拥有“平常心”

面对经营和市场的压力，企业领导者们的心态会有所不同。焦虑、浮躁者有之；消沉、回避者也有之。当然，少数的人在压力和挑战面前表现出了一种更为达观的“智者不乱，勇者无惧”的平常心。

所谓“平常心”，就是在任何环境中、任何条件下，都能泰然处之，赢得起、输得起，得意不忘形，失意不落魄，百折不挠，越挫越勇。

领导者在面对外界环境的变化和经营压力时，良好的心理素质尤为重要。在现实中，因应付不了自然困难和心理历练而倒下去的人很多，只有那些积极乐观的人，才能充分地发挥出自身免疫力的功能，屹立不摇。面对困难时，领导者豁达冷静、积极乐观的态度时刻感染着员工和影响着企业。

聪明的领导者知道，建设性的压力对个人和组织具有积极作用，他们甚至会在企业的稳定发展时期就有意识地把企业置于绝境，来演练企业的应变能力、危机处理能力，提高企业的忧患意识。危机让我们在真实的危难中学习，并以积极乐观的态度面对压力，提升企业的应变能力。

2. 思维决定命运

危机给领导者带来的挑战大于对员工的挑战。在危机中，要求领导者必须保持清醒的头脑，作出正确的决策，防止慌乱和失控；在恰当的时候，作出睿智的判断，这些举动都影响着整个企业的命运。

我们看到不少企业会利用业务较为清淡的这段时间，在与客户、供应商等保持联系的同时，把主要的精力放在公司内部整顿上，加强员工培训、提升工作绩效，这不失为明智之举。

企业的成长需要持之以恒的精神，而事业的发展是企业成熟的必然结果。员工是企业之本，企业领导者在培养员工工作技能的同时，更要注意培养员工的人格品质，危机无疑是为企业提升到更高层次提供了良好的时机。

巧思能攻克难关

要想成为一个优秀的领导者，在遇到危机的时候，一定要镇定自若，保持理智的思维，这样才能稳定大局，使目标更加顺利地实现，同时也能使你的下属对你更加敬重，树立自己的威信。

从容镇定，临危不惧，是一个领导者所应具备的基本品质。在危急时刻，领导者的泰然自若，对于稳定局势、安定人心、解除危难，起着决定性的作用。

战后的日本，经济、交通面临严峻的形势。土光敏夫这个总经理没有私车，也没有公车可乘，只能像普通平民那样挤火车。而石川岛芝浦的员工们更惨，不但要紧衣缩食，更严重的是许多人家因战火的肆虐，家财毁损殆尽，就连平时煮饭用的锅、熬汤用的罐也是残缺不全。

当土光敏夫去员工的家里视察了解到上述情况后，不禁潸然泪下。回到企业后，他下令先用工厂的材料为员工们生产出锅碗瓢盆，然后又一一发放到这些急需的员工的手中。

也正是由于土光敏夫的真诚举动感动了员工，将他们在战争中涣散了的精神重新凝聚起来，石川岛芝浦企业在日本众多企业还未恢复元气之时，首先露出了勃勃生机。

与此同时，石川岛总企业却是另一番景象。由于该企业在战争期间完全依靠生产军工产品而获利，所以，当战争结束、军队解散后，其产品便立刻没有了市场；更主要的是，领导企业的决策人无法适应外部世界的变化，因而石川岛企业每况愈下。随后，无计可施的领导人员引咎辞职，领导也被解职，石川岛的管理体系不得不重新改组了。而首当其冲的问题是，新任石川岛企业的领导该由谁担任？土光敏夫！这几乎是石川岛企业董事会成员们的一致想法。

对已经做 4 年领导的土光敏夫而言，这当然是一个机遇，由此他可以攀上管理征途中的又一个高峰。而他一旦接手石川岛，所面临的形势也的确十分严峻：军舰的买主没有了，企业的赢利几乎为零，因为工资不能及时发放引起劳资双方的冲突日益增多……

土光敏夫扪心自问，自己能够解决上面这些难题吗？

能！他自问自答，决心迎接这场挑战。

要想把一个将死的企业救活，首先要找到企业的病根。

刚刚上任石川岛领导的土光敏夫经过调查了解，决定首先从管理层中的浪费问题开刀。他让他下面的七八个高级领导将公司内的全部发票和收据抱来，然后对他们说："石川岛要彻底根除浪费现象，你们下去好好检讨，深刻反省！"

接着，他又对企业的上层管理人员进行了精简，董事人数由原来的 11 人加上他减为 8 人；同时规定，董事的工资为 5 个工资较高的部长的平均数，在企业经营好转能分红之前，维持这个标准不变。

土光敏夫的这一改革举措是向整个企业宣告，经营班子决心冲在前面，为重振企业而全力以赴。

那么，生产问题如何解决呢？土光敏夫先是从日本船舶企业争取到一些船只订货，但杯水车薪，对规模庞大的石川岛来说简直不够塞牙缝的。无奈，他又四处出击，从一些地方得到金枪鱼、松鱼渔船及拖网渔船的订货。这样，企业又可以勉强维持一段时间。不过，当这些船只出厂之后还要生产什么，当时谁的心里也没数。土光敏夫急得如热锅上的蚂蚁，他又得赶火车到全国各地去争取别人的订单了。一天，他在火车上听到一些农民议论：现在的工厂不知怎么搞的，居然不生产锄头、铁皮桶和烧火用的炭炉了。土光敏夫的眼前顿时一亮：对呀，在没有订单前，我们何不生产这些东西呢？于是乎，一声令下，原来生产军舰、大船的工厂如今"叮叮当当"地生产起了锄头、铲子、钉耙之类的农具。

总之，为了使企业生存下去，土光敏夫绞尽了脑汁，只要能够为企业赚取利润而石川岛又能够生产的，土光敏夫都倾注了极大的热情。

土光敏夫后来在总结这一段时间的经历时说："一切均是为了生存。好在这段艰难的日子因为有土光敏夫的介入，持续时间并不长。企业在1950年新领导上任的当年亏损1.8亿日元，在第二年即转而盈余9000万日元。

从土光敏夫应对危机的策略中，我们看到了一个领导者临危不惧、处险不惊的可贵品质。土光敏夫在处理危机时雷厉风行、机动灵活，他积极稳妥的处理危机的态度，使危机事件朝着良好的态势发展。

通常，从处理危机事件一般过程来说，领导者应重点掌握以下三个方面的方法与艺术。

1. 迅速控制事态

突发事件发生后首先要做的就是防止事态扩大。这既是关系整个事件处理成败的基础和前提，又是寻找更好的、彻底的处理方法的重要条件。若要使整个事件妥善地得到解决，必须首先千方百计地控制住事态，使其不再继续扩大和升级，由热变冷，由大变小，由强变衰。为达此目的，领导者必须因地制宜地采用控制方法。

任何突发事件，不论其性质、种类如何，都将给群众的心理造成震动和压力，从而在群众中产生思想混乱，引起突发事件的态势不断扩大。他们既不晓得事件的性质及其起因，更不知道事件发展的趋势，处在强烈的恐惧、焦躁和冲动之中。处理不好，人们的心理及其行为很可能向不利于事件的妥善处理方向发展。因此，稳定群众情绪又成了领导工作的首要任务。

心理学认为：每个人都有趋同他人的心理，只是因时间、地点的变化而表现的程度不同而已。人们大都有一种趋同心理，即受他人活动的影响，自己也从事和他人同样的活动。越是在自己心理波动不定、价值选择目标不定的情况下，越易于产生遵从心理。因此，在突发事件发生的现场，领导者要特别注意以"冷"对"热"，以"静"制"动"，切不可惊恐急躁，乱了方寸。领导者精神振作，沉着镇定，群众有了有力的领导就觉得安全可靠，心理自然会平静下来。

每次突发事件发生时，群众的注意力往往只集中在一两个问题上；或者集中在在个人的财产上，不能顾及全局性的战斗，甚至影响全局性的战斗；或者集中在一些敏感、热点问题上，固执己见，争执不下；或者为了达到某种利益，不达目的不罢休。在这种情况下，对于控制事态是十分不利的。必须采取有效措施，转移群众的注意力。常用的方法有：其一说服诱导，寻找双方利益的交汇点，使群众对组织部门主张产生认同；其二，从群众的角度出发，承认某些可以理解和合理的方面，作出无损于实质的让步或许诺。其三，运用归谬法或引申法，引导群众看到事件失去控制将最终可能出现的不良结果，使大多数人恢复理智，站到组织的立场上。社会性的突发事件，参与者总是想达到一定的目的，因而总是希望同领导机关发生正面接触。要充分掌握参与者的这种心理，通过必要的接触面谈，缓解紧张气愤，控制事态发展，从中发现事件的起因和性质。在接触和交谈中，既要旗帜鲜明、坚持原则，又要表现出解决问题的诚意。申明大义，晓之以理、示之以害，揭露少数别有用心者，教育团结大多数群众。

迅速控制事态要快、稳、准，并保持理智。因为时间发展的不同阶段具有不同的质和量；不同阶段，不同质量问题的解决，其难度和损失是不同的。所以，对突发事件处理得越早越快越好。

2. 确定事件的性质

这是处理危机事件的重要基础和依据。因此，准确地确定事件的性质是处理整个事件的关键性工作，必须下大工夫。首先，决策者要组织有关人员全面地认识事件的各种现象。不论正面还是反面，直接的还是间接的，都要全面掌握，全面认识。其次，在全面掌握和认识事件各种现象的基础上，认真分析和认识各种现象间和现象背后的因果关系。通过这个过程，去伪存真，去粗取精，由此及彼，由表及里，透过各种现象，把握事件的本质。最后，在把握各种联系和关键的基础上，通过认真的比较和筛选，认准制约整个事件的根本矛盾，找到整个事件的“总闸门"，确认事件的性质。找到矛盾产生的核心原因，就可以对症下药了。

3. 制定总体措施

在弄清楚事件经过和确定事件性质后，最重要的是要定出处理事件的总体方案。提出决策方案，应注意三个问题：一是必须具有针对性和可行性。突发事件的处理，对一个领导者的素质和能力的要求特别高，不允许决策再出现失误和漏洞，也决不允许在执行过程中软弱无力。二是在抓主要矛盾的同时，注意总体配合，综合治理。三是要进行多方案选择，做多种准备，不能简单从事。

第二课 低调沉稳：领导者要具有正确的心态

低调是一种风度，善于低调做人，不仅是体面生存和尊严立世的根本，也体现了赢得人生、成就事业的最佳心态。

从一定意义上说，所谓“低调沉稳”就是不把自己看得太重要、太有能耐、太高明。倘若认为自己处处胜人一筹、高人一等，就会有失谦逊之德、平易之美。所以，一个人不管在什么情况下，都要放下自己的身价，严格要求自己。在做事上向高标准看齐，在做人上则低调处理，方为大智之人。

做人还是放低一些调门为好

大千世界，复杂多变；人生多舛，世事艰难。这也就是说，人生少不了逆境，少不了坎坷，少不了挫折。然而，一个有志之人不应因逆境而丧失志向，而应该认识逆境、研究逆境、突破逆境，一步步改善自己的条件，认清发展自己的途径，那么成功的机会是可以赢得的。

三国时期，民间传有“卧龙、凤雏得一人而安天下”的说法，即是说，曹操、孙权和刘备三人中，谁要得到卧龙或凤雏其中一人即可得天下，可见凤雏先生庞统的本事是非同寻常的。但是庞统生得怪异，不太令人喜欢，吴国孙权没有留用他，他就去蜀国投奔刘备。此时庞统怀有孔明的推荐信，如果庞统见到刘备呈上孔明的信件，定会得到重用。但庞统晋见刘备时并没有呈上这封信，只是以一个平常谋职者的身份求见，因此，刘备也未能重用他，只是让他去治理一个小县。

按常理说，一个有着绝世才学且负有远大志向的人是不会如此委屈自己的，但身怀治国安邦之才的庞统却没有拒绝这个一般人瞧不起的职位，他这样做，是不想施展自己的雄才大略吗？非也。他深知“做人要低调”的道理，于是，欣然前往，一如既往地在低调中修炼自己的性情。

有一天，刘备对庞统所管辖的耒阳县的政务产生质疑，便派张飞前去查清事实。然而，庞统当着张飞的面，将100多天积累的公案，不到半日即处理得干净利索，曲直分明，令人心服口服，使张飞大为惊讶。试想刘备听到张飞的禀报后，对庞统的才华能不暗自佩服吗？庞统轻易地不露真本事，低姿态做人，在可以一显身手的时候，才将自己“卖了”个好价钱——副军师中郎将。

凡事不张扬，不轻易拿出自己的本领，实乃做人的至高境界。

徐达是朱元璋功臣之首，一生率大军东征西讨，所谓“功定天下之半，声驰四海之表”，称得上是明朝的韩信。

朱元璋和徐达本是同乡，少小亲善，朱元璋称帝后也一直称呼他大哥，以示尊崇，可他越是亲热地叫大哥，徐达越是心里发毛，如同芒刺在背，感觉就像被鬼叫魂一样，也就更加小心谨慎，不敢有丝毫的差错，心里依然畏惧不安。

这一次徐达出征回来，朱元璋照例下殿迎接，口称大哥，亲热无比。徐达汇报完战事后，朱元璋便留他在宫中闲谈，故意装作漫不经心的样子说：“大哥功劳最大，却没有一座像样儿的房子，我以前当吴王时住的府邸现今空着没用，就送给大哥将就住吧。”

徐达一听，心都提到嗓子眼儿了，知道自己已到了鬼门关口，忙俯身下拜，苦苦推辞，朱元璋见他态度诚恳，也就不再提了，徐达却是汗透重衣。

过了几天，朱元璋在吴王府邸中设宴，款待自己昔日的布衣兄弟，徐达自然也被请去。酒宴上朱元璋连连劝酒，徐达不敢违命，只好拼命喝，结果不胜酒力，宴席没结束便已醉倒了。

朱元璋便命人把徐达抬到自己以前住过的床上，对众人说：“我已经把这所房子送给徐大哥了，今天不过是代他请大家喝酒，主人已醉，咱们也散了吧。”便率众人离开。

徐达酒醒后才发现自己是在吴王府邸中，而且睡在皇上先前用过的床上，顿时吓得魂飞九天，忙一跃而起，冲出府门。府中的奴仆们不知何故，都出来劝他回去，说皇上已经把府邸赐给大将军了。

徐达哪敢再踏入府门，又不敢说擅自回家，怕朱元璋心中生疑，索性和衣睡在街道上。

仆人们都苦苦劝他，数九寒冬睡在街道上非冻死不可，徐达置之不理，仆人们只好进去拿被褥，凡是上好的经朱元璋用过的，徐达都不要，仆人们只好拿出自己的被褥送给他，徐达才接受，再以街道为床，睡起觉来。

夹杂在仆人中的锦衣卫密探忙入宫禀报朱元璋，朱元璋不觉露出笑容，命他继续监视。

徐达宿醉未醒，又自知逃过了生死一劫，虽住街道上，心里却很平稳，居然在凛冽寒风中睡着了。

朱元璋得知这一情况后才喜笑出声，认定徐达是铁了心要做自己的臣子，绝没有自立为帝的野心。

徐达为人深沉忠厚，处世低调谨慎，从不炫耀自己的长处和功劳。明太祖登基后，虽然他对大明王朝有着无人能出其右的赫赫战功，但却绝口不谈自己的功绩。

常言道："救人一命，胜造七级浮屠。"在腥风血雨中，徐达曾冒着生命危险，不但救了朱元璋的命，还辅佐他登上皇帝的宝座，此恩可谓深似海，此德可谓比天高。但是徐达却绝口不提。这既说明了他有高尚的品德，也表现出了他深沉的处世智谋。因为，从处世的智谋说，低调做人是一种避祸自保的韬晦之计。侯门似海，君心难测，皇帝对臣下的要求，历来是只准你出力，不准你邀功。徐达对此是不会不知道的。

低调做人无论在官场、商场还是政治军事斗争中都是一种进可攻、退可守，看似平淡，实则高深的处世谋略。

低姿态是收复人心的妙方

三顾茅庐得诸葛，闹市驾车为侯嬴。得人心者得天下，领导者能够降低姿态，低调谦和做人，不但可以处理好人际关系，受人欢迎、讨人喜欢，还可以招揽人才、收服人心，成就一番伟业。

看过电影《天下无贼》的人应该还能记得那句经典的台词：21世纪，什么最重要？人才！楚汉之争为什么刘邦能够得到最后的胜利？还是同一个原因，因为人才。其实，关键中的关键也就是一点：如何收服人心。设想一下，假如韩信没有追随刘邦，假如诸葛亮辅佐的不是刘备，那么现在人们看到的历史会是一番什么情景呢？

信陵君“窃符救赵”这个典故想必很多人都听说过了，不过在这个典故的背后，还隐藏着魏无忌的放下身份、降低姿态、招揽人才、收服人心。

战国时期，齐国的孟尝君、赵国的平原君、魏国的信陵君、楚国的春申君为人仗义好客，都很有贤名，四方人士前来投奔，致使每个人都养了数千个门客，为人们所称颂。人们将他们合起来称为“战国四公子”。其中，又以魏国的信陵君最为敬重人才。

信陵君是魏国公子，名叫无忌。魏昭王死了以后，魏安釐王继位，加封无忌为信陵君。信陵君为人仁义谦和，从来不因为自己富贵有名而对士人有丝毫的怠慢，因此，在数千里外的士人也争着来投靠他，以至于门下的宾客有好几千人。当时，中原各国也正是因为魏国的信陵君为人贤明而且门下能人众多，而不敢小看魏国。

信陵君文韬武略样样精通，曾经几次带领东方六国军队与秦抗争，而且他虚心待士，留下许多美谈，其中最为著名的，就是他低调结交大梁守门人侯嬴的故事。

侯嬴是魏国大梁的看门人，年已古稀，是个很有才华的人，但是因为为人做事不张扬，所以没有人知道他的能耐。信陵君听说他以后，就亲自前往侯嬴家里拜访，并送给他厚礼。但是侯嬴不肯接受，并对信陵君说：“我这么做已经好几十年了，从来没有受过别人的财物，也绝不会因为穷困而受公子的财物。”

信陵君于是专门为侯嬴摆了丰盛的酒宴，并请了很多宾客，准备隆重地介绍他。同时，他空着车上代表尊贵的左边的座位，亲自赶车去迎接侯嬴。侯嬴上了车，一点都不谦让，就直接坐在上座，想试探一下信陵君的态度。但是他发现这时魏公子信陵君对他的态度显得更加恭敬起来。

马车走了一段路后，侯嬴又对信陵君说：“我有一位朋友在市场里，想顺道去看看他。”

就这样，信陵君又赶着车进入了闹市，等侯嬴下车会见自己的朋友朱亥——一个屠户。侯嬴一边故意长时间地跟朱亥谈话，一边注意看信陵君的表情，发现信陵君依旧和颜悦色，非常有耐心地在旁边等着。这时候，魏国的大臣贵族、名人雅士已坐满大堂，全部等着公子来开始酒宴。市集上所有的人都来观看国王的弟弟信陵君亲自为侯嬴执辔赶车，以至于信陵君的随从人员都在暗中骂侯嬴，认为他故意折腾人。好长时间以后，侯嬴见公子始终耐心等待，没有一点不耐烦的样子，才向朱亥告辞，跟信陵君走了。

等到了信陵君家里，信陵君立刻把侯嬴请到上座，并介绍给在座的宾客，宾客见了没有一个不惊讶的。等到上过酒菜之后，信陵君便起身举杯给侯嬴祝寿。侯嬴非常感动，对信陵君说："今天太辛苦公子了，我年龄已老，还只是个大梁的看门人，却让公子亲自赶车来迎接我，还故意让公子在闹市里等我和朱亥谈话。不过我这么做也是有目的的，那就是想让公子尊敬人才的举动让普通人看得更清楚。这件事情之后，人们只会当我是小人，而越发地认为公子是个礼贤下士尊重人才的明主。"他又说，"我所拜访的屠户朱亥也是个人才，只是他不习惯于表现，别人不知道而已。"

侯嬴果然是老谋深算，他的一番举动一方面可以试探公子能否真正尊重人才，另一方面也为公子尊重人才的行为作了一次宣传，而途中拜访朋友也另有深意，也是为了能让信陵君结交人才。后来正是侯嬴与朱亥这两个人在赵国危难之际，帮助信陵君导演了流传千古的一幕好戏——"窃符救赵"，使得信陵君的声誉达到了顶峰。

谦和低调招揽人才最终成就一番事业的，信陵君只是其中一个。为蜀汉三分天下立下汗马功劳的诸葛亮，也是刘备降低姿态，三顾茅庐招揽所得。其实曹操和孙权的用人并不比刘备差，但是三顾茅庐的低姿态行为却让刘备的贤名为天下人传诵，成为那个时代识人才用人才的典范。

身为领导，如果能够放低自己的姿态，把自己置于平等的氛围中，谦卑，礼貌地对待别人，那么，便多了一份收服人心的资本，可能为企业招揽到更多优秀人才，还会使自己赢得尊重。因为人是感情动物，交往中没有人希望看到对方高高在上的姿态，而是希望能感受到对方发自内心的诚意和尊重，这不是金钱和地位所能打动的。越是谦和、低调的人，越容易为人接受，也越容易受人拥戴，信陵君如此、刘备如此，大凡获得成功善于用人者莫不如此。

作为领导需要低姿态，作为普通人更要低调处世，谦和礼貌做人。处理好领导、同事、下属间的关系，不仅仅可以在工作中少走弯路，赢得大家的喜欢，也为将来的发展铺好了一条道路。低姿态做人，形成良好的人际关系，将来受用无穷。

有个人年轻的时候骄傲自大，自恃才华，因此言行间显得很不可一世，处处咄咄逼人，很不受人欢迎。他的一位朋友看不下去了，有一天请他前去，温和地规劝了他一番。这番规劝如当头棒喝，竟使这位年轻人从此以后改头换面，为人处世变得谦和礼貌，胸襟广阔，最终成为一个了不起的人。这个年轻人就是本杰明·富兰克林。

他的那位朋友推心置腹地对他说："本杰明，你仔细想想，以你那事事自以为是、高高在上的态度，什么时候都不尊重别人意见的做法，结果会怎么样呢？人家受了你几次难堪之后，再也不愿意听你那让人难堪的言论了，即使你真有本事又怎么样？所有的朋友都对你敬而远之，免得受气，而你也不可能再从他们那里学到任何学识和本领。更何况，就你现在知道的事情，很不客气地说，还很有限，与高水平的人相比还差得很远。"

富兰克林听了这一番话后，心里大受触动，深刻地思索之后，他已经认识到自己过去的行为很不得当，决定从此以后痛改前非，处世待人用较低的姿态，言行也变得非常谦恭委婉，时时谨防自己的言行有损他人的尊严。没用多长时间，他便从一个狂妄自大、自以为是，人人避而远之的"刺儿头"，变为一个处处受人欢迎爱戴的人。从遭人拒绝到受人尊敬，不能不说，富兰克林的这次转变为他以后的成功打下了良好的基础。

如果富兰克林当时执意不接受这位朋友的劝勉，仍旧事事一意孤行，说起话来高高在上、肆无忌惮，根本不把他人放在眼里，他还能取得后来的成就吗？

人敬我一尺，我敬人一丈。降低姿态，发自内心的尊敬和礼貌是赢得别人认可的最好方法，是招揽人才、收服人心的千古良方。

多思慎言，当一名合格的听众

当一名合格的听众，也就是当一名善于让对方开口说话的人。首先，恭听别人说话，这便是拉近与别人距离的第一步。

在说话中，对方可以整理自己的心情，还会因为有人倾听并且理解自己，而产生一份安心感，内心也能够得到抚慰，从而可以打起精神。

与人见面说话时，首先就是避免“我如何如何”的自我意识，而是倾听对方说话，将重点放在“倾听”上。不妨说：“昨天有这样的事情，你觉得如何?”等等，制造让对方开口的机会，这也很重要。

仔细听他说话，便可以发现对方所关注的问题。如果一边以“嗯，嗯”回应对方的谈话，但一边却在想别的事情，这样的话就太可惜了。特别是当对方正在用心说话的时候。

你要专心地听别人说话，这样一来，对方的想法、知识、感受等应该就会显现出来。或者其中大多是无趣、陈词滥调的想法、到处都有的资讯或者平凡的感情也说不定，但是，无论多么愚蠢的人，也还是有可能说出一两个令人刮目相看的想法的。

能够侧耳倾听，成为一名用心的听众，知识和资讯就会自然地向你靠拢过来，你也一定会有意想不到的收获的。

华人成功学权威陈安之曾经说过这样一个故事。说他辅导一名女推销员，这名女推销员非常努力，勤于拜访客户，可就是业绩平平。清早满袋满袋地提着产品去推销，晚上回来仍然是满袋满袋的。陈安之觉得纳闷：她的形象气质、推销技巧、产品品质都不错啊，可为什么就是卖不出去产品呢?

于是，有一天，陈安之随这位女推销员去推销，想看看到底是什么原因。回来后，陈安之终于找到了问题的症结——这位女推销员总爱在客户面前喋喋不休，不给对方说话的机会，更不用说善于倾听了。于是陈安之给她的建议只有两个字：闭嘴。

古希腊哲学家苏格拉底说：“上天赐给人两只耳朵两只眼睛，却只有一张嘴，就是要人多听多看少说。”寥寥数语，形象而深刻地说明了倾听的重要性。和客户的交往需要双方的沟通、交流、讨论，善不善于倾听，关系着能否了解对方的感觉和思路、能否赢得对方的好感，以及能否与对方建立良好的生意关系。而身为一个管理者，倾听下属说话也同样重要，虽然他们是你的下属，职位在你之下，但是他们为你带业绩、为你办事，难道你不应该做下属忠实的听众吗？

当然，倾听不只是听到就行了，它还要讲究很多的技巧。比如让对方知道你在注意地听他说话就很重要。下面的一些方法就可以增进你的倾听技巧，且帮助你更好地管理工作。

1. 消除外在与内在的干扰

外在和内在的干扰，是妨碍倾听的主要因素。因此要改进聆听技巧的首要方法就是尽可能地消除干扰。你必须把注意力完全放在客户的身上，才能掌握对方的肢体语言，明白对方说了什么、没说什么，以及对方的话所代表的感觉与意义。

2. 鼓励对方先开口

首先，倾听别人说话本来就是一种礼貌，愿意听表示我们愿意客观地考虑别人的看法，这会让说话的人觉得我们很尊重他的意见，有助于我们建立融洽的关系，彼此接纳。

其次，鼓励对方先开口可以降低谈话中的竞争意味。我们的倾听可以培养开放的气氛，有助于彼此交换意见。说话的人由于不必担心竞争的压力，也可以专心掌握重点，不必忙着为自己的矛盾之处寻找遁词。

最后，对方先提出他的看法，你就有机会在表达自己的意见之前，掌握双方意见的一致之处。倾听可使对方更加愿意接纳你的意见，让你再说话的时候，更容易说服对方。

3. 非必要时，避免打断他人的谈话

善于听别人说话的人不会因为自己想强调一些枝微末节、想修正对方话中一些无关紧要的部分、想突然转变话题，或者想说完一句刚刚没说完的话就随便打断对方。经常打断别人说话就表示我们不善于听人说话，个性激进、礼貌不周，很难和人顺利沟通。

4. 听取关键词

所谓的关键词，指的是描绘具体事实的字眼，这些字眼透露出某些讯息，同时也显示出对方的兴趣和情绪。透过关键词，可以看出对方喜欢的话题，以及说话者对人的信任程度。

另外找出对方话中的关键词，也可以帮助我们决定该如何响应对方的话。我们只要在自己提出来的问题或感想中，加入对方所说过的关键内容，对方就可以感觉到你对他所说的话很感兴趣或者很关心。

5. 反应式倾听

反应式倾听指的是重述刚刚所听到的话，这是一种很重要的沟通技巧。我们的反应可以让对方知道我们一直在听他说话，而且也听懂了他所说的话。不过，反应式倾听不是像鹦鹉学舌一样，对方说什么你就说什么，而是应该用自己的话，简要地述说对方的重点。反应式倾听的好处主要是让对方觉得自己很重要，能够掌握对方说话中的重点，让对话不至于中断。

6. 弄清楚各种暗示

很多人都不敢直接说出自己真正的想法或感觉，他们往往会运用一些叙述或疑问，百般暗示，来表达自己内心的看法和感受。但是这种暗示性的说法有碍沟通，因为如果遇到不善于倾听的听众，他们话中的用意和内容就往往会被人所误解，最后就可能会导致双方的失言或引发言语上的冲突。所以一旦遇到暗示性强烈的话，就应该鼓励说话的人再把话说得清楚一点。

7. 接受说话者的观点

如果我们无法接受说话者的观点，那么我们可能会错过很多机会，而且无法和对方建立融洽的关系。就算是说话的人对事物的看法和感受，甚至所得出的结论都与我们的不同，他们还是可以坚持自己的看法、结论和感受。尊重说话者的观点，可以让对方了解，我们一直在听，而且我们也听懂了他们所说的话，虽然我们不一定同意他们的观点，但我们还是应尊重他们的想法。如果我们一直无法接受对方的观点，我们就很难和对方彼此接纳，或建立起融洽的关系。

放下“身架”才能提高“身价”

能屈能伸好做人，可高可低大丈夫。即使才高八斗、位高权重、家财万贯，也是一个普通人，如果能放下身段，降低姿态，前面的路会更宽广，得到的机会可能会更多。

每个人都有对自我的认识，如性格爱好、身份地位、特长缺点等，对自己全面的认识能帮助自己更好地定位，但是自我认识有时候也会成为一种限制，往往容易形成这样的想法：我喜欢什么、擅长什么、性格怎样、学历多高，所以不能去做这个事情或者那个事情。通常自我认识越清楚，自我定位越准确的人，对自己的限制也越厉害。大学生不想去基层工作，博士生不做业务员，上级领导不和下级职员交流……他们觉得这么做和他们的身份地位不符。

了解自己，认识自我，有助于发挥特长，但是也不能墨守成规、一成不变，先看看下面这个小故事。

很久以前，一位落难的王子和他的仆人在逃难，风餐露宿，历经艰险，眼看就能脱离险境，不幸突然发生了：他们盘缠用尽了。这本来不是大问题，要命的是王子认为自己不能丢了家族的尊严、血统的高贵，任仆人如何劝说，他都不愿意低头向路人讨要哪怕一口水、一碗粥。一天，在仆人乞讨归来时，发现他的王子已经因为饥渴死在道边。

王子的死实在是令人扼腕叹息啊，如果他能够“委屈”一下自己，能够低一下头，能够放下王子的身份，悲剧就很有可能避免。

相反，放下身份，选择的方向就会更多，路更容易走。再来看看这个可能发生在我们身边的故事。

有一个青年，考上大学之后，认真学习，深得老师和同学的认可，认为他将来肯定有所作为。

如人们预测的一样，他确实做出了很大的成就，但是和人们想象中不一样的是，他不是在机关单位或在公司企业里成功的，而是靠摆小摊起家。

这年轻人在毕业以后，一时没有找到合适的工作。后来听说学校附近有一个摊子要转租，就跟人借钱把它租了下来。因为他很擅长做饭，而且做得一手地道的家乡菜，就自己当老板，卖起面皮来。尽管以他的才学摆小摊确实有些大材小用，但这也引来许多好奇的目光，等于是为自己作了一次免费的宣传，加上他做的面皮确实口味极佳，价格公道，因此生意非常火暴。

后来他还在卖面皮，不过早就不用自己亲自动手了，同时还做别的生意，已经成了远近闻名的人物了。

那位同学有一句话："放下身架，路会越来越好走。"他自己从未对自己用非所学产生过怀疑，也没有认为自己是大材小用。这大概也是他能获得成功的重要原因吧。

大学生，曾经是人们心目中的天之骄子，即使是在大学疯狂扩招的今天，一个大学生去摆摊可能也是件非常"掉价"的事情。那位同学如果不去卖面皮或许也会很有成就，但他能放下大学生的身份，却不由得不让人佩服。我们也许没有必要非要学他去摆小摊，但在必要的时候，的确也要有他那种能够放下身段的勇气。

普通人如此，领导人又有什么样的表现呢？身为国家领导人，想象中应该是前呼后拥，八面威风了吧，其实也不然。

首先，是一位普通公民，其次才是政府领导人。帕尔梅，瑞典平民首相，他是这么想的，也是这么做的。帕尔梅生活简朴与普通人没什么两样，他从家里到首相府，从不乘车，在上下班的路上不停地和过往的行人打招呼甚至闲聊。帕尔梅喜欢接近群众，同他周围的人关系也很融洽。没事的时候他还尽可能地帮助别人，与普通的热心人一样，没有一点政府领导人的架子。

假期里，帕尔梅一家经常出去旅游，在一些常去的地方甚至和当地的居民也成了朋友。帕尔梅还喜欢一个人出门，到各种地方去找人谈话，以了解社会上的情况，听取普通人的意见。他待人诚恳、态度谦和，从来不会因为身为首相而高高在上，因而受到瑞典人民的广泛尊敬。

他虽然是政府首相，但仍和普通百姓一样，住在平民公寓里。除了正式地去国外访问或参加重要的国际活动，帕尔梅一般都不带随行的保卫人员。只是在参加重要国务活动时，才乘坐专用的防弹汽车，配备警察保护。有时甚至独自一个人乘出租车去机场参加重要会议。1984 年 3 月，他一个人去维也纳参加一个重要的会议，直到他进入会场，在插有瑞典国旗的座位上坐下来，人们才发现他。

帕尔梅没有架子，跟很多普通人都有交往，最重要的交流方式就是书信。他那时候每年大概能收到一两万封来信，其中不少都是国外的普通民众写来的。为此帕尔梅专门雇用了几个工作人员，拆阅和答复这些来信，尽可能使得每封信都得到回复。帕尔梅在任的时候，首相府的大门永远向普通人群开放。这一切都使他的形象在瑞典人民心目中日益高大，不像一些国家领导人，动辄大群保镖，前呼后拥，待人处事高高在上，让人不敢接近。

在瑞典人民的心目中，帕尔梅是一位政府首相，更是一位平民；他不但是国家领导人，更是普通民众的兄弟朋友。

每个人都不同，你可能身居要职、声名显赫，你也可能腰缠万贯、富可敌国，但是，终究也只是一个普通人。一位西方的哲人曾经说过：一滴水的最好去处是什么地方？那就是大海。每个人都只是大海里的一滴水，所以，倒不如放下身段，还自己一个普通人的本来面目。我们也许不知道帕尔梅的政绩如何突出，但是瑞典首相低调的做法帮助他赢得了人民的尊敬和爱戴，成为一个深受国民欢迎的国家领导人。

如果你执著于自己的尊严和面子，很可能变成落难王子；如果你放下身段，抛开身份，也许会发现，前面的路越走越宽；如果你降低姿态，低调做人，也许就发现在不知不觉中，你得到了更多。

对于遭遇困境的人来说，降低姿态、放下身段、抛开面子，面前的困难可能会轻松解决掉。而对于一些相对比较成功的人来说，降低姿态，与大家平等相处，非但没使自己失去面子，反而让大家更加尊重。如果公司的经理、老板经常与下属的职员在一起，同吃同喝，无形之中就能增加他的亲和力，就更能使员工听从其指挥。假如他高高在上、不苟言笑，下属的敬畏之心是有了，但是距离也远了，如此一来，还能获得众人的爱戴吗？

每个人都渴望成功，想做出一番事业，如果还在起步阶段，如果暂时处于低谷，这时候就要能放下身份，不要在乎地位，抛开学历和能力，忘记过去的辉煌和成就，保持平和的心态，做好从零开始的准备，只有这样，以后的路才会越走越宽广。

允许合理的失败

对任何一家企业的领导者来说，如果要想有大的成就，那么他们就必须拥有允许合理的失败的心理，不仅要宽容自己的失败，也要容许下属的失败。也就是说企业的领导者和管理者，对于出现一些不可避免的错误时，要拥有宽容、谅解之心，不可一味求全。

为什么这么说呢？

因为没有人能够真正地预测到会有什么情况发生，也就必然决定了可能会有导致失败的错误发生。在这个时候，允许合理的失败发生，并且采取一种宽容的态度，其实就是鼓励人们大胆试验、锐意进取，保护部属的创新精神，这对企业的成长是有百益而无一害的。

容许失败是有胆识和成熟的开始。因为发展会带来变革，而变革必然伴随失败。如果员工因太在乎不要犯错误而求稳妥，也许就可能招致更大的错误发生。

在工作中采取一种“容许失败”的态度，使员工敢于正视自己的“失败”，其实是上司的另类激励。松下幸之助有一句名言：“如果你犯了一个诚实的错误，公司可以宽恕你，并把它作为一笔学费。但如果背离了公司的精神价值，就会受到严厉的批评直至被解雇。”

作为上司，一定要鼓励部属进行实验、革新和拥有积极进取的热情，要让大家知道你能够接受这样的事实：有些项目的结果并非一定能如我们所愿，但是，失败却让我们向成功迈进了一步。

要想成为一名出色的上司，不能只重视那些圆满完成任务的人。你必须认真对待那些已经尽力甚至作出了巨大牺牲，但出于其他无法克服的原因而未能完成任务的下属。一次失败可能使他们丧失了自信，没有了斗志，如果你能宽容他们，并适时地鼓励或者表扬一下，让他们明白自己的心血没有白费，他们肯定会重新恢复自信，找回自我。那么，下一次他们很有可能就不再是失败者了，而会是成功者了。

容许失败，就是鼓励尝试和创新，就是为成功铺路。容许失败，旨在激励失败者的挑战精神，以使其从失败中寻找成功的因素，把失败真正作为成功之母，从而最终获得成功。

如果管理者批评或惩罚了那些对失败负有责任的部属，那么，可能出现两种结果：第一种是，在他们以后的工作期间，他们不愿再作别的尝试；第二种是，他们会开始寻找另外的能够接受他们的失败并鼓励他们继续努力的公司。

如果冒险和失败带来更多的是学习而不是惩罚，那么，人们就愿意冒险，因此也就有了创新的可能。所以，一个成功的管理者能意识到，在员工中形成冒险精神是激励员工发挥积极性和聪明才智的重要因素，也是促使个人与公司不断成长、发展的重要条件。

因此，成功的管理者会去创造一种氛围：提拔、奖励和支持敢于冒险的人，并且给人们从错误中学习的机会，这也是激励员工的有效方法。

鼓励失败是要培养一种态度。面临失败挫折的员工，更想得到理解和鼓励。可以想象，当员工遭受到训斥和否定，而没有被理解时，他们会觉得在公司内部蔓延着一种令人紧张、惧怕的气氛，他们彼此会传递着相互保护的信息，学会逃避责任和懒于创造。对此，杰克·韦尔奇有一句较为精辟的话：“惩罚失败的后果是，没人会勇于尝试。”事实也是如此，一旦没有人勇于尝试新事物，公司自然会失去了生命力。

可以说，允许合理的失败的发生其实就是寻找正确方法的有效途径，让事情朝更好的方向发展。因此,作为企业的领导者和管理者，要认识并且做到以下几点。

1. 承认失败是成功之母

⑴ 在理性上要承认合理的失败。

正确的结果，是从大量错误中得出来的，没有大量错误做台阶，也就登不上最后正确结果的高座。领导者要开拓进取，难免不出现错误和失败，这就要求领导者本身必须在理性上承认有合理的失败，不仅允许自己合理的失败，同样也允许部属有合理的失败。

⑵ 在实践上要容忍合理的失败。

在理性上我们容易承认“失败是成功之母”，而在实践上我们却常常避讳失败，不容忍错误，甚至苛求犯有过失的人。比如，我们一些领导者对年轻人总是不放心，不敢大胆起用，总是怕他们犯错误。在过去的战争年代，我们依靠大批年轻的指挥官指挥作战，尽管他们也有这样和那样的挫折和失误，但最终我们取得了战争的胜利。现在我们已进入现代化建设的年代，没有一代又一代敢闯、敢冒险、敢为的年轻人，我们的事业就不可能成功。所以，我们在实践上容忍合理的失败就是保护部属的积极性，就是保护单位和事业建设的未来。

⑶ 要看到允许合理失败的好处。

允许合理的失败其好处有许多。一是有利于领导者建立威望。领导者允许合理的失败，干部群众会视其为“大度”，干群的亲近、亲切感就会形成、加深，领导的威信就容易建立。二是有利于创造一个良好的人际环境。正视失败，乐于接受教训，一人有疾众人会诊，把一人的教训变为众人的财富，这样有利于形成良好的人际环境。三是有利于激发主人翁精神和政治责任感。领导者不但不纠缠于下级、群众的错误和失败，反而给以适当的鼓励，则容易造成一种宽松愉悦的环境，主动精神和参与意识就会大大增强。四是有利于发现和培养尖子人才。如果没有允许合理失败这一条，真正能干、敢干的人才就难以找到。五是可以避免报喜不报忧的现象。如果领导者允许合理失败，一旦出现失败，人们就会没有顾忌，不屑隐瞒，更不会寻求庇护，可以很快地找到失败的原因，有利于问题的解决。

2. 分析失败的原因及教训

(1) 实事求是地看待客观原因。

出现合理的失败，肯定有它的客观必然性，领导者要实事求是地从环境因素、技术因素、生理因素、心理因素、知识因素等方面进行具体分析，要对数据统计、静态和动态过程、起因和结果进行分层分类的分析，找出导致合理失败的原因及工作环节。

(2) 积极主动地查找主观原因。

错误是不可避免的，但是不要重复错误。分析合理失败的原因，还要从主观上来分析，也就是要从思想、组织指挥与管理上来进行分析。如果是领导者的组织指挥不当或管理技术、管理水平跟随不上的话，则应从加强领导和改善领导入手解决问题。如果是被领导者的思想不重视、工作不尽责造成重复失败或偶尔失败的话，则应从查找思想根源、端正工作态度入手，解决问题。

(3) 认真客观地总结教训及体会。

在分析原因的基础上，要认真总结教训和体会。要善于揭短、亮丑，解剖失败中的问题。问题要讲清，教训分析要深刻、要具体，矛盾要化解，启示和体会要实在、要管用、要便于进一步指导下一步的行动。无论是哪种原因造成的失败，领导者都应积极主动地承担领导责任，不要过多地去纠缠下级、群众的错误和失败，要给以适当的鼓励。

3. 制定容忍失败的改进措施

(1) 营造容忍失败的环境。

环境具有双重性，人创造环境，同样环境也改造人。良好的环境是事业成功的外部保证。如果没有允许合理失败这一条，在成功或失败之前，人们是很难给事物下结论的，尤其在技术创造方面。过早地判断一件革新或发明的得失，从而决定是否取消它的生长权是不公正的。如果最后出现了失败，也是事物进程中不可避免的，是一种合理的失败。如果没有这种失败，则意味着取消了成功的机会；如果没有这种失败，真正能干、敢干的人才就不可能脱颖而出。因此，领导者要积极营造这种氛围。

(2) 建立容忍失败的制度。

美国有一些大企业允许并要求企业职工在受聘的第一年里犯一次“合理的错误”，如果职工没有这种错误出现，他就要被解雇。这些鼓励进取、不怕失败的做法同我们单独要求新同志尽快进入工作程序适应工作环境、忽略个性特长的惯性思维截然不同。它既是一种工作环境要求，又是一种工作制度要求，所以说，我们的领导者要在本单位或本工作系统内营造容忍合理失败的舆论环境。

(3) 制定容忍失败的改进措施。

犯错误是无可非议的，只要能及时觉察并纠正就是好事。谨小慎微的科学家既犯不了错误，也不会有所发现。制定容忍失败的改进措施就是：一是要承认和允许合理的失败；二是要鼓励和支持大胆试验、锐意进取、改革创新的人；三是要营造一种良好的氛围；四是要重奖那些冒尖的人才。

虽说，我们不鼓励失败，更不原谅故意的失败。但是我们要认识到一点：允许合理的失败，有利于鼓励人们大胆试验、锐意进取和改革创新。如果没有合理的失败，真正能干、敢干的人才就不可能脱颖而出，也就不可能带来企业业绩的提升。

4. 坦率地承认自己的错误

有的领导在对待与下属的关系问题上往往会走入一个误区：一定不能让下属看到我的缺点和错误，否则我就威信扫地，难以受到尊重了。基于这一认识，有的领导从不在下属面前承认错误，哪怕是显而易见的错误。这样的结果，反倒会让自己在下属心目中的形象大打折扣。

戴尔就曾对手下几十名高级经理认错：承认自己过于腼腆，有时显得冷淡、难于接近，承诺将和他们建立更紧密的联系。下属对“极度内向”的戴尔公开反省非常震惊——如果戴尔都可以改变自己，其他人有什么理由不效仿呢？戴尔以下属为“镜”，照出都是腼腆惹的祸，腼腆是错误吗？戴尔的回答是：“如果下属说是，那就是。”“认错要认下属眼中的错，不是认自己脑中的错。”

上司也是凡人，不可能不犯错。我们不怕犯错、不怕认错，怕的是认错不当而错上加错。当你错了，就要迅速而坦诚地承认。

纽约《太阳时报》主笔丹诺先生在读稿时，常常喜欢把自己认为重要的几段用红笔勾出，以提醒排校人员“切勿将它遗漏”。

但是有一天，一位年轻校对员偶然读到一段文字，也是被人用红笔勾出的，上面大致是说：“本报读者雷维特先生送给我们一个很大的苹果，在那通红美丽的皮上露出一排白色的字，仔细一看，原来是我们主笔的名字。这真是一个人工栽培的奇迹！试想，一个完整无缺的苹果皮上，怎样会露出这样整齐光泽的字迹来呢？我们在惊奇之余，多方猜测，始终不明白这些奇迹是怎样出现在苹果上的。”

那个年轻的校对员是一个知识丰富的人，他读了这段文字不禁好笑起来。因为他知道这些苹果皮上的字迹，只要趁苹果还呈青色时，用纸剪成字形贴在上面，等苹果发育红时，将纸揭去，这根本是个小朋友的恶作剧而已。

所以，这位年轻的校对员心想，这段文字如果登出来，必将被人讥笑，说他们的主笔竟会愚笨至此，连这样一点小“魔术”也会“多方猜测，始终不明……”因此，他便大胆地将这段文字删掉了。

第二天一早，主笔丹诺先生看了报纸，立刻气呼呼地走来，向他问道：“昨天原稿中有一篇我用红笔勾出的关于‘奇异苹果’的文章，为何不见登出？”

那位校对员诚恳惶恐地把他的理由说明后，丹诺先生立刻十分诚挚、和蔼地说：“原来如此！是我错了，我向你道歉，你做得十分正确，以后只要有确切可靠的理由，即使我已用红笔勾出，你仍不妨自行取舍。”

谁都会犯错误，领导也不例外，下属不会因为你对错误的遮掩和固执而仰视你，同样也不会因为你的坦然认错而小看你；相反，勇于认错会让下属看到你的坦诚和改正错误的勇气，从而更加信服你。

“智者千虑必有一失。”即使平时再小心，也难免有犯错误的时候。错误并不可怕，关键是你如何对待错误。

比如，某一次工作出了差错，老板把你叫去骂了一顿。你应该对他说："这是我的错。"而不要在他面前去说这是别人的错。试想，如果自己推卸责任，说那是下属或同事的过错，老板可能会讲："难道你做得足够好吗？如果今天都是他们的错，你在做什么？"要是老板这样责问，你就无言以对了。所以，在上司面前，应该一肩挑起，这叫负起责任。错就是错嘛，干吗要把责任推卸给别人呢？大胆地承认错误，然后想办法解决问题，吸取经验教训，这才是最重要的。

有些人，即使知道是自己的错误也不愿承认。他们认为自己主动承认错误会丧失自己作为领导的权威，会让他人觉得自己无能。为了掩饰自己的无能或想刻意树立自己的权威，而将自己的错误转嫁给下属。但是，大多数情况下，下属都十分清楚这是领导的错误，会在心里轻视作为自己上司的领导。而领导的上司最终也会知道是谁的错误，自然会因下属为欺骗自己而嫁祸于人的做法产生不满。这样，就会大大有损领导在他们心目中的形象。

以低姿态去化解矛盾和困难

步入社会，会遭遇大大小小的事情，碰到许许多多的人，无论你是高官显贵还是平民百姓，也无论你是亿万富翁还是一贫如洗，都有身处困境一筹莫展的时候，而始终保持较低的姿态，更容易得到别人的认可，少走很多弯路。

传说中有一座金字塔，却只有一个很低的门，昂首挺胸肯定要碰头，而弯一下腰，低一下头，就能很轻松地走进去。这是一个在西方流传很久的故事，对于世俗中的每一个人，是不是也能从这个遥远的传说中得到一点启发，学到一些为人处世的学问呢？

被认为是美国历史上最伟大的总统之一的林肯，在当选总统的那一刻，整个参议院的议员们都感到尴尬，因为林肯的父亲是鞋匠——一个看似职业卑微的人。而当时美国的参议员大部分出身贵族，自认为是优越的上流人士，他们从未料到有一天要面对的总统是一个出身卑微的鞋匠的儿子。于是，就有议员想趁林肯在参议院发表演说的时候，在这一点上大做文章，以此来羞辱羞辱林肯。

在林肯刚刚走上演讲台的时候，有一位参议员就站起来，态度傲慢地说："林肯先生，在你开始演说之前，我希望你记住，你是一个鞋匠的儿子。"

所有议员都大笑起来，虽然他们自己不能打败林肯，但是有人羞辱了林肯，照样使得他们开心不已。

林肯脸色依旧很平静，等到大家的笑声停止，他才诚恳地对那个傲慢的参议员说："我非常感谢你使我想起我的父亲，他已经过世了，我一定会记住你的忠告，我永远是鞋匠的儿子，而且我还知道我做总统永远都无法像我的父亲做鞋匠那样好。"

参议院陷入一片静默里，林肯又接着对那个参议员说："就我所知，我父亲以前也为你的家人做鞋子，如果你的鞋子不合脚，我可以帮你改正它，虽然我不是伟大的鞋匠，但是我从小就跟随我父亲学会做鞋子。"然后他对所有的参议员说："对参议院的任何人都一样，如果你们穿的那双鞋是我父亲做的，而它需要修理或改善，我一定尽可能的帮忙，但是有一件事是可以确定的，我无法像他那么伟大，他的手艺是无人能比的。"说到这里，林肯流下了眼泪，看到这幅场景，所有的嘲笑声都化成了雷鸣般的掌声。

林肯的父亲是个鞋匠，出身确实不好，可是经过了他自身的努力，最终他成为了深受美国人民尊敬爱戴的国家最高领导人。林肯的事例说明一个道理：低处不是不能成功的理由，低处更不是走向成功的绊脚石。

或许你会担心别人会傲慢地对待你，会轻视你、会侮辱你，会让你抬不起头来，更重要的是你会觉得伤害了自己的尊严，在众人面前丢了面子，所以你丧失了勇气，你退缩了，你还会打出"万事不求人"的牌子，宁可继续忍受不办事的后果。

这不能说明你多么有尊严，只能说明你是脆弱的，没有勇气，也白白浪费了你的聪明才智。因为别人怎么看待你是一回事，你自己怎么看待你是另一回事，你应该把别人怎么看待你和你自身的价值分开。你有无数的理由重视自己，也有无数的理由看到你的价值，而不是终日生活在别人对你的指指点点中。

一个人的尊严可以分为内在的尊严和外在的尊严。一个人外在的尊严取决于他的实力和成就，而内在的尊严取决于一个人对自我生命价值的肯定，和别人的评价无关。内在的尊严是一个人尊严的起点和基础，一个人首先要自尊，然后他才能具有真正的尊严。设想一下，如果一个人因为上司的微笑就昂首挺胸，因为别人的白眼就垂头丧气的话，那么他还有什么尊严可言。当一个人还没有足够实力的时候，就不能对外在的尊严抱过高的奢望，而必须依靠自己内在的尊严生活和工作，也就是说，在身处困境的时候，要能更清醒地认识自己的生命价值。

你去求别人，并不说明别人比你更有价值，也不能说明别人比你更有尊严。它只说明：在你要办的这件事上，别人由于种种原因比你有更多的主动权。因为主动权操之于人，所以你要表现出低姿态，你表现低姿态只是向对方说明在这件事情上，你的实力不如对方，你需要对方的帮助，并不说明你的人格低贱。正如你找医生看病要付钱一样，你找别人办事就要付出一定的外在面子——这是你向对方显示低姿态的一种具体的代价。

降低姿态，与你的人格尊严和实力没什么关系，你有你自己的优势，只是在具体的事情上没有体现出来而已。如同遨游四海的蛟龙，当身处浅滩的时候，可能连动一动的力气都没有，连小小的虾米都敢和它嬉戏，可是谁能就此认为蛟龙的实力不如虾米呢？身处矮檐下，低头又何妨？看清处境，降低姿态，是勇气和智慧的表现。倘若拘于一时得失，与成功失之交臂，岂不是天大的遗憾？其中的道理，不言自明。究竟值不值得，孰轻孰重？一目了然。

降低姿态，低调做人不仅仅是展现了敢于拼搏的勇气，也是个人智慧的体现。在工作中，往往有老资格的同事，他们对工作熟悉，职务较高，如果能降低姿态，给予他们特别的尊重，得到他们的认同，将会使以后的工作顺利地进行，遇到困难时也有了随时可以请教的指路人。

看看那些成功人士的经历就会发现，现在风光地站在人生金字塔顶的这些人，也有过坎坷和屈辱，也有过求人的尴尬，也曾遭遇弯腰和低头，只不过他们不甘于现状，付出了比常人更多的努力，历经磨难、几番辛苦才走上人生的巅峰，如果硬是昂首挺胸而不肯低头，也许永远都跨不过成功的那道门，走上人生的金字塔顶；相反，只要你弯弯腰，低低头，跨过这道门，坦途也许就在眼前。

人生就是一方舞台，你出身的贫寒，你现在工作的低微，你所处环境的恶劣都不会成为你扮演出色主角的障碍，也许最初的演出没有掌声，也许批评、讪笑、毁谤的语言会像石头一样向你砸来，但是，只要能像林肯一样，不以出身低微为耻，坚信自己，做好自己不起眼的工作，并坚信无论在任何行业工作都是值得尊敬的，就可能获得成功。每个人都生来平等，没有贵贱之分，只有分工的不同，不要妄自菲薄，更不要自轻自贱，要用自信、胆识与才华勇敢地把那些讥讽踩在脚下，创造自己事业的辉煌，那么，低姿态不仅不是前进的障碍，还会成为我们向上迈进的坚实台阶。

人生中的亮点需要寻找，即使上苍给了你一片贫瘠的土地，只要有雨水、阳光，你就没有理由不生出冲天傲骨；即使你的前途被黑暗笼罩，只要前方还有一丝光亮，你就没有理由用沮丧浇灭为事业奋斗的火种。让我们也学一下林肯总统的胸怀吧，相信人生在任何环境下都是春天，让我们在卑微、不起眼的工作环境里想想家田惠子吧，每一步的成长都是在收获成功。

只要努力工作，胸怀大志，即使现在还很不起眼，总有一天会走向成功的康庄大道。再看看这些人：周星驰，原先仅仅是剧组里一个跑龙套的小角色，后来成为一代喜剧天王；李嘉诚，少时父死家贫而不得不早早辍学，后来成为华人首富；再看看古代的舜、管仲、百里奚、孙叔敖等成功人士都有身在低处的经历，可他们最终都获得了成功，类似的例子还有很多。

成功不会因为曾经的低谷而丧失光彩，而经历过风雨的彩虹会更加绚丽。尊贵也不会因曾经的卑微而掉价，相反，以卑微起身会给迟来的尊贵镀上一层更耀眼的光芒。任何人都不必为现在的卑微而羞惭和懊恼，也不必为出身不好而沮丧和失望，重要的是能否潜下心以较低的姿态去努力，从而走出卑微，迈向成功。没有人甘于永远在低处，也没有人甘于卑微。立足于低微又能心存高远，才能走上人生的前台，找到开启成功之门的金钥匙。

把员工当大人物来看待

企业的领导者不要把自己放在高不可攀的位置上。如果你发现员工对你有敬而远之的倾向，你不妨扮演一回员工的“下人”，有时候甚至让员工把你当做取乐的对象，这样，就有可能迅速拉近你与员工之间的距离，从而建立起和谐、融洽的关系。

把你的员工当做大人物来看待，比直接给他物质方面的激励更能激发士气。下面的这个实例充分地证明了这一点。

英国有一个纺织厂，厂里原准备为女工买些昂贵舒适的椅子放在工作台旁给她们休息。后来，老板想出了个新花样：规定如果有人超过每小时的工作定额，她将在一个月里赢得椅子。奖励椅子的方式是：老板将椅子拿到办公室，请赢得椅子的女士坐在椅子上，然后在大家的掌声中由老板将她推回车间。

在人们的常规思维中，员工应该为老板服务，而在这里换了个位置，员工坐椅子，老板推椅子。员工感受到了上司对他的重视，突出了员工的地位，从而提高了员工的士气。

无独有偶，日本某矿业公司的董事长也有类似的举动。

这位董事长在他年轻的时候，曾到基层矿山去担任一个矿的矿长。在到职的欢迎酒会上，由于他一不善喝酒，二不善辞令，以至被员工们认为是一个不讲人情的上司。他在矿里一度很被动，工作开展不起来。

这样过了一段时间，在过年前夕，举办同乐会，大家要即兴表演节目。他这时在同乐会上唱了几句家乡戏，赢得了热烈的掌声。连他自己也没有想到，那些一向对他敬而远之的员工，会因此而表现出对他如此的亲近和友好。

他升为董事长后，有一次在工厂开现场会，全公司的头面人物都出席了。会上大家都为本年度的好成绩而高兴，于是公司总裁的秘书小姐提议使大家在高度欢乐的气氛中散会。她想出一个办法，把一个分公司的副经理抛到喷泉的池子中去，以此使大家的欢乐达到高潮。总裁同意这位小姐的提议，就和这位董事长打招呼，董事长表示这样做不妥，决定由他自己——公司最高领导者，在水池中来一个旱鸭子游水。

董事长转向大家说："我宣布大会最后一个项目就是秘书小姐的建议：她叫我在泉水池中来一个旱鸭子戏水，我同意了。请各位注意了，我就此做表演。"于是他跳入池中，游起泳来，引得参加会议的几百人哄堂大笑……

事后总裁问他："那天你为什么亲自跳下水池，而不叫副经理下去呢？"

董事长回答说："一般说来，让那些职位低的人出洋相，以博得众人的取笑，而职位高的人却高高在上，端着一副架子，使人敬畏，那是最不得人心的了。"

董事长这些话唤醒了总裁，使他和董事长一样，在平时注意与部下打成一片，学到了办好企业的招数。

有些员工虽不想听别人成功的事、得意的事，不过对于领导的失败经验是会很感兴趣的。听领导述说失败的经验，自己便可以沉浸在优越感中。而且，每个人都不希望犯错，所以，对别人的失败经验就会更加有兴趣。

身为领导，就是要谈自己过去的失败经验。例如，某公司的销售部经理就这样谈到了他过去拜访客户时的尴尬经历：

"上次不是第一次到A公司拜访吗？我特意提早出发，那边的住址是××街5-10-13，我到了5-10的路口是约定时间的30分钟前。我想，人都到这里了，应该可以安心了，所以就到附近的咖啡厅里去休息一下。然后在约定时间的15分钟之前离开咖啡厅，但却怎么都找不到10-13的地址，等我找到了，已经是约定时间前3分钟了，害我冷汗直冒呢！”

说这件事情的精髓在于，上司虽然笨拙，但在工作上却没有给任何人添麻烦，也没有迟到，而且还很清楚自己的笨拙，所以在30分钟之前便到了目的地附近待命。

当然，这样的事，也只有在本人有相当的权威，而听者也能有所感觉的情况下才有效果。正因为工作能力卓越且下属也认同，所以对上司的这类令人意外的糗事，可以产生亲切感。

身为上司就是要谈自己过去的失败经验。例如，在年轻时还是一般员工的时候，被女同事们嫌弃的事情；第一次升上主管时，对人事变动感到不满的下属们对自己不理不睬的事情；和顾客发生纠纷，心想可能要被炒鱿鱼而冷汗直冒的经验等。

这些失败的经验，会让下属感觉上司人性的一面，因而产生亲切感。而且，除非下属是极其蠢笨的，否则应该会注意到，上司是想通过自己的失败经验，来引导下属的。

添油加醋地诉说失败经验，听的人也会觉得有趣。坦白自己的耻辱，不但可以获得下属的共鸣，还能更轻易地便掌握他们的心。

做一个不断进取的人

进取的力量能够驱使你不停地提高自己，把成大事者的天梯搬到自己的脚下。所以，一个人要想做成一件大事，绝不能缺少进取的力量。

形象地说，人的进取心就是“往上爬”。“往上爬”的含义非常广泛，它主要是指这样一种意思：即在你的生活中，无论你的目标是什么，都应该排除万难、勇往直前。成大事者对如何生存、达到他们的目标以及实现他们的梦想都具有强烈的渴望。所以问题的关键在于你是否“往上爬”。我们在这里可以想象你“往上爬”的具体目的，比如为了得到市场份额、改进人际关系、较好的职位、要做的事情就做好、完成一次教育、培养好员工、在你有限的人生中做点有意义的贡献等，这些动力和意愿都是我们绝对需要的。

因为人的生命是有限的，所以这种内在驱动力、进取心就是我们本能地与时间赛跑，即争取时间来完成我们的任务。无论你对自己的人生是否有一个崇高的理想，你都会感受到进取心这种驱动力不断牵引着你。如果你从来没有过这样的体验，那么你只要去观察一下那些从癌症中活过来的人以及那些经过九死一生才逃离了死亡的人，观察在他们那里究竟发生了什么，你就会对进取心的含义有所领悟了。这些人立即重新估计了他们的生命价值，因此他们绝不浪费自己的时间和精力。他们重新确定了生命中重要的事情，这些事情正是与他们的人生目标相关联的。

约瑟夫大学毕业的时候，恰逢发生经济大恐慌，失业率很高，工作很难找，试过了投资银行业和影视业之后，他找到了开展未来事业的一线希望：去卖电子助听器，赚取佣金。谁都可以做那种行业，约瑟夫也明白。但对他来说，这个工作为他敲开了机会的大门，他决定努力去做。

在近两年的时间里，他不停地做着一份自己并不喜欢的工作，如果他安于现状，就再也不会有出头的那一天了。但是，首先他就瞄准了业务经理的助理一职，并且取得了该职，往上爬了这一步，便足以使他鹤立鸡群，看得见更好的机会，这是一个崭新的开始。

约瑟夫在助听器销售方面很有建树，以致约瑟夫服务公司的生意上的对手——电话窃听器产品公司的董事长安德鲁想知道约瑟夫是凭什么本领抢走老字号的电话机窃听器产品公司的大笔生意的。他派人去找约瑟夫谈一谈，面谈结束后，约瑟夫成了对手公司助听器部门的新经理。然后，安德鲁为了试试他的胆量，把他派到人生地不熟的美国佛罗里达州 3 个月，考验他的市场开拓能力。结果他没有沉下去，“一定要取得成功”的信念驱使他卖命工作，结果他被选中做公司的副总裁。一般人要是在 10 年誓死效忠的打拼之后，如能获得这个职位，已被视为无上荣耀。但约瑟夫却在 6 个月不到的时间里如愿以偿。就这样，约瑟夫凭着强烈的进取心，在短期内取得了优秀的成绩，登上了令人羡慕的职位。

领导者放松对自己的要求是可悲的。凭过去夺取的荣誉，获得了能走向成功的才华和能力，今天如果继续发挥，乘胜前进，本来可以夺取更高的荣誉，获得更大的成功，拥有更加辉煌的人生。但有些人却因目光短浅、故步自封，停滞在原来已经到达的途中，结果丧失了获取更高的荣誉和更大的成功的机会。

可见，真正能成大器的领导者，如果不是抱有远大的目标，就很难持之以恒，不是因挫折而怠惰，就是因成功而松弛。难怪有人要说："人生有两出悲剧：一出是万念俱灰；另一出是踌躇满志。"这两种悲剧，都会导致勤奋努力的终止。

人生只是短暂的一瞬，生命的弓弦应该是紧绷不松的。生命不息、奋斗不止，应该是每个人生存的原则。战胜了惰性，便是战胜了自己，而后，会拥有成功与幸福。

从这个角度来看，勤奋的努力又如同一杯浓茶，比成功的美酒更有益于人。一个人，如果毕生能坚持勤奋努力，本身就是一种了不起的成功。

积累知识比积累金钱更重要

成功的老板都是善于为自己充电的人，因为他们深深知道：累积知识比累积金钱重要太多了。

许多天赋很高的人，终生处在一个平庸的职位上，导致这一现状的原因可能是他们自己不思进取。而不思进取的最明显的表现就是不用功读书、不努力学习，宁可把业余时间消磨在娱乐场所或不必要的闲聊中，也不愿多看书充实自己。也许，他们对目前所掌握的职业技能非常满意了，意识不到新知识对自身发展的价值；也许，他们下班后很疲倦，没有精神和毅力进行艰苦的自我培训。

他们心甘情愿陷于颓废的境地，尚未做任何努力就承认了人生的失败。在这种心态下，先不用说自行创业当老板，也许连一个卑微的饭碗都不是十拿九稳。若是没有足够的知识储备，一个人是难以在工作和事业中取得突破性进展的，也难以向更高地位挑战，至于管理他人，应该也会困难重重吧。

在成功之前，一个人要积蓄足够的力量。在这方面，汤姆斯·金曾受到美国加利福尼亚州一棵参天大树的启发：“在它的身体里蕴藏着积蓄力量的精神，这使我久久不能平静。高山峻岭赐予它丰富的养料，山丘为它提供了肥沃的土壤，云朵给它带来充足的雨水，而无数次的四季轮回在它巨大的根源周围累积了丰富的养分，所有这些都为它的成长提供了充裕的能量。”

在商业领域也如此。那些学识渊博、经验丰富的老板，比那些庸庸碌碌、不学无术的人，成功的机会更大，管理上也更成功。

有位商界的杰出人物这样说：“我所有职员都是从最基层做起。俗话说：‘对工作有利的，就是对自己有利的。’任何人在开始工作时如果能记住这句话，前途一定不可限量。

一个领导者，随着自己地位的逐步升迁，一定有很多的学习机会，假如他能抓住这些机会，成功就是早晚的事。

一个想成大器的领导者，要随时随地注意相关行业的门道，而且一定要研究得十分透彻。在这一方面，千万不能疏忽大意、不求甚解。有些事情看来微不足道，但也要仔细观察；有些事情虽然有困难险阻，但也要努力去探究清楚。如能做到这一点，他就能清除事业发展路途中的一切障碍。

无论你目前的职位多么低微，汲取新的、有价值的知识，对你的事业将会大有裨益。现实生活中，一些公司的小职员，尽管薪水微薄，却愿意利用晚上和周末的时间到进修班去听课，或者买书自学。他们明白知识储备得越多，发展潜力就越大。

从一个人怎样利用零碎时间就可以预见他的前途。自强不息、随时求进步的精神，是一个人卓越超群的标志，更是一个人成功的征兆。这也是可以作为老板们提拔下属的重要参考项目。

“只因准备不足，导致失败。”这句话可以写在无数可怜失败者的墓志铭上。有些人虽然肯努力、肯牺牲，但由于在知识和经验上准备不足，做事大费周折，始终达不到目的，实现不了成功的梦想。

看看职业中介机构的待业者名单吧，多少身强力壮、受过高等教育的人在这里登记，其中大部分人，因缺乏进一步发展的能力而驻足不前、被人超越、丢了饭碗。这些人本来就没有深厚的根基，工作期间又不注意累积经验、增加才干，当然会被淘汰。

比如一个在商店里工作多年，只会按顾客的要求拿东西，对商业一窍不通的人，他只是在挣钱糊口，不注意、不关心商品的特点和顾客的需求，就算他幸运不被淘汰的话，也只能当一辈子售货员。那些精明强干、善于思考的年轻人，却能在短时期之内发现一个行业的门道，一旦时机成熟，他立刻就能独当一面。

一个有成就的领导者随时都会注意磨炼自己的工作能力，任何事情都想比别人做得更好。对于一切接触到的事物，他都能细心地观察、研究，对重要的东西务必弄得一清二楚。他也把握一分一秒来学习，珍惜与自己前途有关的一切学习机会，对他来说，累积知识比累积金钱更重要。如果他把所有的事情都学会了，他所获得的内在财富是非常巨大的。在工作中累积的学识是他将来成功的基础，是他一生中最有价值的财富。

如果你真有上进的志向、决心充实自己，就必须认识到，无论何时何地、无论什么人都可能增加你的知识和经验。假如你有志于出版业，那么一名普通的印刷工人会帮助你了解书籍装帧的知识；假如你热衷于机器制造，那么一名修理工的经验也会对你有所启发。

能善加利用各种途径汲取知识的人，才能使自己的学识更加广博、充实，使自己的胸襟更加开阔，也更能应付各种各样的问题。

我们通常听到别人抱怨薪水太低、运气不好、怀才不遇，却不知道其实自己身处于一所可以求得知识、累积经验的大学校里。未来一切可能的成功，都要看我们现阶段用在学习方面的态度和效率。

终生学习，终生受益

在当今时代，如果你每天都不学习，不去充电，那么很快就会被这个社会所淘汰。因此，无论在何时何地，每一个现代人都不要忘记为自己充电。只有那些随时充实自己、为自己奠定雄厚知识基础的人，才能在这个竞争激烈的环境中生存下去。

当前知识经济的竞争主要是高科技产业之间的竞争，而高科技产业的发展主要由高素质的人才所支撑，因而一个企业有无竞争优势，主要决定于这个企业拥有人力资源的数量和品质以及如何对人力资源进行开发和使用。综观国内外成功的企业，一个共同的特点就是对人才的重视。

德国西门子公司人事部经理的日常工作之一就是访问高等院校，寻找“企业家类型”的人物，对这些人的基本要求是：良好的考试成绩、丰富的语言知识，学习好和工作好，同时有广泛的兴趣、有好奇心，有改进工作的愿望，以及在紧急情况下冷静沉着和坚毅顽强。公司内部设有管理人员培训部，负责对工作人员进行了解，提出是否继续使用的建议。同时，通过不断调派工作，充分考察了解一个人的能力。一位未来的经理人每隔三五年必须接受和完成一项新的任务，以从中发现优秀的管理人才。西门子公司一贯奉行“人的能力是可以经过教育和不断的培训而提高的”，整个公司在国内外拥有几百个培训中心，几百名专业技师和几千名专业技工，开设了50余种专业项目，每年参加各种定期和不定期培训的多达十几万人。

在现在这个知识经济时代，拥有更多知识的人，将获得更高的报酬，这已成为现实生活中初现端倪的事实。以前，对世界富豪排名时，前10名几乎全是石油大王，石油是工业经济时代名副其实的“金矿”，是资源经济的命脉。而今天，排在前10名的一半以上与资讯等高科技产业相关，资讯是未来知识经济时代的主流。比如，微软帝国的当家人比尔·盖茨的财富存在于电脑软件所包含的知识当中。比尔·盖茨之所以能够长期摘取世界首富的桂冠，靠的是他的思想、知识和观念。

1976年，盖茨与同窗好友正式成立了一家软件公司，这家公司即是后来的微软公司。奠定比尔·盖茨成功基础的是为IBM公司开发一种用于新型个人电脑的操作系统——“MS-DOS”，这一设计成为整个行业使用的操作系统。1985年5月，“MS-DOS”正式完成，26岁的盖茨已成为同行业中举足轻重的人物，被首次选为《财富》杂志的封面人物。之后，盖茨又推出“MS-DOS2·0”版，并不断挤垮竞争对手。1986年3月13日上午，微软公司的股票正式上市。一年后，31岁的盖茨成为全世界最年轻的亿万富翁。

在科学技术进步日新月异的今天，可以说只有不断更新知识，才能让知识成为一笔完全属于自己的无形财富，这笔财富帮你成为优秀的管理者，并为你带来源源不断的财富。

一个颇有魄力的老总在公司的会议上说了这样一段话：

“美国的大公司，在开办新的分公司或增设分厂时，20世纪50年代出生的人，往往就任主管职位。如果公司现在任命你担任技术部长、厂长或分公司经理的话，你们会怎样回答？你会以‘尽力回报公司对我的重用。作为一个厂长，我会生产优良产品，并好好训练员工’回答我，还是以‘我能胜任厂长的职务，请安心地指派我吧’来回答呢？”

“一直在公司工作，任职10年以上，有了10年工作经验的你们，平时不断地锻炼自己，不断地进修了吗？一旦被派往主管职位的时候，有跟外国任何公司一较高下，把工作做好的胆量吗？如果谁有把握，那么请举手。”

这位老总环顾了一下四周，发现没有人举手，他继续说：“各位可能是由于谦虚，所以没有举手。到目前，很多深受公司、同行和社会称赞的主管，都是因为在委以重任时，表现优异。正是由于他们的领导，公司才有现在的发展，他们都是从年轻的时候开始，就在自己的工作岗位上不断进修，不断磨炼自己，认真学习工作要领。当他们被委以重任时，才能充分发挥自己的力量，带来良好的成果。”

有很多的领导者一旦走上领导岗位就停止了学习，这种人以后不会有什么进步的。反之，那些从不间断学习的领导者，才最终会大器晚成。

所谓“大器晚成”的人必是那种保持自觉学习态度的人，他们勤奋地学习，踏实地进步，自身实力与日俱增，每天都面临着新情况、新挑战，你必须学会全力以赴地去做、去学、去充电，生命力才会更强大，你的“能量”才会不断地得到补充，才能让生命更有意义。

第三课　运筹帷幄：做决策中轻灵的舞者

领导者在进行决策时，通常采用少数服从多数的方式，但另一方面，优异的想法往往与众人的看法截然不同，有反对的想法是很自然的现象，因为这可能是真正有实力的想法，也因此值得领导者去尝试。如果领导者本身有自信，反对意见正好可当做一次契机：正因为有人反对，更使这种想法具有意义，而且若是成功，也可以证明自己的能力。

站得高，看得透

作为领导者必须要有决策的意识与运筹帷幄的能力，如将目标具体化、识别有创意的选择、权衡利弊，找出不确定因素、评估风险，进而作出最佳的决策。

在瞬息万变的环境下，怎样才能作出最有效的决策并没有固定不变的规律。但是，最重要的一点，就是要根据实际情况，识别出问题的关键所在，从而选定最简单可行的办法。

星巴克无疑是世界上最成功的咖啡厅之一。星巴克最吸引人的，就是在平凡中创新，把存在了几百年的古老消费品，变成了挡不住的新流行，从而改写了现代人的生活。

在星巴克开店卖咖啡饮品之前，美国人不认识泛着浓厚奶香的拿铁，大家不相信日本人会在大街上卖咖啡。几十年来，美国培养了一大批咖啡迷，是像星巴克这样的咖啡馆使美国人懂得了享受咖啡的乐趣，对这一消费群体的形成起到了重要的作用。

第一家星巴克开张的时候，美国经济已经从 20 世纪 60 年代的巅峰走向衰退，咖啡的销量也已经下滑，咖啡的消费人群在不断地减少。但星巴克依然自我地开发咖啡消费市场，并在以后的几十年获得了巨大成功。

但是你也许想不到星巴克刚诞生的时候，只是一家卖咖啡豆的小店铺，而且它的 3 位创始人也不是正儿八经的生意人：鲍德温当过英文教师，波克尔是位作家，西格尔则是位历史教师。之所以要开咖啡店，是因为 3 个人都是优质的咖啡爱好者，由于经常光顾美国旧金山的一家咖啡店，与老板彼特很熟，而彼特对于挑选咖啡、烘制咖啡豆及煮咖啡都有独到的研究，三人经常泡在彼特的咖啡店里取经。1971年，他们每人出资1350美元，又向银行贷了5000美元，合资开了第一家咖啡店，志在传播咖啡文化，取名starbucks（中文译做星巴克）。

星巴克最初只卖咖啡豆，不卖煮好的咖啡饮料，店内的摆设装潢也非常一般，一切以手工及崇尚自然格调为主。不过这家星巴克偶尔也会泡上一壶咖啡，请客人免费品尝。星巴克咖啡很受欢迎，在随后的10年中，三人在西雅图地区开设了4家分店。

如果仅仅只是经销咖啡豆，星巴克很可能到现在还蜗居于西雅图，淹没在成千上万的小零售店中。但是一个人的到来改变了它的命运，他就是1982年加入星巴克的舒尔茨。

舒尔茨原是瑞典一家家用器具制造公司美国分公司的副总裁。1981年，舒尔茨发现西雅图有家星巴克咖啡店从他们公司定购了很多滴泡式咖啡壶，而且订购数量比西雅图当地的知名百货公司还多。舒尔茨觉得事出有因，便千里迢迢地从纽约赶到西雅图，试图一探究竟。

到了西雅图星巴克，喝下第一杯星巴克咖啡后，舒尔茨立即惊为天物，不能自已。"最初的星巴克咖啡店是一个很普通的地方，但很有特色。门打开的一瞬间，一股令人陶醉的咖啡芳香便扑面而来，把我拉了进去。我进到里面，看到的就像是一座咖啡的庙宇。喝到第3口，我便被吸引住了。我感觉好像发现了一个新大陆。"

舒尔茨当即就决定放下一切，投入星巴克，让美国人告别喝劣质咖啡的时代，迎接如同上帝所调配的星巴克烘焙的咖啡时代！舒尔茨回到纽约之后，马上辞去了高薪的工作，在亲朋好友的质疑声中，跳槽到星巴克去当运营和市场总监。

舒尔茨就任新职之处，几乎把所有的时间都花在了西雅图4个咖啡店里，站柜台、尝咖啡、与顾客交谈、体会咖啡店个性、学习咖啡零售知识。

1983年，舒尔茨到意大利米兰出差。在那里，他发现咖啡店服务员在为顾客服务时几乎能叫出每位顾客的名字。顾客站在柜台前同服务员亲切交谈，蓝领与白领们不分彼此。这里俨然成了当地社区的聚会场所。舒尔茨意识到西雅图的星巴克也应该是这样的。

从米兰回来之后，舒尔茨以为自己取到了咖啡文化的真经，兴高采烈地向几位创始人讲述新经营思路，却遭到了鲍德温与波克尔的强烈反对。他们坚持认为，星巴克是咖啡豆零售店，不是餐饮店，也不会变成咖啡吧。在意大利可以赢利的经营模式，在美国未必行得通。

经过了两年的不停争论，一直想卖咖啡的舒尔茨终于跟只愿卖咖啡豆的星巴克分道扬镳了。这时，星巴克的元老们不但没有拖他后腿，还鼎力相助。鲍德温同意舒尔茨在新店开张之前“停薪留职”，并给他投资 15 万美元。波克尔则答应给他做 6 个月兼职顾问。

舒尔茨筹集了 125 万美元，连同朋友融得的 25 万美元风险资金，开设了他的第一家咖啡厅——“每日咖啡厅”。两年后，他已经有 3 家分店，但这样的规模离他的预期还有很大的差距。就在这时，曾经的东家星巴克向他微笑了。

1987 年 3 月，舒尔茨突然收到消息，鲍德温和波克尔要卖掉星巴克，包括店面、烘制设备及品牌。原因是波克尔想搞自己的其他公司，鲍德温厌倦了在西雅图和旧金山之间无休止的奔波。舒尔茨马上说服董事会，并请财务做出详细的并购计划。但是收购需要 380 万美元，而全部改造成咖啡吧，需要更多的资金。这成了舒尔茨一生中最大的一次赌博。

5 个月后，收购完成。舒尔茨将自己所有的咖啡厅都改名为“星巴克咖啡厅”，自己出任董事长。舒尔茨最终是要带领星巴克走出西雅图的。但是他追求的不是走得快，而是走得稳。因为没有好的管理人员，质量无法保证，品牌就会发生危机，此乃扩张之大忌。

他先要保证的是星巴克的优质服务，而这种服务体现在星巴克咖啡厅的每一处细节。星巴克的小提琴独奏、三色咖啡壶的陈列、咖啡的香浓、服务员的热情以及店主的好客，在这些细节上，到处都彰显着星巴克的个性。除了对咖啡豆的精挑细选、对烘制工艺的精益求精之外，每件商品的陈列、每种颜色的选择都要经过专门设计，与标语、音乐、香味都要风格一致，并全部用于营造咖啡文化的浪漫。

正是基于这些细致入微的服务，星巴克得到了很大的发展。从 1987 年到 1992 年，星巴克开设了 161 家连锁经营店。这样的速度甚至超过了初期的麦当劳。1992 年 6 月，星巴克在纳斯达克正式挂牌上市。到 1996 年的时候，星巴克已经在美国开设上千家分店，同年，开始向海外扩张。

经过多年的经营，星巴克早已今非昔比。经过几年的发展，已经有很多中国人喜欢上这种体验，星巴克成为都市时尚的一个代名词。舒尔茨曾说过，星巴克的最终目标就是要在全球开设至少 3 万家分店，其中至少一半要设在北美以外的地区。

要作决策首先要有自己的见解，就像上例中的舒尔茨那样。有了这样的认识，才能知道我们是以“尚待证实的假设”为起点——决策程序如此，科学研究也如此。我们都知道：假设是不必辩论的，却必须经得起验证。经得起验证的假设才值得我们重视，经不起验证者，就只有放弃了。所以，中层领导要想不断地提高自身的决策能力，首先就要有自己的见解，然后才是收集事实，对自己的见解加以验证，最后作出正确的决策。

作决策要有很好的判断力。我们通常所作的决策，大部分都介于必须作决策与可以不作决策这两者之间。我们碰到的问题，大多数并不是“随它去吧，船到桥头自然直”，但也不至于严重到不作新决策便将无可救药的程度。我们的问题，通常多是如何改进，而不是如何进行真正的变革和创新。当然，这类问题还是颇值得我们重视的。这就是说，对这类问题，虽不作新决策我们同样能够生存，但有了新决策，情况也许会变得更好，在这种情况下，就需要中层领导作出很好的判断。

而且，决策是在若干方案中的选择。领导在经营决策的实践过程中，通常不是在“是"与“非”之间的选择，而是常常会遇到许多可以互相代替或类别差异不大的决策方案，并且任何一项方案均不一定优于其他方案，甚至在每一项决策的各个环节，也需要多种选择。中层领导在这些各有差别又有些相似的方案面前，就需要拥有很好的判断能力，在许多可行方案中选择较优的方案，这会使经营的成功具有更大的可能性。所以，中层领导若想作出正确的决策，一定要不断提高自身的判断能力。提高自己的判断力可以从下面几个方面入手。

1. 提升从广处探讨问题的能力

先假设自己是上司，然后思考所负责部门的工作方式是否适当，并从相关部门的立场作同样的考虑。此外，还要积极吸收新知识、新信息，帮助自己作出正确判断。

2. 提升长远思考问题的能力

不妨自问：“这种工作方法持续一年以后会怎样?”接着彻底研究自己企业的中长期经营计划与经营策略的内容及基础，然后再探讨上述的研究内容和该年度的计划之间的关系。

3. 提升深入思考问题能力

发生问题时，一定要追究：“为什么会这样?”同时经常思考：“这件事的本质究竟是什么?”并且认真研究经营方针的内容和基础。

作重大决策身子需要发热，但头脑不能发热

决策要以客观事实为依据，若仅凭主观想象闭门造车似的空想决策，只会枉送企业性命。

历史上的纸上谈兵大家都熟知，而今天的企业领导者更有多少是在办公室里高谈阔论，有多少重大决策就是他们热血沸腾之际拍板而定的。

让我们看一下巨人大厦的决策过程，这就是典型的头脑发热。巨人集团兴建巨人大厦时从 18 层一直加到 70 层，投资额由起初的 2 亿元一直增加到 12 亿元。这一系列决策的变化完全是凭集团决策者的个人感觉作出的。

巨人集团总裁认为，建大厦主要依靠自有资金，他设定的筹资方案为：自筹 1/3,卖楼花筹 1/3，向银行贷 1/3。实际上，到巨人集团发生危机时，主要是用自筹资金和卖楼花所得而未向银行借一分钱。

巨人集团出现困难的直接原因在于巨人大厦的兴建，而巨人大厦的问题在很大程度与总裁个人决策失误有直接关系，既能看出集团决策者独裁

专断，又能看出决策盲目随意。

巨人大厦建设中的决策全是由其负责人一人拍板决定的，用他自己的话说“完全是头脑发热的结果”。

领导人头脑发热，下属不可能一点察觉都没有，只是由于老板独裁太甚，以至于下属只有将意见埋藏在心底，表面上唯唯诺诺，眼看着集团一步步走向深渊，暗自痛惜而已。这不能不说是巨人集团的悲剧，是其决策者的悲剧。

企业在产品的设计、开发、销售渠道的选择及广告策划时最容易陷入空想决策，即在决策时，各种方案的制订不是以充分的市场调查为基础，既没有从宏观上把握市场的总体规模，也没有具体分析消费群体的各方面特征，如年龄、性别、收入、文化程度、价值取向、生活习惯等，而是以主观设想为依据，其失败自然在所难免。

我国南方某电视机厂几年来效益一直不佳，尤其是在国内电视机厂家竞争日趋激烈的情况下，该厂生存日益窘迫。于是该厂寄希望于东南亚市场，极想在泰国开拓销路，但是他们对当地的消费习惯、生活习俗并不是很了解。

在这种情况下，该厂根据我国人民的传统喜好，在专供出口的电视机上使用红色，以图增加喜庆气氛。从而有助于销售。谁知这种红色的电视机在泰国一台也卖不出，迟迟找不到客户。

原来，当地居民认为只有救火车才用红色，红色给人以警惕感。在烈日炎炎的夏天，红色电视机摆在家里就像一团红红火焰，使人更觉酷热而烦躁。另外，在泰国，红色象征着血液，红色电视机给人以血淋淋的感觉，令人望而生畏。

后来，该厂认为泰国人喜欢灰色，因为这是比较典雅、宁静的色彩，泰国人多信奉佛教，选灰色应该不错吧，于是他们又把电视机外壳改为灰色。谁知泰国人对这种色彩的电视机反应却更为平淡。原来他们认为这种电视机外壳的色彩与用来超度亡灵的锡箔纸的颜色十分接近，不吉利，会招来灾难。

那么，泰国人究竟喜欢什么颜色呢？且看看北方一家电视机厂的做法。他们一方面组织美术设计人员去泰国逛公园，从泰国人的居住、娱乐环境中寻找答案；另一方面与泰国的咨询公司取得联系，组织人员去调查民俗，最终认定蓝色比较为泰国人所喜爱。于是该厂投其所好，把电视机外壳设计为蓝色，后来又不断改进最终定为孔雀蓝，果然赢得了泰国人的深爱，这种电视机在泰国市场上的畅销程度自然不用说了。

不少企业在经营管理中都习惯跟着感觉走，走一步看一步。不少企业在经营中坚信“车到山前必有路”，这些不科学和缺乏战略眼光的经营行为和决策方式，如果不及早引起他们的注意和反思，迟早会为其付出沉重的代价的。

确定未来的行动目标

作为一个合格的企业领导者，应该制定企业的长期发展目标和中短期发展规划。必须要做到长计划、细部署、巧安排，这样才能使企业行有目标、进有方向。制定长远规划是确定一个企业长远的奋斗目标，这个目标可以定得高一些，并且要强而有力、范围宏阔，这样，员工才会有动力和压力，使他们的潜力得以充分地发挥出来。做生意，无“梦”不富，要勇于设想。拿破仑说：“不想当将军的士兵，不是好士兵。”那么，你也可以这样推论：不想做大生意的商人，不是出色的商人。

当然，企业目标也不能定得太高，否则就会脱离实际，员工看不到实现目标的希望就会泄气。最好是将总目标具体化，并分解成阶段性目标，使大家每前进一步，都能体验到成功和胜利的喜悦。

要全面有系统地分析实现具体目标的有利条件和不利因素，存在哪些方面的机会和威胁。然后，依照这些分析，切实制定实现目标的具体方案。尤其是那些产能高、规模大的企业，因为面临的风险较大，更要认真地做好长远规划。

如果是在创办公司的起步阶段，则更应该重视制定长期经营规划和发展战略。有句话说得好："只为今天而生者，必迎灭亡的明天。"有了长期的发展计划和目标，才能将现阶段的经营变为一个连贯、长远的企业整体。

制定长期经营规划的方法很多，一般来说，离不开以下几个步骤。

1. 确立经营理念，设立公司目标

这一步的关键是要把经营理念和信条确定下来，而且要具体化，将总目标分解细化，使其成为指导各部分业务工作的方针和努力的方向。

2. 进行科学分析和预测

不管领导者的主观意向如何，公司实际上是为客观环境所包围。如果忽略了对客观环境的分析和预测，长期发展计划则为沙上建塔、空中造楼。

3. 构想经营规划概要

经营规划是根据公司的主观"意向"和所处的客观环境而确定的。为了实现公司的发展目标，必须突破客观环境的限制。为此，必须决定用何种手段和如何实现公司的目标计划体系。这一决定是建立在个别计划与阶段计划基础上的。

4. 设立个别计划

也就是确定各个部门的具体计划。如技术部门的产品研制计划、财务部门的资金计划、生产部门的产值计划等。

5. 设立阶段计划

重要的一点是要意识到：计划的本质在于选择。

6. 编制预算

以预算形式表现出来的经营计划才能交付具体实施。

对于一个领导者来说，"确定未来的行动目标"是第一位的，这是决定事物性质的基本因素。至于怎样确定"行动方案"，那就不必机械地去理解要有"两个以上"的问题。

如果是人才济济的大公司，或许会搞出十个八个方案以供选择和决策，而对初创企业和规模较小的公司来说，则不必拘泥于"行动方案"的多寡，关键是自己分析判断要正确。

“单一”的决策并非别无选择，“单一”的行动方案也并非只有一个方案，对决策者来说，无论是刚起步的创业者，抑或是大企业集团的专业经理人，在很多重大问题的决定上，往往表现为“单一”的形式。其实，这何尝不是他们在社会上和众多企业经营的现实状况中多方比较而得出来的决策呢？之所以选择了他们各自的“唯一”而没有选择其他，这本身就有一个日积月累的内在化的分析、比较、判断的过程。

所以，对“单一”的决策是不必介意的，否则左右为难、委决不下，反而会一事无成。当然，在能够提供多个“行动目标”和“行动方案”的情况下，再按“取长补短”的做法，也未尝不可。

无论如何，所有领导者都必须具备果断的决策能力。决策能力本身是先天禀赋和商务经验累积的综合表现，而不是靠运气的。那些总是在关键时刻能作出正确决策的领导者们，通常都具有坚忍不拔的意志和果断决策的能力。

学会与他人分享你的想法

过去有些领导者在对人的管理中所犯的最大的错误，除了以为自己是最聪明的之外，就是无法理解分享的重要性和必要性。在知识经济时代，领导者必须善于在组织内建立起一个崇尚分享的文化和促进分享的机制，这对增强组织能力和竞争力、快速适应变化都是必不可少的。

在一次年终总结会议前，飞利浦中国照明部的一位总经理突然问在场的公司中高层经理，“在你们看来，领导者提高领导力应具备的最重要的意识是什么？”战略意识、团队意识、责任意识、成就意识……各位经理纷纷表态，众说纷纭。总经理环顾四周，这些答案似乎都不能令其满意。他说：“你们所说的这些都很重要，但根据我几十年来团队领导的经验，对于一个卓越的领导者来说，分享意识才是最重要的，同时也是最难做到的。当你站在比别人更高、更显要的位置时，往往意味着你拥有更多的知识、经验、信息、权力，更高的收入、更多的获得、更大成功的机会。在这种情况下，要做到真正的分享，其实并不容易，它需要一种超然的心态、宽广的胸襟。我见过许多世界上各大优秀企业的优秀领导者和所有者，他们都几乎无一例外地、很好地做到了这一点。”

通过考察成功领导者的成长经历，我们得到如下观点：卓越的领导者不会隐藏自己的新观点，他们会将新观念告诉团队成员。这些领导者赋予工作团队方向感和使命感，他们会帮助团队成员理解他们的工作是如何促进组织目标发展的。他们非常重视与团队成员的交流和沟通。也就是说，在所有的能力中，在判断领导是否卓越的问题上，人际交往能力不容忽视，培养一个高效的沟通能力不容忽视。如果你想要对这个有更深刻的认识，最好去与你的员工进行有效的沟通。

1. 与员工共享信息

获得充分的信息不仅是工作、决策的要求，也是为了满足个人安全的需要，处于信息孤岛会使人感到自己对周围环境的控制力减弱，从而引发紧张情绪。

20世纪60年代末，日本佳能公司在小型计算器市场与卡西欧的竞争中连连失利，加上第一次石油危机的打击，佳能出现巨额赤字，濒临倒闭。在这种情况下，佳能并不是像许多公司那样向员工隐瞒事实，董事会作出的决定是：将公司面临的危机如实告诉全体员工，让他们知道公司的真实处境。结果这一决定收到了良好的效果，大大激发了员工的危机感，振奋了士气，创造出了平时不可能产生的智慧和工作效率。员工们提出了许多有创意的新建议、新方案，佳能公司在此基础上提出了著名的“优良公司设想”，这一设想在改革生产和科研体制方面发挥了巨大作用，同时极大地提高了员工的积极性，使佳能获得巨大成功，在6年内便走向了世界。

在日本“经营之神”松下幸之助的经营思想中，有3项是最为突出的，即“自来水”经营理念、“水坝式”经营法和“玻璃式”经营法。其中“玻璃式”经营法是保证信息共享的有力举措。

所谓“玻璃式”经营法，就是指在企业的经营管理中要像玻璃那样透明，这一经营法贯穿了松下公司从小到大的始终。在工厂还很小，只有五六个人的时候，松下幸之助每月都会和公司会计人员进行公开核算，并将核算结果向大家公布。结果发现，大家听到这些消息都十分兴奋，极大地激发了员工的进取热情。由于这种经营方法取得了巨大的成功，因此松下幸之助在设立分支机构的时候也都采取了这种方式，让分公司、事业部也公开企业经营状况。

2. 实现知识共享

在当今知识更新异常迅速的情况下，单靠个人积累和发展实现知识增值已经越来越困难。只有通过相互坦诚地交流、学习、共享、探讨，知识才能得到发展。知识共享的范围越广、越深入，知识利用、增值的效果就越好。知识只有被更多的人共享，才更能发挥它的价值。

在摩托罗拉，除聘请外部讲师进行员工培训以外，公司还安排内部员工以演讲、座谈、书面报告等形式，贡献出自己的专业知识和他人分享，建立知识分享机制，并将教学成效纳入员工的绩效考核。摩托罗拉十分重视知识的交流与更新，它要求所有员工将自己的专长传递到公共界面，以便其他员工随时进行查询和学习，以提升员工获取知识的效率。摩托罗拉还鼓励员工跨部门进行知识交流，提出和推行各种提案，并辅以实质奖赏来鼓励员工。在这样的活动中，领导者还会亲自参与，积极支持，并主动让员工充分了解知识管理所推动的共享及创新对组织的重要性。除此之外，摩托罗拉还规定接受外训和出外考察的员工必须通过报告会、研讨会等方式，向公司和相关员工报告并分享所获得的技术与知识。工程技术人员出差后，也必须上交出差报告，同时将所学的知识和技能以专题报告的形式上报给公司。

从某种意义上讲，一个组织中知识共享的范围和程度决定着组织的未来发展。施乐公司就是这么认为的，在它的领导者们看来："面对互联网时代的竞争压力，施乐公司的应对很简单——释放储存在团体知识里的知识资产。"他们甚至公开宣称，施乐公司的企业使命就是成为世界上领先的分享知识的公司。

但是，真正实现知识共享并不容易。知识分享并不是一个自行顺利发展的过程，知识管理最大的挑战莫过于如何促使员工自觉自愿地分享知识。在知识分享的过程中，不可避免地会触及一些人的既得利益，也一定有人不甘心将自己的知识主动授予他人。

在知识管理的过程中，领导者的示范和领导作用十分重要，富有成效的知识分享要求领导者身先士卒，将自己的知识、经验和技能慷慨传授给他人，通过表率的作用使员工充分明白知识共享的好处，消除他们“教了徒弟，没了师傅”的顾虑和担心。

除此之外，领导者还应充分尊重组织成员个人的知识的储备和价值，努力营造一个公平的、没有偏见的、开放性、挑战性、学习性、协作式的、成长性的组织氛围、知识共享机制和文化，积极鼓励所有员工各展所长，共同学习。

3. 保持沟通渠道的畅通

把你的想法告诉别人，让别人把他们的想法告诉你，而且始终保持这一渠道的畅通，是现代企业最有效的沟通方式。

在这方面，萨姆·沃尔顿在成功经营沃尔玛时给我们提出了卓有成效的 10 大规则。

(1) 以全部的热忱投入你的工作。

比其他任何人都拥有更多的对工作的激情。

(2) 与你所有的同事分享你的利润，把他们当成你的伙伴。

相应地，他们也会把你当成他们的伙伴，在所有人的精诚合作下，你们所取得的业绩肯定会完全超出你们的想象。

(3) 激励你的伙伴们。

纯粹的金钱和股票所有权并不足以达到激励的作用，最重要的是精神上的激励。

(4) 和你的同事们交流任何可能的事情。

他们知道得越多，他们就越能理解你。

(5) 赞赏你的同事为公司所做的一切。

一张加薪支票或者是股票选择权都可以换来一定程度的忠诚。

(6) 庆祝你们的成功。

(7) 认真倾听你所在公司的每一个人的谈话。

这要求你千方百计地找到让他们开口说话的办法。

(8) 超出顾客的预期。

如果你能够不时地给顾客惊喜，他们就会一次又一次地光顾你的生意。

(9) 比你的竞争对手更好地控制你的花费。

在这里你总是能够找到竞争优势。

(10) 力争上游。

走不同的路，忽视一切陈规陋习和过时的智慧。

所以说，要想有效沟通，就要不断地与人交流，交流是要有双方参与的，所以，你应该建立一个宽松的环境让他人能够向你提供你需要的信息，用反馈意见来确保交流的顺利进行和大家的一致同意。

切忌“纸上谈兵”妄作决策

纸上谈兵在企业决策中有三个含义：一是决策只停留在口头上，没有实际行动；二是迷信教条，无法结合实际情况运用；三是凭空决策，毫无根据。不管是哪方面，纸上谈兵都是一件让人贻笑大方的事。凡是纸上谈兵的决策，都不可能取得成功。因此，不要在纸上谈“市场”，不要没有经过全面的调查研究就妄作决策。

军事学家克劳塞维茨说过：“理论给人们带来的好处应该是人们在探索各种基本概念时得到启发，理论不能给人们提供解决问题的公式，不能通过死板的原则为人们指出狭窄的必然之路。”可见，古今中外，奢谈理论、不切实际，都是兵家大忌。兵家的论述完全适用于商家。一方面，领导者必须掌握决策学理论知识，熟知一般原理、原则；另一方面，也不可照单全收、墨守成规，否则就会故步自封、画地为牢，被竞争对手所击败。

纸上谈兵是决策的大忌，同时也是某些领导者的癖好。纸上谈兵最大的缺陷就是理论不与实际相结合，只凭领导者的主观意志想当然地妄作决策。这样的决策在书面上完美无缺，放到现实中却错误百出，不堪一用。

宽阔的大海是令人赏心悦目的，但是海阔必然浪高，这就有了风险。市场也是这样，市场上有利润，但是也有风险。有时候，出于种种原因，我们还没来得及全面地掌握市场上的情况，就凭着直觉作出各种决策。在这种情况下缺乏对事情的足够了解往往会作出错误决定。诚然，有的时候你不可能得到你所需要的全部事实，但是你必须运用你以往的经验、良好的判断力和常识作出符合逻辑的决定。但是，只为省事而不去收集可资参考的各种事实，是不能原谅的。

法雷奥国际经济集团曾成功地在美国、欧洲、澳大利亚及日本主办过高尔夫球赛，取得了不错的经济效益。他们预测南美将掀起高尔夫球热。因此，他们决定在秘鲁、委内瑞拉和巴西也举办一系列类似的活动。他们初步估算：设置 5 万美元奖金吸引运动员参加比赛，另外再以 5 万美元作为比赛所需的各项费用，假如成功，将会有 3.5 万美元的收入，公司可以从中获利 2.5 万美元。从以往的经验来看，这不能不说是一个好策略。

然而，他们忽略了一个极为重要的事实。20 世纪 60 年代初，南美各国的经济发展十分不稳定，那里有着不可思议的高通货膨胀率，而前一天赚得的利润也许第二天就会化为乌有。最后，公司非但没有赚得 2.5 万美元，还赔了 4 万美元。尽管他们有高尔夫球方面的专家，却没有研究通货膨胀的经济学家，只因掌握的资讯资料不完整，让公司蒙受了损失。

旧时代里形成的旧法、旧规、旧制度已不能解释和指导组织行为，大量的老经验、老资格、老教条早已失去了价值。非常规性事件、偶发性事件层出不穷，新想法、新问题、新观念势如泉涌。在商战中，决策者只有正视环境、适应环境，针对问题具体分析，才能立于不败之地。因为竞争的本质是创新，是“物竞天择，适者生存”。

在成百上千的原理、原则中，我们很难断定哪些是放之四海而皆准的。同样的原理在不同的产业部门，不同技术装备水准，不同的能力、知识、素质等变数的限制下，可能会产生截然相反的结果。因而，凡事只空谈理论，不注意因势、因时、因地灵活地作决策，必然作不出好的决策来。

全面而准确地掌握必需的信息

作决策需要掌握大量的信息，光靠拍脑袋、拍胸脯，干了再说，是行不通的。真正的领导者首先是一个信息大王然后才是企业的舵手。

美国前总统卡特曾对信息的重要性作如此比喻："对于我们，信息就像阳光和氧气，它点燃创造智慧的火花，它照亮了通向未来的道路。"信息是预测和决策的"原材料"，可以说，决策中的任何一个阶段都离不开信息。我们常常很奇怪一些人有先见之明，他们往往能够在事情发生之前，就提前预料到了，那么，他们真的是先知先觉吗？

当然不是，那些超凡的结论，都是建立在充分的信息基础之上的，他们不过是善于观察和善于利用相关信息罢了。

美国佛罗里达州有个犹太小商人，注意到家务繁重的母亲们常常临时急急忙忙上街为婴儿购买纸尿片，于是灵机一动，想到要创办一个"打电话送尿片"企业。

送货上门本不是什么新鲜事，但送尿片则没有商店愿意做，因为本小利微。怎么办？这个小商人又灵机一动，他雇佣全美国最廉价的劳动力——在校大学生，让他们使用的是最廉价的交通工具——自行车。他又把送尿片服务扩展为兼送婴儿药物、玩具和各种婴儿用品、食品，随叫随送，只收15%的服务费。

如今，他的生意越做越兴旺。

可见，信息对于一个企业而言就是成功的金钥匙，它能通风报信，能让你知道市场的先机。

信息的重要性显而易见，然而要全面、准确地掌握信息，并使关键信息发挥它应有的作用，也不是一件容易的事情。为此，领导者需要抓好以下几方面工作。

1. 靠调查找出真相

在这个竞争激烈的社会，几乎任何一件事都必须靠调查找出真相，因为社会的面貌正以你想不到的速度在改变。调查是信息搜集的过程，是一个琐碎的过程，但是对作出成功的决策却有重要的作用。只有通过调查，才能掌握趋势，知道应该关注什么问题，了解了这些，你才能够进行英明决策。市场调查的任务就是为决策提供相关的、准确的、可靠的、有效的信息，为决策提供参考依据。

麦当劳在北京的分店于 1992 年 4 月 23 日开业。但早在 8 年前（1984 年年底），美国麦当劳总部就派出专家，对中国河北、山西等地的上百种马铃薯进行考察，并对其成分逐一进行分析和测定，最后确定麦当劳的专用马铃薯。仅仅是一个炸薯条的原材料，麦当劳就耗费如此巨大的力量，可见其对市场研究重视到了何等程度。它的成功，也是必然中的必然了。

市场调查的目的就是为了制定长远性的战略规划，也可能是为制定某阶段或针对某问题的具体政策或策略，提供参考依据。正确的决策不是靠直觉和猜测得到的。缺乏充分依据的信息，可能导致错误的决策。

大多数荷兰人都喜欢用色拉调料拌的莴苣，据估计约有 82%的荷兰人吃莴苣时佐以色拉调料。色拉调料是荷兰食品工业公司的主要产品之一。这个公司十分注意信息的搜集、储存和分析，并以此为依据，不断改进色拉的配料、色调和经营决策，从而使生产的色拉调料深受妇女们的欢迎，获得了很好的经济效益。

荷兰食品工业公司每隔两年就要进行一次家庭妇女的爱好与习惯调查，广泛征求意见，1976 年 8 月的一次调查中，公司询问家庭主妇如何调莴苣菜，都放什么作料。调查结果表明：大多数家庭主妇们在拌莴苣时不仅放色拉调料，还要加盐、胡椒、鸡蛋、洋葱、小黄瓜等调味品。由此，公司想到如果把这些调味品都放进色拉调料中，将会给家庭主妇们带来很大的方便，而公司也就由此得到自己苦心探寻的重要产品。同年，公司实验室开始配制新的色拉调料，加进家庭主妇们习惯加入的那些调味品。

公司将这些新的色拉调料投放市场，并对家庭主妇进行调查。但是，家庭主妇们对这个新色拉调料的综合评价却使公司大失所望。只有 20%的人认为它非常好，11%的人不喜欢它，另外 69%的人觉得它有好的方面也有缺点。80%的人不太喜欢的主要原因是认为它太稀，浓度不够，一倒出来就滑到碗底去了，想用它来点缀色拉很困难，而且由于浓度过稀，一次要倒许多，不太经济。另外，很多主妇觉得它味道太酸，还有人认为味道太强烈。

当公司向这些主妇们询问应如何改变配料时，大多数主妇的意见是最好多加点洋葱。公司还问这些主妇们是喜欢公司的老产品还是新产品，主妇们除了觉得太稀一点之外，还是比较喜欢这个新产品的。60%的人说如果在商店能买到这种色拉调料的话，那就更好了。

公司在对产品作了必要的改进后，即推出销售。结果表明人们都非常喜爱这项新产品。这个畅销的新产品就这样问世了，竞争对手们要想复制它需要花费相当长的时间。

事实证明，市场调查工作是信息搜集的重要途径，也是决策成功的有力保障。在这个信息时代，所有的企业都需要获得准确而且快速的信息，无论企业规模是大还是小，了解市场、了解顾客都是成功作决策的基础。

2. 信息是谈出来的

松下幸之助最大的成功秘诀之一，就是他从不拒绝与任何人交谈。他的员工、他的朋友，甚至素不相识的路人，他从不放弃机会和他们“聊几句”。既显得他平易近人，没有架子，又显得他和善仁慈，关心疾苦。其实，他在作廉价而正确的信息搜集工作。他说，我的许多改进的构想和新鲜的主意，都是在与人交谈中“谈来的”。

曾经任美国联合航空公司总裁的卡尔森使联航起死回生的妙诀，就是不坐在办公大楼楼顶的大办公室里“办公”，而是常常一有空就随便搭着航班，一边飞，一边和服务员“随便谈谈”，和乘客“随便谈谈”。于是他为把医治联航致命伤的灵丹妙药都“谈”到手了，另一边就拼命改。不到一年，联航就一跃而居全国第一，声望至今不衰。

人们通常把思维敏捷、智多识广的人叫做“聪明人”。“聪明”这个词本来的含义却是指“耳聪目明”，“聪”是指耳朵听得清，“明”是指眼睛看得见，聪明在于耳朵听到的信息多，眼睛见到的信息多。一个聪明的决策者，他的头脑灵、反应快、主意多，所以他有迅速而又正确地理解和决策问题的能力。

领导者必须懂得运用沟通的方法，保证来自同事和下级的最大限度的合作。拒绝沟通，也就意味着拒绝接受信息。索尼创始人盛田昭夫就是在与员工的非正式沟通中获得信息的，如在一次与中下级主管共进晚餐时发现一位小伙子心神不宁，于是鼓励他说出心中的话来。几杯酒下肚后，小伙子诉说了公司人力资源管理中存在的诸多问题，盛田昭夫听后马上在企业内部进行了相应的改革，使企业的人力资源管理步入良性轨道。

3. 挖掘到自己想要的信息

信息就跟空气一样，无处不有又无处不在。在实际中，不是缺少信息，而是缺少发现信息的一双“火眼金睛”。任何时候，决策者都须利用自己敏感的神经，不放过每一个可能有用的信息，哪怕是一点一滴的事，一次交谈，甚至一堆垃圾，只要留心观察，都可能挖掘到自己要寻找的信息。

亚默尔是美国亚默尔肉食加工公司的老板，1875 年初春，他坐在自己的办公室里翻阅报纸，了解当天的新闻。一条不显眼的简短消息把他吸引住了，这条不到 100 字的短讯，讲的是墨西哥发现了疑似瘟疫的病例。

就这么一条小信息，亚默尔却像发现了新大陆一样，他马上想到，如果墨西哥真的发生了瘟疫，一定会从比邻的加利福尼亚州或得克萨斯州边境传到美国来。而这两个州又是美国肉食供应的主要基地。肉类供应肯定变得紧张，肉价一定会猛涨。

于是，亚默尔立即派家庭医生赶到墨西哥探听情况。几天后，医生发回电报，证明那里确有瘟疫，而且很厉害。亚默尔接到电报后，立即筹集全部资金，购买加利福尼亚州和得克萨斯州的牛肉和生猪，并及时运到美国东部，储存起来备售。

不出所料，瘟疫很快蔓延到美国西部的几个州。美国政府下令：严禁一切食品从这几个州外运，当然也包括牲畜在内。于是美国国内肉类奇缺，价格暴涨。亚默尔趁机将先前购进的牛肉和猪肉抛出，在短短几个月里，净赚了900万美元（当时的900万美元比现在1亿美元还多）。一条信息换来了一笔巨大的利润。

亚默尔的成功要素是，时刻注意猎取各种信息和准确应用信息，这是很有远见的。世界上，许多有业绩的决策者都有这一招，如李嘉诚，他就是通过看报来掌握信息的，他手下的信息情报部门有许多文化水平高、经营学问深的人员，他们的工作职责是每天把香港的几十份报纸和美国、英国、日本等的世界几十份主要报纸看完，然后，将每份报纸的重要情报浓缩，再进行分类，对于新奇的消息和有前途的信息作出评价，最后集中送到李嘉诚办公室来。李嘉诚每天首先看阅的就是这些报刊摘选。当他对哪方面情况感兴趣时，即传有关选摘人员把原篇报道送来细看，或与他们共同研究这些信息。这样，使他的业务经营中决策准确，财源广进。

在商业竞争中，对市场信息尤其是市场关键信息把握的速度与准确性，对竞争的成败有着特殊的意义。成功的企业家练就一副火眼金睛，对关键信息的把握往往有出色的表现，他们往往能站在全局的高度，宏观把握，微观处理，决策果断、及时。

善于研究和分析问题

决策理论奠基人西蒙认为，决策是一种选择的过程，它贯穿于动机与结果之间，这一过程既可能是经过思考的理性行为，也可能是条件反射、习惯反应或本能反应等非理性行为。说得通俗一点，决策就是指组织或个人在某一时间点上决定一种选择或行动方案，以期达到既定目标的过程。

美国通用电气公司的巨大成功在于前CEO杰克·韦尔奇用一系列高瞻远瞩的决策把通用公司改造成一个具有强大竞争力的组织。韦尔奇不光是一个成功的职业经理人，更是一个优秀的决策者，正如他言——“CEO本身就是战略规划者”。

1981 年，韦尔奇接手通用公司时，公司的经营状况还好，但他却察觉到了隐伏在后面的危机，如：亚洲、欧洲一些国家的质优价廉的家用电器产品已对公司构成极大的威胁；公司的火车头、发电机等产品的市场份额越来越小，投资回报率很低；20 世纪 70 年代中没有生产出任何新产品；等等。韦尔奇坚信，公司必须大面积改革。

对于改革，韦尔奇认为，首先取决于公司决策者能否洞察当今世界市场不以人的意志为转移的变化进程。他一上任就提出要把通用的未来“放在全球性竞争的环境中来考虑”，因为“经济中的变化随处可见，新技术、新产品层出不穷……我们要不断改造自己，摆脱过去，面向未来挑战”。所以，韦尔奇要求每个事业部的经理应经常重新审查自己的工作计划，正视每天早晨面临的新问题。

韦尔奇制定的战略决策是：淘汰一些过时业务，只保留那些在市场上占据领导地位的业务；每个事业部都必须全力去争“第一”或“第二”。1983 年，韦尔奇决定放弃低增长、低利润、市场竞争激烈的家电事业部，这给员工心理造成了极大的冲击。韦尔奇的解释是：“在 21 世纪，你是停留在烤面包机的生产上，还是选择生产 CT 扫描仪呢？”他认为，通用的发展不能指望小家电行业。通用的优势是技术、强大的科研力量、雄厚的资金实力，公司有能力研制出新一代飞机发动机、汽轮机等技术含量高、开发成本高、生命力持久的产品。而后来的事实也证明，韦尔奇是有战略眼光的。

在韦尔奇的心中，他的目标是：第一名、第二名。1995 年，他又发起一场全公司范围内的质量活动，将产品质量提高到一个全新的层次。

无疑，韦尔奇的决策是成功的。通用下属的 BNC 电视网董事长曾深有感触地说：“杰克总能敏锐地洞察到某个行动方案已不重要或作用在下降。他使公司永葆活力的能力是一流的。”

具体说来，决策有以下几个特点。

第一，目标性。目标是决策主体在未来特定时限内完成任务程度的标志。没有目标，就无法制定未来的活动方案，决策也就无从谈起。

第二，实践性。在制定和选择备选方案时，必须综合考虑所处的内外部环境及实施条件，确保决策方案的可行性。

第三，选择性。决策的实质是选择。实现相同的目标，可以有多种不同的方案。在作选择时，一个正确的、优良的、切实可行的方案应当是首选。

第四，过程性。决策是一种过程，这一过程包括研究现状，明确目标，制定、比较和选择方案等一系列工作内容。只有当这些工作均完成到位时，才能形成真正的决策。

第五，动态性。决策又是一种动态的过程。时刻关注和研究环境中不断变化的机会、威胁和挑战，从中找出可以利用的条件，并以此适时调整行动方案，适应环境变化的要求。

对于企业来说，决策好比是企业的眼睛，确定企业发展的方向。但最关键的是，决策要正确。只有正确的决策，执行起来才会顺畅，才有可能顺利抵达最终目标。

那么，领导者怎样才能作出正确的决策呢？

1. 确定决策目标

确定解决问题的目标，这是进行决策的重要一步，也是起决定性作用的一步。一般的决策目标应该是明确、清晰、具体的，如果决策目标过于笼统，在设计与选择备选方案时就缺乏明确的标准。在执行决策时也会使人感到不知所措，目标就难以实现。

怎样才能使决策目标具体而明确呢？除了对目标的提法在用语上要尽量准确、严格之外，还可以采用如下补充办法。

第一，对目标加以必要的解释，使执行者完全明了。

第二，把一个概括性的目标分解成几个更小、更具体的子目标。

第三，给出目标的数量界限，如任务量、完成时间等。有了数量界限，决策目标就有了具体明确的衡量尺度。量化是使决策目标明确化的最有效、最常用的手段。有了明确的目标，接下来就是确定责任人。如果目标无法落实到具体的责任者，或者说，没有切实可靠的人来担当重任，实现目标就只能是一句空话。如果是多个目标，还必须分清主次。同时，还应注意子目标是为主目标、总目标服务的，否则，尽管分清了主次，仍然达不到预期的目的。

2. 设计决策方案

在诸行动方案中进行抉择，即根据当时的情况和对未来发展的预测，从各个备选方案中选定一个方案。需要指出的是，备选方案越多，满意方案包含在内的可能性就愈大，决策成功的机会就越大。

3. 确定决策方案

在若干方案中挑选一个理想的方案，有时是比较容易的事，但有时也会遇到多个优劣很难评出高下的方案，那就不是一件容易的事了。倘若此时决策者在时间不允许的情况下犹豫不决，必然会贻误战机，给企业和事业造成不必要的损失。这就要求领导者充分发挥决策能力，果断决择最优方案。

总之，不管用什么方法对备选方案进行评估和优选，最终的决断还得依靠决策者的素质、经验和能力。

为什么一些领导者总能作出优秀的决策，使企业迅速腾飞，而一些企业却饱受决策失败之苦呢？这当然取决于领导者的决策能力。美国某公司曾作过一项统计：世界上85%的企业破产倒闭是由于决策失误造成的。由此可见，只有正确而又恰当的决策，才能推动企业永续向前。

作决策是整个领导过程中的首要环节，正确决策是各项工作成功的前提。可以说，领导的关键就是正确决策。

例一，建立有力的决策程序：要建立一套公平、合理、科学、开放的决策程序。既能让各种意见充分表达，又能迅速作出让大家都认可的决策；

例二，周密调查：正确的决策来源于对客观实际的周密调查。如果不了解实际情况，光凭主观愿望、老经验、想当然，就不可能作出正确的决策。所以，制定决策时要认真调查，收集信息，抓住关键问题。

例三，有决断能力：作为领导者，你必须善于研究和分析问题，抓住事物的本质，对当时的形势作出迅速而准确的评价，这样才可能作出正确的决策。

做决策中轻灵的舞者

在商场上，最可怕的是认为万事不变，顾客不会变，他们会一如既往地购买你的产品；委托人不会变，他们永远觉得你真诚可信；竞争对手不会变，他们将永远停留在原来的水准上。

成功的领导者绝对不会有这种墨守成规的想法。他们知道敏锐的洞察力和快速的反应能力是事业成功的关键。尤其是在当今政治、经济飞速发展的时代，快速的应变能力对管理企业十分重要。

许多领导者在作决策的时候往往只凭经验，丝毫不会考虑发生了变化的客观环境。他们会凭几年前的失败经验告诉你："别傻了，5 年前我就这么做了，根本行不通。"他们没有想到，5 年后的情况发生了变化，以前不适用的办法现在或许正逢其时。还有一种人，他们死死抱住以前的规矩，不敢越雷池一步，甚至顽固地认为这个办法 5 年前有效，现在当然还有用。在他们的眼里，世界是静止的。

朱利安年轻时在一个杂志社做记者。第二次世界大战后的一天，他与一名从纳粹集中营逃出来的罗马尼亚小伙子共进午餐。小伙子平日在美国纽约大都会剧院门口以出售演出纪念品为生。五月的一个星期二，天气晴朗，剧院里正在上演着著名的芭蕾舞剧，演出票早就销售一空，小伙子的纪念品也全部卖出去了。过了一个星期，又是星期二，天气依旧晴朗，剧院上演着同样的舞剧，演出票又销售一空，而小伙子的演出纪念品却差点一份也没卖出去。

小伙子问朱利安为什么同样是星期二，结果却大不相同。朱利安的回答十分简单："因为这是另一个星期二。"

因此，每当你作新的决策时，千万不能墨守成规，不要以为你以前成功过现在还会成功。

决策并不是一成不变的，人们经常会随着时间的推移改变自己的决策。有人曾说："几年来，只要有人向我提建议，我肯定有回应。如果有人建议我在某个领域投资，我会坚决地反对，对此，我自然有充分的理由：也许时机未到，也许我不喜欢那个领域……但几年以后，我可能会改变主意，理由仍然很充分。每次我改变主意都不会有人跟我计较我过去的态度，大家都在为我的思想转变而高兴。你也许认为他们会想：这家伙终于承认自己错了。但他们实际想的是：他终于认为我是对的了。这两种想法看起来一样，意义却相去甚远。这说明遇到这样的情况，人们只会从自己的角度去考虑问题，而不会从他人的角度出发。"

决策的灵活性和坚定性是丝毫不相悖的。灵活性和坚定性是作为决策的一种原则，表现出来的是一种思想的印证方式。一方面，作决策时在看清经营大方向的前提下，应容忍不完善的决策，因为几乎所有的决策都不可能是十全十美的，这是决策者必须明确面对的现实。另一方面，如果在决策执行过程中，确实出现了决策时未曾考虑到或即使考虑到但估计不足的重大问题，则极有可能造成决策的失败，此时，领导者要有勇于承认错误的勇气，放弃或改变当初的决策。其实，这种敢于放弃或改变决策的灵活性，其内涵又何尝不是坚定性的另一种表现呢？一个人不可能永远是正确的，即使你犯了错误，但能做到及时更正便不会使错误继续进行下去，就不会造成不可挽回的损失。无论什么时候，只要你发现自己的决定错了，就要立刻下决心停止，重新修改，以减少不必要的损失，当你拒绝承认自己的错误时，通常只会把事情弄得更糟。

承认错了并不等于承认你愚蠢，可是当你明知自己错了而又不想改变主意，顽固地坚持自己的错误，这就是愚蠢的表现了。一个公司的老板在关于公司经营策略的问题上和下属发生了激烈的争吵，他坚决反对下属提出的投资宠物业的建议。最后，这位老板对下属下了"最后通牒"：最好放弃这个想法，不然就离开公司。没想到，那位下属真的离开了。事后，这位老板对自己的冲动感到后悔，他说："所有的人都说我不该让他走。现在我觉得是我不对，我应该留住他，而且应该接受他的想法，那的确是个好主意。"

奇怪的是，许多领导者都觉得改变自己的主意是种无能的表现。实际上恰恰相反，及时改变错误的主意是一个领导者明智的举动。这非但不会遭人耻笑，还能赢得人们的尊重。

如何圆满地改变自己的决策，其中也大有“艺术”可言。改变决策最好是选择最佳时期，如果情况变化很突然，那么你在一分钟内改变想法也无可厚非。不过在改变决策以前，最好还是选个最佳时机。

一般来说，作出决策与改变决策之间的时间越长，这种变化就越容易被人们所接受。因为，时间会使环境发生变化，环境又能让人发生变化，而且时间久了，人们会渐渐淡忘你以前所抱持的态度。

假如在一次会议开始时你赞成某事，而会议结束时你又持否定意见，那么在别人眼里，你是一个反复无常的人。但在会议期间，如果情况发生了新变化而改变想法，那么在别人看来，你的这个改变实在是明智之举。在同样的情况下，把宣布改变决策的工作放到会后，效果会更加理想。

在会议上，经过别人的一番阐述，你改变了自己的想法，但是你不要急于在会议结束时就立即表态。会后，再与和此事毫无利害关系的同事们反复推敲、讨论，直到一两个星期后再宣布改变想法较为合适。时间一长就容易产生假象，要重视并利用这些假象。在改变想法之前，经历的时间越长，你的新决策就越显成熟，看起来像是经过了深思熟虑。而且时间一长，人们会觉得那是你作出的一个新决策，而不是什么改变主意的结果。

另外，改变策略应有充分的理由。详细列出你之所以改变决策的理由，别人就不会认为你朝令夕改。理由越多，大家就越相信这不是个草率的决策。这个道理是再明显不过了，可是许多领导者只凭直觉妄下断言，当手下问他为什么改变想法的时候，得到的只是诸如“因为我想这么做”或“我就是认为这样是对的”等不近情理的回答。从这些回答里，人们只能看到一个跋扈领导者的形象。

总之，当你自己都说不清楚为什么要改变决策的时候，最好先不要急于改变自己的想法。

第四课 识人用人：让合适的人干合适的事

用人要成功而有效，这是每个领导者都想做到的。每个员工都有其自身的工作背景和性格特点，而工作的性质往往会影响到个人能力的发挥。某种人员安排，可能会使他胜任原本高于其自身能力的工作，也可能使其仅发挥实际能力的一部分。因此，人员的配置有效率、运用恰当，则事半功倍；运用不当，不仅埋没人才，而且影响整个公司运转的效率。另外，即使是一个才能出众的人，也不可能胜任所有工作，应把他安排到他最擅长的工作上。这就是把正确的人放在正确的位置。

用发展的眼光看人

用发展的眼光看人就是要求领导者抛弃“先入为主”和“旧有成见”的影响，放远眼光，从发展中去考察，在动态中去把握。

有些领导者喜欢戴着有色眼镜去看人和事。领导者一旦对某人有了消极成见，就会对该人持否定的态度，不愿加以选用。即使某人很有才华，若领导者对他有成见，宁可使工作受损失，也绝不重用他。领导者要避免成见效应的干扰，就必须坚持实事求是的原则，对自己看不惯的人才，要一分为二，多注意他们的长处和积极面，这有助于排除成见效应的消极影响。

索尼创始人盛田昭夫说：“一定不可低估下级的才能和独创精神。特别是年轻人，他们思维敏捷，勇于创新。因此，领导者不应该对他们抱有先入之见，那只会扼杀他们的独创性和积极性。”

在索尼公司内部，职工的献计献策活动是得到鼓励的。盛田昭夫相信，一个普通工人的工作，不仅仅是在机械地重复体力劳动，同样也有智慧的含量。索尼要求每个职工平均每年须向公司提供改革方案，而其中许多方案都有可取之处，或是使生产操作简单化，或是使生产流程效率化，或是致力于提高公司产品的信誉度。这些职工都长年工作在生产第一线，他们最熟悉每一个生产环节，对生产中存在着的弊端与不足也最有发言权，因而，他们的意见最值得重视。索尼公司并不强迫职工提合理化建议，但一旦发现其中有好的方案，公司方面便马上采纳，并给建议人以可观的奖励。

盛田昭夫反复告诫职员们："对上司的意图千万不可囫囵吞枣，照抄照搬，而是要开动脑筋，自己主动去工作。"对企业管理人员，他也教诲他们："一定不可低估下级的才能和独创精神。特别是年轻人，他们思维敏捷，勇于创新，因此，管理人员不应该对他们抱有先入之见，那只会扼杀他们的独创性和积极性。"

在这方面，最好的例子就是他与大贺典雄的交往。

大贺是音乐专业出身的青年学生，他还是学生时就对索尼公司提出过很多建议，而且大多是尖锐的批评意见。这引起了盛田昭夫的关注，并渐渐开始赏识这位大胆的年轻人。盛田昭夫不时地以各种方式，就公司的生产、销售等问题向大贺讨教，大贺每次均坦诚相告。为了感谢大贺对公司的特殊贡献，当索尼生产出第一批晶体管收音机时，还特意送给他一台，以作纪念。

1959 年，盛田昭夫为物色晶体管收音机的新经销店而前往欧洲，他邀请大贺典雄一同前往。旅行途中，大贺又进一步对公司的最高领导层提出了尖锐批评。

"你们这些人已功成名就，该好好休息了吧！经过十多年的经营生涯，你们的功绩的确不少，但不是已开始显得落伍于时代了吗？"

盛田昭夫听了这些话，不是暴跳如雷，而是喜不自胜。他对大贺说出了埋藏在心里多年而一直未说出的话：

"那好，你到我们这儿来吧，参加我们的领导班子。"

为了说服大贺加入索尼公司，盛田昭夫还搬动妻子亲自出马，因为妻子与大贺的妻子是高中时代的同班同学。最后，大贺终于答应了满怀诚意的盛田昭夫，进入索尼公司。5 年之后，盛田昭夫又力排众议，将年仅 34 岁的大贺由专业型磁带录音机事务部长提升为公司董事。就任一年，大贺就实行了许多革新措施，并为索尼公司网罗了几十位人才。

世界上万事万物都是发展变化的，人才的成长也是如此。任何人，思想境界、性格作风、学识水平、专业能力，都会随着环境的变化和自身的努力而不断变化。识才不是一蹴而就的事情，需要放眼长远，从发展中去考察，在动态中去把握。

用发展的眼光看人就是要求领导者要抛弃"先入为主"和"旧有成见"的影响，放远眼光，从发展中去考察，在动态中去把握。

1. 从了解部属的基本情况入手

假如你自认为已经了解部属一切的话，那你只是处在初级阶段而已。部属的出生、学历、经验、家庭环境以及背景、兴趣、专长等，对你而言是相当重要的。如果你连这些最起码的都不知道，那根本就没有资格当领导。

不过，了解部属的真正意义并不在只知道他们表面的现象，更重要的在于晓得部属的思想及其干劲、诚意、正义感等。上司若能在这些方面与部属产生共鸣，部属就会感觉到："他对我真够了解的"。只有达到这种地步，才能算是了解部属了。

2. 尽量做到更深一层的了解

即使你已经了解了部属的基本情况，充其量也只能说是了解了部属的一面而已。当部属遭遇困难时，如果你能事先臆测他的行动，并且给予适时支持的话，这就是更深一层地了解了部属。

3. 使部属的潜力发挥出来

领导者使部属能在自己的工作岗位上发挥最大的潜力。俗话说："置之死地而后生。"给他足以能考验其能力的艰巨任务，并且在其面临困境时，给予适当的指引和鼓励，引导他如何起死回生，从而使他在实践中不断地锻炼自己，增加自信，迅速提高自己的工作能力。

每个人都具备一定的基本素质，具有一定的发展潜力，采取有效的培养措施，鼓励、锻炼，就一定会快速成长起来。如果对一个人过早地、草率地下结论，用静止的观点看人，就会打击人才的积极性，限制人才的发展，最终埋没人才。

领导者要善于根据各种因素识别人才，这就要求具有全面的、深入的或者说是近于潜意识的洞察力，要善于从人才的现有状态看发展，从潜在的素质看趋势。

从细微之处全面考察人才

对于一个企业来说，最宝贵的财富和最大的资源莫过于人才，人才是企业之宝。企业之间的竞争，实质上就是人才竞争。选贤任能是领导者最重要的管理能力之一，也是衡量领导者管理能力高低的重要标志之一。古语说："千里马常有，而伯乐不常有"，领导者应该充当新时代的伯乐。

1. 高学历不等于人才

很多企业用人的误区是盲目求高，即过度看重高学历。学历越高越好，而不去考虑企业是否需要这样的人才，人才放在这里会不会浪费。在许多企业仍然坚持"学历定终生"的做法，高学历的人才多多益善。诚然，技术的发展与提高对人才的要求也日益提高，但是人的才能并不一定完全表现在学历上。

过度地强调学历，就会产生学历大于能力的不正常现象。学历是一个人知识水准的"凭证"，但这其中包含的各种偶然性因素较多，比如记忆力、口才等。而能力则表现在对相关事务的处理上，它是多方面因素所决定的。如果说学历是理论集成的结果，那么能力便是在实际中的验证，企业管理人才的交际能力、上下协调、合作的能力等是在学历中无法展现的。

一个管理理论掌握得非常熟的人并不一定就是一个好的领导者。事实上很多企业的领导没有很高的学历，有些甚至是从技术部门、业务部门一步步走上来的，最终成为优秀的领导者。比尔·盖茨就是一个很好的例子。

当然还有另一种情况，不少高学历者同时也具有胜人一筹的工作能力，这种人才是真正意义上的人才。但是，这类人才如果被送到一个并不能发挥其才干的位置，对社会来说，则是人才资源的浪费。

微软对应聘者有一个原则，大学考试成绩不是衡量一个人最重要的标准，一个人的成绩只要没有差到"平均线"以下，就有资格走进微软接受面试。一些在大学里考试成绩很高的人，在微软不能通过面试的大有人在。另外，学校导师极力推荐的学生不一定能为微软所接受，导师竭力说“不”的学生也不一定会被微软拒绝。微软面试的目的在于检验应试者书本之外的能力，一些到微软进行过面试的人说，应试者进入微软，就会觉得过去学过的书本上的知识全用不上。

2. 把握人性，拒绝论资排辈

受资历、名望、资格、现实问题等因素的限制，人才很容易被埋没。在论资排辈这种观念支配下的领导者，只重视人的资历、声望和社会地位，不重视人的实际品行和才能，把徒有虚名的资格和辈分看得很有价值，而把人的实实在在本质看得一文不值。论资排辈的领导者思想带有严重的保守性和封闭性，突出的表现就是瞧不起年轻人，压制后起之秀，排斥无名之辈。

人的个性都有差异，这是因为所处的环境、不同的经历、所受的教育等方面的不同所形成的。具体而言，决定个性的因素包括出身、背景、环境、习惯、交友、阶层、职业、生理、动机、愿望等。领导者应该熟知每一位下属的个性，必须客观了解他们的身世、品德、性格、修养、智慧等情况，并加以深切观察，作出合乎情理的评价，万不可先入为主，臆断论事。

要成为一个有远见的领导者，必须要了解不同的人具有的不同个性和特征，只有了解了人的个性特征，才能够真正做到知人善任、用人所长，才能管理好公司。

下面 8 条是了解下属的方法：

①有德者不看重金钱，不能用利去引诱他，可以让他管理财政；

②勇敢者蔑视困难，不能用艰险去强迫他，可以让他处理紧急事情；

③睿智者通达礼数、明于事理，不能假装诚信去欺骗他，可以让他负责重要的事情；

④愚拙者容易被欺骗，不可从事谈判和判断的工作；

⑤不忠者容易动摇，不可让其知道商机；

⑥贪图钱财者容易受引诱，不可管理钱财；

⑦重情者容易变换观念，不可让其做决策者；

⑧杂乱者容易把事情弄得乱七八糟，不可从事井然有序的管理工作。

3. 扬长避短识人才

发掘人才是为公司寻找人力资源的重要途径。领导者应关注这一点，因为发掘不出人才，就等于无法使用人才，浪费人才。有时候，公司或办公室里有一个重要的职务，但却找不到具备这项专长的合适人选，这时，作为领导者的你就要做主，在下属中发掘可用的人才。大量的人力资源来自于领导者有效发现下属的才智，使其各尽所能。但是由于有些领导者经常使用自己信得过的下属，而疏远那些尚待发现的人才，致使某些工作难以推展。发掘人才，既需要眼光，也需要耐心，二者缺一不可。

一个不善于发掘人才的领导者，只会埋没人才，给公司带来损失。因此，发掘人才是评估领导者眼力和能力的标准之一，不应漠视。领导者不应以“鸡蛋里挑骨头的方法”去识别人才，而应以“伯乐识千里马”的眼光发现人才。领导者懂得此理，就应该用人长而避其短。

人各有所长，亦各有所短，只要能扬长避短，天下到处是人才。从这个意义上讲，领导者的识人、用人之道，关键在于先看其长，后看其短。

有一个木匠，连自己的床坏了都不能修，可见他的技能是很差的。但他却自称能造房子，许多人对此半信半疑，后来在一个建筑工地上，这位木匠的能力被证明了。只见他发号施令，指挥若定，众多工匠在他的口令下各自奋力做事，有条不紊、秩序井然，让人大为惊叹。对这种人应当怎么看呢？如果因为他不是一个好的工匠就弃之不用，那无疑是埋没了一位出色的工程组织者。这一先一后，看似无所谓，其实十分重要。从这个故事可以悟出一个道理：若先看一个人的长处，就能使其充分施展才能，实现他的价值；若先看一个人的短处，长处和优势就容易被掩盖和忽视。因此，看人应首先看他能胜任什么工作，而不应千方百计挑其毛病。即使是对毛病很多的人，也要看到他的长处，才能充分利用他的才干。

在识人所长的同时，要能容其所短。短处包括两个方面，一是本身素质中的不擅长之处；二是所犯的某些过失。一方面，越有才能的人，其缺陷也往往暴露得越明显。例如，有才干者往往恃才自傲；有魄力的人容易不拘常规；谦和的人多胆小怕事等。错误和过失是在所难免的。因此，如果对所犯的错误也不能宽恕，就会埋没人才。其实，任何人都有其长也必有其短，识别人才重要的一点就是取长补短。倘若识人只注意某一个部分，而这一部分恰好是人才的缺点和短处，于是就武断地下结论，那么这种方式是非常危险的。领导者只有看其长避其短，才能得到自己所需的人才，否则，你就会怎么看人怎么不顺眼，结果必败无疑。

知人善任，让金子闪耀光芒

知人还要善任，要打造一个有吸引力的人才成长基础。只有创造一个比较好的人才成长环境，才能留住一流的人才。吸引和留住最优秀的人才，应关注他们的存在，而不应强求他们的具体工作符合既有的要求。

我们应该先"筑巢"（改善环境）后"引凤"（吸引人才），没有好的"巢"，"凤"是引不来的，引来了也会飞走。"筑巢"和"引凤"是互动的，人才的引进会对环境的改善产生很大的反作用力和推动力。作为领导者要善于运用这种推动力，加速环境条件的改善，实现留住人才和吸引人才的目的。

1. "一个萝卜一个坑"

高明的领导者善于因事设人，而不会因人设事。他会尽量坚持取长补短的原则，为每个下属安排一个适合的职务，但又不完全顺从他们，而是让他们在职务的限制下自由发挥，这就是因事设人。

"一个萝卜一个坑"是对因事设人标准的通俗解释。凡事有了标准就容易办事，领导者如果能够因事设人而形成一个标准，以后一切按标准办事就会有章可循；相反的，因事设人如果失去标准，就会破坏既定的用人原则，而使人事管理陷入混乱状态。因此，找出一些切实可行的因事设人标准显得非常重要。

领导者要确实使用那些有本事的下属，而对于那些蠢材，不必处处过于迁就。企业和组织领导应以每个员工的专长为参考点，寻找合适的人，放在合适的岗位，然后鼓励他们用自己的创意完成手上的工作。

只有在标准设定之后，因事设人才会真正比因人设事更为奏效！一个公司如同一盘棋，只有根据一定的规则和技巧，才能使每个棋子在它的位置上发挥作用，为赢棋创造可能性；相反，没有规则和技巧，这些棋子就会散落而失去“战斗力”。同样的，领导者作为一名“棋手”，就应该制定和遵循合理的规章，有效地管理公司员工，激发他们投入工作的热情和力量。领导者若能以企业目标为最重要的行为指南，那么，就能在“因事设人”的原则指导下，逐步合理地分配员工，为企业增加有用的人力资源。因此，因事设人的标准有三点好处：一是摸透员工，二是掌握全局，三是突出实效。这是领导者在任何时候都应该坚持的用人原则，否则整个企业就会形同一盘散落的棋子，毫无竞争力。

2. 为下属提供晋升的机会

作为领导者，要时常为下属提供晋升的机会。下属一旦发现你在为他的前途着想，就会加倍努力工作。另一方面，下属不断晋升，也显示了你非凡的工作能力与领导才干。这是一个两全齐美的策略。你能为下属提供最佳的成功机会，出色的人才自然就会聚集在你手下。

关键的问题是如何晋升。是丰厚的报酬还是一个响亮的头衔？是宽敞的办公室还是优厚的福利待遇？对于晋升，每个人都有自己的认同标准。可能最普遍的解释是获得一个更高级的职位。

在一个职责划分明确的公司里，人们通常认为，扩大某人的权力或责任范围，就意味着也得同时相对地给他一个更高的头衔。比如，某公司有一位精力充沛的副经理，老板在增加他工作量的同时又给了他高级经理的职衔，随之而来的问题是这位新任的高级经理是否胜任他的新工作。如果他挑不起这个担子，那就意味着公司又增加了一位名不副实的高级经理。

实际上，这种做法是本末倒置。可以先扩大下属的责任范围，等到证明了他的工作实力之后再授予职衔。这样一来，周围的人也不会有任何异议，因为这个头衔的确是用工作实力换来的。

作为领导者，晋升下属并不是简单地给他一个头衔，而是一个交付工作、承担责任的过程。你是在培养一个人，而不仅仅是在提拔一个人，培养的效用远远大于提拔的效用。

3. 宁要最合适的，不要最好的

最合适的人并不一定就是能力最强的人，而是最能恰如其分做好本职工作的人。“过犹不及”，大材小用或小材大用，都不能很好地发挥人才的潜能，唯有适才专用，才能使人发挥到极致。领导者的用人艺术，就是将合适的人放在合适的位置上的艺术。

多数领导者都愿意用那些优秀的人，这是人之常情，可以理解。但是，每个单位都有大量的、简单的工作，安排条件差的人去干，他们会全力以赴专心致志地工作，他们具有高昂的士气，能创造出很高的工作效率，而不会有自卑感、沮丧感，不会感到大材小用。因为他们有“自知之明”，对自己期望值并不高。像建筑行业招收大量农村临时工，可能这些工人干的活儿很累，收入也不高，可干得很起劲，因为毕竟比农村强多了。

作为领导者，如果你明确了你需要什么样的人才，掌握了他们的特质，拟定出一套适合组织的选才标准，你就不会在选材上浪费时间和精力，也降低了你选才错误的可能性。千万不可小看这一点，并不是所有的领导者都能找到、使用恰当的人才。

(1) 建立一套合理的择人标准

某管理大师说：“用人决策的成功率只有三分之一，用错人的可能性有三分之一，还有三分之一的机会是不算太好也不算太坏。为了更有把握地选择、使用人才，建立一套合理的择人标准是十分必要的。

人才浪费的倾向在国内许多公司普遍存在。过高的选才标准不仅不会明显提高生产管理效率，反而会增加聘用合格人才的难度，而且还会使人力成本增加，组织的稳定减弱。微软公司在选择人才时特别强调创新意识，他们总是千方百计地通过各种测试寻求那些“思维活跃、不拘泥于常规、有些异端”的人。

惠普公司十分重视员工的沟通协调能力、组织领导能力及人际关系处理力。如果人际关系处理不好，能力再强，也不会获得提拔重用的机会。美国西南航空公司把幽默作为待客之道，因此他们在选用员工时很重视幽默感，把幽默作为员工必备的素质之一。

杰克·韦尔奇判断最佳员工的标准很简单，他将其总结为“4E+1P”。先是要有活力（Energy）；其次是要能调动整个团队的积极性，能激励（Energize）团队的热情；第三要有果敢的决断力（Edge），在他们嘴里没有模棱两可的“也许”，只有明确的“是”或“否”；第四是要有很强的执行（Execute）能力，能够实现目标，兑现承诺；“P”即是指围绕着“4E”还要有充分的激情（Passion）。

最合适的人并不一定就是能力最强的人，而是最能恰如其分做好本职工的人。可以想象，将杰克·韦尔奇放在一个部门经理的位置上，十有八九是不对的，但这无疑是一种资源浪费，而且是公司最重要的资源——人力资源的浪费；反过来，真正有能力、有抱负的人也不会在一个只能使其发挥 50%才智的职位上长期待下去。

雇用太优秀的人有时会有些麻烦。当然他们或许也是勤快的工作者，但大都会抱怨：“这么无聊的工作，一点乐趣也没有。”但如果聘用的是不这么自负优秀的人，就会常心存感谢，满意自己担任的职务和工作环境而认真工作。所以，用太优秀的人，倒不如用最合适的人。

(2) 从公司的内部挖掘人才

要选择恰当的时机，要仔细地挑选下属——然后在某个限度内只给他们一根松松的缰绳，让他们能够自由地发挥。

有人认为，与其从其他公司挖来一个人，将他放在一个高位去管理公司中原有的员工们，不如从员工中间选一个年轻人，不断地培养他、教育他，让他成长为优秀的管理者。选定某一个员工后，给他一个展示自己的机会，考验他，然后确定他的能力如何，他能做什么工作，他的缺陷与不足在哪里。只有通过这种方式才能确定他是否是一个合格的职员。在相当长的一段时间里，让这个职员在某些小事上有充分的决定权和选择的自由，然后观察结果如何。

人们只能通过自己所犯的错误汲取教训，学得经验。任何一个雇主应当期望也应当鼓励自己的员工发挥积极性和主动性，鼓励他们勇于犯错误。只有通过这种方式，这些员工才能积累到经验。这种管理培育员工的方式在早期可能代价十分昂贵，但这是唯一正确、合适的培训员工升至合适职位的方式。

还有人认为，任何一个人，只有在浪费了无数的弹药后才能将自己训练成一个“神枪手”。对于一个显示出过人才华的年轻员工，任何一个雇主都应该舍得花费金钱与精力做实验。因为从长远来看，这些付出都会有丰厚的回报。员工如果接二连三地犯错误，也没有任何积极的结果出现，那么这个员工就应该离开公司了。但是，另一方面，一旦结束了这一类的实验，确定了这个员工的能力，接下来自然要做的就是提拔他到更高的职位上，增加他的薪水了。

⑶ 用人不求全责备

一个领导如果过于求全责备，那么在他手下，良才肯定无用武之地，。在社会生活中，有作为的人往往优缺点都比较明显。优点突出的人往往缺点也比较突出。细察古往今来，大凡有理想、有能力、有主见、能干一番事业的人，总是有着与众不同的个性和特点。因此，领导者在用人时，要注意扬长避短，万不可盯住对方的缺点不放。

拿破仑用人不求十全十美，他善于扬别人的长处，避别人的短处为自己服务。按照这一原则，他大胆选择了贝赫尔作为他的参谋长，因为“贝赫尔缺乏果断，完全不适合于指挥任务，但却具有担任参谋长的一切素质。他善于看地图，了解一切搜索方法。他对于最复杂的军队调动是“内行”。这样的人，对于一切都喜欢自作主张的拿破仑来说，无疑是一位最理想的参谋长。

用他就要信任他

人是有感情的动物，人的一切行动都受着感情的影响。很多企业的领导者懂得这个道理，在发挥人的作用时，重视感情的作用。他们对员工体贴入微、关怀备至，同时，对员工也处处体现出信任，放手让他们去做，因此企业就会形成合力，创造出理想的业绩。而领导者如果对下属不信任，最终将导致企业丧失凝聚力，无法一致对外。

企业文化中最重要的内容之一就是对人要充分信任。“用人不疑，疑人不用”正是这个道理。一些企业不但没有建立起以人为本的企业文化，反而在发展到一定阶段时出现了内部权力之争，企业失去了凝聚力，也就失去了它的社会资本。所谓企业的社会资本，是指人们为了实现企业利润最大化的目标而在企业内部相互信任、互相依赖的一种社会资源，它是企业发展所不可或缺的。企业增值的一个重要条件是组织内部共同合作的能力，而这种合作能力是建立在相互信任、彼此团结的基础之上的。

在一家企业中，人与人之间倘若没有相互信任，缺乏共同的价值观念、专业知识以及共同合作的准则，企业的社会资本难以建立，经营效率难以提高，企业的竞争力也就不可能增强。

关于这一点的著名国际案例是美国王安公司的兴衰史。王安公司失败的最重要原因，并不是缺乏资金和人力资源。1984 年该公司的营业额高达 33 亿美元，拥有 48 万名员工，可谓实力雄厚，但是却缺乏凝聚公司内部员工的基础。受中国传统文化的影响，王安本人对家族外的美国高层领导者不放心，也不信任。因此，当外部竞争环境发生变化时，他便把公司大权交给自己的儿子，而本应继承权力的美国经理人遭到了冷落，导致许多有才华的经理人在关键时刻纷纷离职而去，使公司业绩一败涂地，到了不可收拾的地步。

日本“经营之神”松下幸之助曾说：“用他，就要信任他；不信任他，就不要用他，这样才能让下属全力以赴。”用人固然有技巧，但最重要的就是信任和大胆地委派工作。通常受上司信任、能放手做事的人，都会有较强的责任感，所以无论上司交代什么事，都会全力以赴；相反的，如果上司不信任下属，动不动就指手画脚，使下属觉得自己只不过是奉命行事的机器而已，事情成败与他的能力高低无关，因此对于上司交办的任务也不会全力以赴了。

领导者都知道信任别人对工作会有所帮助，但却很不容易做到。上司在交代员工做事时总会存着许多疑虑，譬如“这么重要的事情交给他一个人去处理，能负担得来吗？”或者“像这种敏感度很高，需要保密的事，他会不会泄露出去呢？”领导者通常会有这种微妙的矛盾心理。

而更微妙的是，当上司以怀疑的眼光去对待员工时，就好像戴着有色的眼镜，一定会有所偏差，一件很平常的事也会变得疑虑丛生了；相反的，以坦诚的态度面对员工，就会发现对方有许多可靠的长处。信任与怀疑之间，就有这么大的差别。

现代社会最大的缺点，就是人与人之间普遍缺乏互信互敬的胸怀，因此导致许多意识上的差异，甚至行为上的争执，造成社会秩序的混乱。领导者如果有信任别人的度量，不但可以提高办事效率，还可以为缺乏信任的人际关系增添许多光明与和谐的成分。

韩国三星集团领导者李秉哲一直坚持“人才第一”的经营理念。他尊重员工，并创造条件使他们充分发挥才干。“疑人不用，用人不疑”正是李秉哲从创业初期就始终实行并一贯坚持的用人之道。只要是他看好的人才，就大胆提拔重用，并努力扶持，予以充分的信任，使他们信心十足地发挥自己的潜力。

美国惠普公司认为：对人才最重要的是信任和尊重。惠普在这方面是一个包容性很强的公司，它只问你能为公司做什么，而不是强调你从哪里来。在处理问题时只有基本的指导原则，却把具体细节留给基层经理，以便作最合适的判断，因此，公司可以为员工保留发展的空间。惠普是最早实行弹性工作制的企业，允许科技人员在家里为公司工作。

因此，对待要用之人，首先就要依赖，并且要抱着宁可对方辜负我，也不愿怀疑他的诚意，这样才能赢得员工的忠诚。

从根本上讲，信任是领导者对下属品格、能力的充分肯定，让他按照制定的原则自己行事，但这绝不意味着让那些不具备良好品格和突出能力的下属任意妄为，破坏企业形象。信任是一种理解和依赖；放任则是一种散漫和纵容，作为企业领导者应当记住这一点，切忌混淆了两者的关系。虽然信任下属是必需的，但千万不要流于放任。

信任不是放任，信任能把事情做好，放任只会把事情搞砸。作为领导者一定要明白这一点。

为了放手让下属执行的工作，领导者应该采取什么样的方式呢？

1. 切忌不闻不问

让下属执行工作，其基本方针是指导。由于有时会墨守成规或惰性习惯，所以要经常留意下属的工作状态，必要时给予指导。

2. 防止疏漏工作环节

要做到这一点必须严格执行对工作的指示，例如工作的截止日期、要求报告的形式与次数等，要详细地指示下属完成工作的重点与应注意的事项。即使相信他会遵守上司的指示，但如果指示本身不明确或有疏漏，被信赖的下属出于好意勉强执行，结果却未必会与上司的想法百分之百吻合。因此，希望下属能遵守的指示必须要明确。只要指示能明确地表达就可以相信对方能执行指示。

3. 切忌刻板教条

认真地接受报告情况，以变应变。调查一下完成工作的实际情况，若是工作的状态经常变动，会妨碍下属的工作效率。虽然上司相信下属一定能巧妙地应付那些变化，但有时变化可能会超出下属的许可权限，与其让下属竭尽全力，不如由上司凭着本身的观察以及部门的报告来判断，以指点迷津。

4. 不要坐失良机

领导者要掌握先机，实行与关系部门协调或支援等必要措施，及时解决出现的问题。

经过上述努力，领导者与下属之间既能形成良好的信赖关系，也能使工作顺利完成，这样的放权才可以说是真正地信任下属。

最后，提醒领导者注意以下两点。其一，必须日积月累地努力建立与下属之间的信赖关系。得之不易而失之易，所以要努力维持这种相互信赖的关系。其二，信任部属与放任他们是两回事，管理的工作绝对不可懈怠。

许多领导者常常会将信任与放任混为一谈。一个领导者，即使他再有精力和才干，也不可能把公司所有的职权紧紧抓住不放而事必躬亲，一定要把部分职权交给下属，让大家共同来承担责任。有的领导者向下属交代任务时总是说："这项工作就全部拜托你了，一切都由你做主，不必向我请示。"这就是放任，而不是信任。放任下属的后果是：不但把放权所取得的成绩冲得一干二净，还会殃及整个企业。而针对放任进行预防的最好办法就是"监督"！

贴近部下，不摆架子

有道是："人格无贵贱，人品有高低。"作为老板或管理者总把自己看做官，把自己摆在"高人三等"的位置，耍派头、逞威风，实则是把自己的人品降了三格。与此相反，把官架子放下来，为人处世低调一点，看似少了些官威，实则是提升了自己的人品，提升了自己的威信。所以作为管理者，应该放下官架子，提升自己的亲和力，和员工打成一片。

所谓的"官架子"，乃是气派、排场也，是用来抬高自己、表现自己的一种狂妄、傲慢的姿态。时下很多人以"老板"自居，一副高高在上的姿态，居高自傲，听不进员工的意见，不关心员工的想法。平时喜欢对下属指手画脚，批评时更是声色俱厉，缺少谦和的态度，不知这些老板是否清楚，他们"架子"越大，官气越足，员工就越反感，与他们的距离就越远。日积月累，不仅不利于各项工作的开展，员工的意见也会越来越大。

其实，究竟能不能当好老板、当个好老板，不在于"官架子"端得大不大，而在于是否具有亲和力，是否得到了员工的认可，能不能让员工真正信服和敬仰。那些有"官样儿"的老板，事实上成了凌驾于人民之上的"官老爷"，让员工敬而远之。

一位为官光明磊落、深受群众爱戴的领导干部曾经这样说过："为官不要自觉高人三等，而应自觉低人二等。"同样，做老板的也要把自己的姿态放低，只有这样才能赢得员工的心。

1964 年，68 岁高龄的土光敏夫就任东芝董事长，他经常不带秘书，独自一人巡视工厂，遍访东芝散设在日本各地的几十家企业。身为一家公司的董事长，亲自步行到工厂已经非同小可，更妙的是他常常提着一瓶一升的日本清酒去慰劳员工，跟他们共饮。这让员工们大吃一惊，有点不知所措，又有点受宠若惊的感觉。没有人会想到身为大公司董事长的土光敏夫，会亲自提着笨重的清酒来跟他们一起喝。因此工人们称赞他为"拎着酒瓶子的大老板"。

土光敏夫平易近人的低姿态使他和职工建立了深厚的感情。即使是星期天，他也会到工厂转转，与保卫人员和值班人员亲切交谈。他曾经说过："我非常喜欢和我的职工交往，无论哪种人，我都喜欢和他交谈，因为从中我可能听到许多创造性的语言，获得巨大收益。"的确，通过对基层群众的直接调查，不仅获得了宝贵的第一手资料，而且弄清了企业亏损的种种原因，还获得了许多有价值的建议，更重要的是赢得了员工的好感和信任。

实践证明，具有亲和力的老板最讨人喜欢，他们不端"官架子"，常常"忘掉"自己的身份，和普通员工真心交朋友。他们把自己的亲和力逐渐变成了影响力，使员工能忠诚地跟随自己。

美国女企业家玛丽·凯·阿什在长期的管理实践中发现，管理者和下属员工相处，最重要的一点就是放下官架子，以平等、关爱的态度对待他们，这样，下属会以更杰出的工作成绩报答上级。

玛丽·凯·阿什认为关心员工与公司赚钱这二者并不矛盾。她说："不错，我们是把眼睛盯在赚钱上，不过赚钱并不是高于一切的欲望。"

这种对员工的关心与爱，不单单表现在工作、生活和相互交往上，更表现在对员工错误的善意批评上。玛丽·凯·阿什说："我认为，经常批评人的做法并不妥当。不是说不应当提出批评，有时，管理者必须表明对某事不满意，但是批评的目的是指出错在哪里，而不是指出错者是谁。如果有人做错事时经理不表明态度，那么，这个管理者也确实过于'厚道'了；不过，经理在提出批评时，一定要讲究策略，勿摆架子，绝不可盛气凌人，否则就可能出现适得其反的结果。"

玛丽·凯·阿什还认为，一个管理者应当做到当某人出错时，既能指出其错误，也不致挫伤其自尊心。她说："每当有人走进我的办公室，我总是创造出一种易于交换意见的气氛。这一点很重要，只要我越过有形屏障——我的办公桌，那么，创造这种气氛则易如反掌。我的办公桌象征着权力，它向坐在一旁的来人表明，我有权指示他应该如何如何。所以我总是越过那个有形的屏障，以朋友和同事而不是以领导者的身份与人交谈。因此，我们同坐在一张舒适的沙发上，在比较轻松的氛围中研究工作、解决问题。有时我还同来人握手拥抱，与来人握手拥抱能使坚冰消融，能使对方无拘无束。"

是的，没有人会喜欢一个总是一天到晚黑着脸对谁都冷冰冰的老板，如果你完全可以做到让员工喜欢你，为什么不那样做呢？最简单的方法就是依据不同的人用不同的方式向他们表示你的热情，你会发现：同一种人打交道，握手是最好的方式；但同另一种人打交道，拍拍背则显得很亲密；同某些人见面只有热烈拥抱才能表达出你们亲密无间的情谊。我们都听说过大夫在病床旁边对病人表示关心，同病人握手的情景。同样，管理者也应在沙发旁边对来人表示关心。还有一点，就是你要把这些看做是感情的自然流露，做的时候要轻松和自然，否则会有做作的嫌疑。那样不仅不会拉近你和员工的距离，反而会让员工反感，感到你这个人很虚伪，以致更加远离你。因此，作为老板或者不同阶层的管理者都应走上前去，放下架子真诚地同来人握手、拥抱。这是管理人的一个绝招。

在谈到与员工相处时，玛丽·凯·阿什说："我认为，老板同自己的员工保持亲密的关系是正常的，相反，如果经理同自己的员工总是保持雇主与雇员的关系，那则是反常的，后者无助于最大限度地提高生产率，还会起到坏的作用。"当然，这并不是要求领导者一味地放低身段，有时候也必须强硬和直言不讳。假如某人的工作不能令人满意，你绝不可绕开这个问题，必须要表达出自己的看法。不过你在这样做时要双管齐下——既要关心，又要严格。换句话说，你必须既起到管理监督作用，必要时能够采取严格的行动，同时又必须对该员工表示你的爱和同情。如此才能使他们愿意接近你。

工作中，玛丽·凯·阿什就从不摆"官架子"，更不会随意地呵斥员工，在她的许多雇员眼里，她的形象就像是慈母。他们认为，玛丽·凯·阿什是十分关心他们的人，他们对她非常的信任，甚至她的雇员会对她说：“玛丽·凯·阿什，我妈去世好几年了，我现在就把你当做妈妈……”每当听到这种话，玛丽·凯·阿什就感到十分光荣和自豪。

如果一个老板在下属面前威风十足，说话带官腔，办事让你看“官脸”，处处端着“官架”，那么他离成为“孤家寡人”的日子也不远了。一个企业是船，员工是水，水能载舟亦能覆舟。老板纵然是船的主人，但如果没有员工的努力，船也不会安然前行，所以即便你是“官”、是老板，和员工的区别也只是分工的不同，何不放下你的“官架子”，与员工一起战斗呢？

人尽其才，才尽其用

美国某著名的管理学家指出：“有效的管理者择人任事和升迁，都以一个人能做些什么为基础，所以，我的用人决定，不在于如何减少人的短处，而在于如何发挥人的长处。”

世界上没有绝对完美的人，管理者的要诀之一，就是如何发挥员工的长处，而不是寻找十全十美的“完人”。如果不能见人之长、用人之长，而是念念不忘其短，势必会产生歧视人、压制人的现象。

人才对企业的兴衰有着决定性的影响。任何一个管理者要想在某项事业上获得巨大的成功，要想在公司中再进一步，晋升到更高的职位，首要的条件是要有一种鉴别人才的眼光，能够识别出下属的优点，并充分利用和发挥他们的优点。

一个领导的成功得益于识别人才的眼力，这种眼力使得他能根据个人的特点，把每一个职员都安排到最能发挥他潜能的位置上，实现人才资源的最佳配置，他相信每个人都愿意努力工作，并能创造性地工作，只要赋予他们适宜的环境和工作职责，他们一定能成功。不仅如此，他还努力使员工知道他们所担任的职务对于整个公司意义重大，这样一来，这些员工无须监视就能把事情办得有条有理、十分妥当。

识别人才的眼力并非人人都有，怎样识别人才？不仅要听其言，而且要观其行，不为耀眼的文凭和浮夸的口舌所惑。有的管理者不愿意看到员工的缺点，认为一个人的缺点会削减他的能力。其实不然，公司里每一个人都能毫无保留、完全暴露自己的缺点，是一件好事。这也是识别人才的大好时机，石头就是石头，金子就是金子。管理者要尽量掌握员工的特点，并使之得到充分的发挥，做到人尽其才，物尽其用，合理安排。那样，石头也罢、金子也罢，都会成为真正有用的东西。

李嘉诚在总结自己的用人心得时，曾生动地说："知人善任，大多数人都会有部分的长处，部分的短处，好像大象食量以斗计，蚂蚁一小勺便足够。各尽所能，各得所需，以量才而用为原则。就如在战场上，每个战斗单位都有其作用，而主帅未必对每一种武器的操作都比士兵熟，但最重要的是首领应十分清楚每种武器及每个部件所能发挥的作用……统帅只有明白整个局面，才能出色地领导和指挥下属，使他们充分发挥最大的长处以及取得最好的效果。"

纵观李嘉诚的创业发家史，在他的身边，总有些德才兼备、忠贞不渝的专业人才在"李氏王朝"的建造中发挥着主力军的作用，并得到李嘉诚的赏识和信任。在他组建的高层领导班子里，既有具有杰出金融头脑和非凡分析本领的财务专家，又有经营房地产的老手；既有生气勃勃、年轻有为的港人，又有作风严谨善于谋断的洋人。李嘉诚能取得如此巨大的成就，他的集团能成为纵横东西的跨国集团，和他"博采天下之长，而为己用"的胸襟和大胆起用各类人才的能力分不开。

依借这些人才的力量，李嘉诚如虎添翼，在一次次商战中大获全胜，这就是他的过人之处。

一个善于用人、善于安排工作的管理者会在工作中少出许多麻烦。员工的好，员工的坏都要看，不要只看坏不看好。要看到员工的优点和长处，如果看缺点每个人都不能用。看员工的好，用员工的长处和优点，不要用员工的缺点，缺点可以告诉员工让其改正，使每一个员工都能发挥所长，各得其职。

在职位分配上，合格的管理者会慎重行事，不仅对将要担任职务的人的责任和义务应有充分了解。对每个下属的特长更要了解得很清楚。做到周密调查，并尽可能听取各方面意见，尽量做到“为事择人，人尽其职”，把员工安排到最恰当的位置上。那些不善于管理的人则往往忽视这个重要的方面，而总是考虑下属的一些鸡毛蒜皮的缺点，结果看这个人不能用，看那个人也不能用，这样的管理者当然要失败。

如果你能将各类下属的优点加以合理化组合，使他们的才能都展现出来，形成有机的整体，那么你的用人水平可真算得上高人一筹了。

如果你能安排下属一项适合他的重大的工作，他会在艰难环境的压迫下和求胜欲望的激励下，立志要使自己的工作做得很出色，将所有的才识、能力施展出来，竭尽全力做到让你称心如意；反之，如果你给他安排的工作与他本身的才能志趣不合，那么对他的工作积极性一定会有影响，他还会觉得在目前的职务上一定不能有大的发展。这样，他就无法把自己的才能充分发挥到工作中去。他深知，自己虽然有成就事业的才干和力量，但因为你不懂用其所长，根本就无法让其把才干和力量发挥出来.

成功的管理者懂得如何最有效地利用不同人才的优势，使不同的人才在不同的工作岗位上发挥最大的工作才能。

真诚对待每一位员工

我们常听到“公司的成绩是全体员工努力的结果”之类的话，表面上看起来是领导者非常尊重员工，但当员工的利益以个体方式出现时，领导者会以企业全体员工整体利益加以拒绝，他们会说“我们不可以仅顾及你的利益”或者“你不想干就走，我们不怕找不到人”，这时员工就会觉得“重视员工的价值和地位”只是口号。显然，如果管理者不重视员工感受、不尊重员工，就会大大打击员工的积极性，使他们的工作仅仅为了获取报酬，激励从此大大削弱。

有一家日资企业，这天，各部门接到通知，下班之后在贵宾厅要召开职工大会。有些人对此很纳闷，为什么放着会议室不去，偏偏要去贵宾厅开会。

就这样，当全厂员工陆陆续续走进贵宾厅里，眼前的一切都让他们感到意外，只见每张桌子上都摆满了水果、饮料等食品。最吃惊的是一名60多岁的老门卫，看到眼前的一切，以为是自己走错了地方，转身就要离开。这时他正好碰上了老板，老板看见他要走，愣是毕恭毕敬地把他请了回来。

事后，那个老门卫激动地说："我这辈子还是第一次开这样的会。我一个看门的，本来就是在厂门口的，再踢一脚就出门了。老板看得起我们，我们看门的一定要好好干，看好这个家。"

尊重式激励是一种基本激励方式。上下级之间的相互尊重是一种强大的精神力量，它有助于整个企业的和谐，有助于企业团队精神和凝聚力的形成。

要把尊重员工落实到具体行动中，领导者关键要做到以下几点。

1. 用心去尊重、关心和爱护员工

员工是有血有肉有情感的人，对员工的管理不能仅用冷冰冰的原则，更重要的是用心去尊重、爱护和关心他们。人性化的管理就是一种独特而有奇效的管理方式。

在企业里，常常听见有的管理者抱怨："哎呀！也不知是怎么搞的，我的下属们整天怨气冲天，好像总也不满足，一会儿嫌钞票挣少了，一会儿又抱怨工作没意思。反正这也不是，那也不行，似乎外面的世界哪儿都比这儿的好。"也常常听见下属们在一起窃窃私语："哎呀！我们的上司也不知整天在忙乎什么，怎么这么安排工作，也不替我们想想。"于是乎管理者叹息：现在这世道，人是越来越难管了，我整天都快累死了，他们却在一旁无动于衷，好像什么事都是我一人的。

这种现象的存在恐怕不在少数，究其原因，管理者应负主要责任。要知道，管一群人可不像摆弄一个物件那么简单，主要的一点：人是有感情的动物，不是一发指令他就会丝毫不差地执行，管人这门学问实在是大大的深奥，要不怎么说管理是一门艺术！当然，管理作为一门科学，有其共性的、规律性的东西，但其中非规律性的，可以供你发挥的地方太多了。

2. 在人性的特点上做文章

我们知道，大多数人都有一种“你敬我一尺，我敬你一丈”的心理。作为管理者，如果能在人性的这种特点上做点文章，收效将是令人满意的。管理者要想让自己的企业蒸蒸日上，蓬勃兴旺，就一定要在控制人心上下工夫，下工夫要虚实结合，既唱高调，又哼小曲儿。尤其是对那些知识分子而言，有一位珍惜他们的付出，又善于体恤他们的管理者，将会激发出他们的源源不断的激情。

一个公司，最伟大的财富是人，而不是金钱和产品，有了人才有一切。每个人都有自己独特的个性和尊严，必须尊重他们，不应让他们有如此的感觉：自己仅仅是老板的赚钱工具而已。

3. 尊重个性即保护创造性

管理者虽然有责任把每个人都安排在最适宜其施展才能的岗位上，但由于工作需要和客观条件的限制，并不能够使每个人的兴趣都得到满足，有时甚至完全相悖。在这种情况下，简单生硬地强调“个人服从组织”，搞强迫命令，显然是下策。上策是在尊重的前提下，对下属说明情况，明之以理，使下属心情舒畅，自觉以大局为重，服从事业发展的需要，还应当想些办法，培养他对新岗位的感情，为使其胜任新的工作提供方便，创造条件。事实证明，兴趣也是可以培养的。人们学习某一学科，或者从事某一工作，开始并不一定都有兴趣。但只要做好思想工作，使其坚持在这一行干下去，天长日久，兴趣自然就产生了，就会不知不觉地爱上这一行，并干出成绩来。

4. 让普通员工也感到自己很重要

普通的员工也有自己的自尊，他也需要得到应有的尊重，我们说，一个企业的成功，是全体员工共同努力的结果，而要让每个员工都充分发挥自己的能力，就要让企业里的所有员工都觉得自己是企业不可或缺的一分子，让员工觉得自己很重要，就能使个体产生出一种情绪高昂、奋发进取的力量和激情。

所有的员工竭尽全力做好每一件事，是一个企业成功的基础。成功的企业家则是通过赋予每位员工使命感把员工身上的各种潜质都统统地挖掘出来，并让全体员工协同起来，为企业而战斗。

研究激励理论的学者认为，最有力的激励手段是让被激励者感觉自己的工作非常有意义，自己是在做一件很伟大的事情，他们觉得完成这一目标能够给自己带来荣誉和尊严。一旦员工对自己的工作有了“神圣”感，他们就会义无反顾、勇往直前地应对企业面临的所有挑战。

企业里的每一位员工都需要尊重，哪怕是最普通的员工，领导者也需要发掘出他们的最大潜能。只有全体成员共同努力，才能使企业不断发展、壮大。

当一个员工觉得自己在组织中很重要时，就会产生一种强烈的使命感。企业使命感最大的作用便是强调企业目标和成员工作目标的一致性，强调企业成员之间的吸引力和成员对企业的向心力。当一个组织变得日益庞大，基础架构也变得日益复杂时，要维持公司一向标榜的企业使命，并不是件容易的事情。向员工灌输使命感的关键就是要做到让公司的每个员工都觉得，自己参与了一项很伟大很特别的事，而此事的重要性也许足以超过他们自身。一个有效的方法是把团队调整到共同的目标，通过所有环节的一致性，员工可以认同公司的价值观和信念，也了解公司目前的营运和努力方向，那么他不但会努力达到眼前的目标，也会关注组织的更大目标，于是就能相应地尽己所能对大目标有所贡献。

使下属拥有权力并加以控制

日新月异的科技发展形势，使企业的管理者不可能做到面面俱到，并干涉各个阶层的具体工作。因此，明智的做法是管理者负责整体化营运和决策，而不是关注细枝末节；管理者只需把自己的决定告诉下属，至于具体怎么做，应放心地让下属去思考，让每个负责人各负其责，发挥各自的才能。

一般的管理者不放心把权力委托给下属，这是出于“别人谁也不会做得像我那样好”的想法。虽然他们也意识到个人的能力有限，不过多数情况下，他们还是只考虑安排自己的生活，以便有更多的时间和精力用于公司，而不会想到让其他人来完成部分工作。他们做事总是喜欢一把抓，大小事情通通自己动手，员工只能当他的助手，让自己整天忙得团团转。

思科公司的总裁约翰·钱伯斯就不是这类领导人，在所有大企业中，恐怕他是最乐于给下属授权的总裁了。约翰·钱伯斯说：“也许我比历史上任何一家企业的总裁都更乐于放权，这使我能够自由地旅行，寻找可能的机会。”

最有能力的总裁并不等于大权在握、搞集权统治的总裁，钱伯斯认为：一群人总是能够打败一个人的。如果拥有一群超级明星，那么就有机会建立一个王朝。

钱伯斯认为，最优秀的领导者并不需要事必躬亲，其关键作用在于如何合理地统筹人员。他说：“很久以前我就学会了如何放手管理。你不能让自我成为障碍，而管理一个高成长公司的唯一办法，就是聘请在各自的专业领域里比你更好、更聪明的人，使他们熟悉他们要做的事情，要随时接近他们，以便让他们不断听到你为他们设定的方向，然后，你就可以走开了。”

如果是中央集权制，即上面作了决定，下面只是执行，大家就不会有动力。而钱伯斯的做法是：不告诉下面的人应该怎么做，而是告诉他们目标，让他们筹划怎么实现这个目标。在钱伯斯的“分权”理论指导下，整个思科的管理方式都有了极大的变化：他们摒弃了“指令性管理法”，采用了“目标管理法”。任何人都不能对员工的工作插手，上司只能够大体制定方向，具体操作就由员工自由发挥。这样一来，在目标的确定上由上下级共同讨论商议完成，在目标的实现上，员工会有很大的灵活范围来采用具体方法。每个人没有必要一定要听从其他人的指令才能够完成任务，员工以自己的方式也许会将工作完成得更好、更快。

怕被下属搞砸了，是很多领导者盯住下属的工作细节而不放的主要原因。因为他们害怕一旦授权下属，如果有什么差错恐怕会严重地影响到他们的地位。他们想象着假如让出部分责任给下属，所有可能的问题和困难都将发生。大多数领导者认为授权分责会失去控制，可是事实并非如此。

精明的领导者知道建立有效的控制方法，当事情稍有偏差就能直接矫正时，他才授予下属工作的责任及完成工作所必要的权力。以下是一些控制方法。

①下属必须受过专门训练，有资格、有能力完成工作。根据员工的能力水准和其他个性特征等区别授权。对能力相对较强的员工，宜多授一些权力，而对于能力相对较弱的员工，不宜授予重权。同时，授权时应考虑员工的其他特征，例如：对于性格外向者应授权让他解决人事关系及部门之间沟通协调方面的工作，对于性格内向者应授权他分析和研究企业策略等问题。

②责任的赋予，并非突然的，而是渐进的，一点一点加强。

③当下属着手新的任务和责任时，要矫正他的缺点，称赞他的成就。

④必要时能随时控制下属手中的权力。领导者必须对授权有一定的控制，也就是说，对权力既能放也能收，授权后应对其进行定期检查以关注员工工作进度和执行情况，并针对存在的问题采取相应的对策。

下放许可权并不意味着领导者放任自流，不再管了，给员工自主权的同时，还必须建立一套检查进度及目标完成情况的制度，这可在一定的程度上减少企业组织面临的风险。

把工作的细节授权下属去做，可建立下属的自信心，因为那证明了领导者信任他和他的能力。每个人都喜欢自我炫耀，因此领导者要是能提供下属适当挑战性的工作，并赋予必要的责任，使工作的完成能带给他高度的成就感，这就不仅是对下属的一种激励，更是领导者所希望的结果。

大胆使用“怪才”

往往一些具有特殊才能的人都搭配了一个怪异的性格，正是这种怪异孕育了平常人所不具备的能量，如超常的构思、极佳的创造性。就像有时歪瓜劣枣最甜最好吃一样，这些怪才也正是能给企业带来最大能量的所在，管理者对其必须大胆使用。

这些“怪才”可能怪就怪在他们的脾气古怪，与常人显得格格不入，而这也正是他的与众不同之处，但怪人有怪才，他们在古怪的性格外往往具备常人所没有的才能，如果管理者能有效运用这些才能，就会收到意想不到的效果。

《水浒传》的开篇有这样一句话：“讶求鱼缘木，拟穷猿择木。”这也就是说想让鱼去爬树，就还不如让猴子去爬树，毕竟这才是猴子的本能；同理，要想让豹子去捉老鼠，就不如让猫去捉老鼠，否则就是大材小用。

管理者在用人时一定不要作出这种让鱼去爬树，让豹子捉老鼠的安排，否则，随便找个职位就让人才去赴任，而不是考虑其是否能最大限度地发挥他的能力，这样的企业是难以取得成绩的，这样的管理者也是难以成功的。

管理者用人时既不能大材小用，也不要小材大用，而是要适才适所，进行最有效的人员配置，让每名员工都可以在自己的岗位上施展自己的才华，而不至于闹出让豹子捉老鼠的笑话。

总的来说，作出有效的人员配置有以下几个重要步骤。

1. 仔细考虑任命的核心问题

管理者在任命职务之前一定要搞清楚任命的原因和目标，并物色适合的人选。我们以任命新的地区营销主管为例，管理者应首先弄清楚这项任命的核心：要录用并培训新的营销员，是因为现有的营销员都已接近退休年龄，还是因为公司试图渗透到正在发展的新市场？或是因为，公司的新产品要打开一个市场？要根据这些不同的任命目标，任命不同类型的人才，才能取得预期的效果。

2. 选定一定数目的备选者

管理者必须储备相当数量的人才以供挑选，这是成功的关键。否则，只能在一个很小的范围内选择就难以找到合适的人选。一般说来，3~5 名合格的备选者是必需的。

3. 从备选者的优势出发

这里的核心问题是“每个备选者所拥有的长处是什么，这些长处是否适合于这项任命？”在这里管理者不要着眼于备选者的某项缺点，它当然可以将其排除出去，但这不应该是你关心的重点，只有在几位候选人的优点类似时它才可以成为选择的标准。曾有人极为突出地分析了两种用人思维方法，一种是只问人的长处而用之；一种是注意人的短处，用人求全。从这两种思维得出的结论是这样的：前者能使组织取得绩效，后者却只会使组织弱化。用人不能以其弱点为基础，他的优势才是他真正的机会。

4. 广泛地讨论

在选择时，管理者不要凭借自己的独自判断作出决策，还要倾听尽可能多的人的意见，因为你的印象由于受主观因素的影响，很可能出现偏差，而广泛地讨论可以修正你的偏见。

5. 让备选者了解职位的要求

管理者有责任让备选者了解该职位的要求，并让他们对职位有一个初步的设想，这样你还可以指出他可能会想错的地方。

让鱼爬树，让豹子捉老鼠都是一种极不合适的做法，管理者必须找到员工中的“猴子”和“猫”，让他们承担自己的责任，而把“鱼”和“豹子”放到更适合他们的位置上。

其实日本的本田技术研究社，就是一个以招收个性不同的“怪才”闻名的机构。本田的职工一般分为两类人：一种是“本田迷”，即对本田车喜欢到入迷的程度，他们不计较工资待遇，只是想亲手研制、发明或参与制造本田汽车，这些人热衷于为其所热爱的东西奉献力量；另一种是一些性格古怪的人才，他们喜欢奇思异想，发表不同的意见，或热衷于发明创造。

本田也能充分发挥这些怪才的特长，管理者在委派工作的时候，从来都只是提出高目标，至于如何达到，则是那些怪才的工作。而那些在美国获汽车设计奖的本田新车型，都是被视为“怪才”的人发明的。

有一次，公司在招收新人时，主持者对两名应征者取舍不定，向本田宗一郎请求指示。他随口便答：“录用那名较不正常的人。”因为在他看来，正常的人发展有限，而“不正常”的人的能力反而不可限量，常常会有惊人之举。正是这种用人方法使本田公司创业不到半世纪，就发展成为世界超级企业的过程中发挥了相当大的作用。

通常，怪才之所以怪就是因为他们做事一般不合常规，表现出超常性，才让其他人感到怪异。但正是这特异的才能，才能让他们有不一样的发现；这鲜明的个性，帮他们生产出独具特色的商品；超常的性格促使他们进行超常的创造。

因此，管理者对怪才的使用就需要大胆、宽容，管理者要珍惜怪才，容忍他们的缺陷，并尽可能为他们提供条件让其发挥他们的异常才能，只有这样才能发挥怪才的怪，带领企业远离窠臼，获得新生。

第五课　八面玲珑：进退自如的协调术

世界上最复杂的莫过于人心，人际关系中的各种矛盾无处不在、无时不有，公司里更是如此。领导者与下属相处难免发生矛盾，领导者应该怎样处理各种各样的矛盾呢？协调是一种方法。因此企业经营术中提倡“协调矛盾”。领导者如果能妥善处理好这些矛盾，就会在下属中树立起威信，与下属建立起和谐的关系。

冤家宜解不宜结

领导者之间，或许会有很深的个人恩怨，但在工作中，这种恩怨一般不至于达到那种不共戴天的程度。毕竟是同事，都在为同一企业工作，只要矛盾没有发展到你死我活的境况，是可以化解的。敌意可以一点一点增加，也可以一点一点削弱。同在一家公司上班，每天总是免不了要碰面的，还是少结怨才有利于个人发展。冤家宜解不宜结，不过，化解敌意也是有技巧的，领导者只要主动表示友善，露出诚恳之态，没有人会拒之千里的。

下属心存解不开的结，对领导者必然抱有敌对情绪，工作也不会有积极性。领导者应该正视矛盾，把矛盾看做调动下属积极性的一个有利契机。

在人与人之间的关系中，在领导者与被领导者之间的关系中，时常出现敬而远之的现象，这种现象使彼此的思想无法进一步沟通。因为越是敬而远之，就越无法增加交换意见的机会和可能。这样，偏见和误解就会逐步加深。倘若能在合适的时机，通过一两次摩擦和冲突，倒可能使多年的问题得到解决。作为领导者应该敢于面对冲突，而不能一味迁就。通过冲突进一步改善人际关系，使全体员工襟怀坦荡、精诚合作。领导者如果没有面对冲突的勇气，没有解决冲突的能力，就难以改变恶化的人际关系，从而也就难以领导部门的工作。

1. 从全局着想，善于处理面对面的冲突

正确对待组织内部的人与人、人与组织的关系，是企业内部公共关系的重点之一。因此，每个领导者都应从全局着想，认真对待这个问题，要善于处理面对面的冲突。

作为一名管理者，需要很多技巧和艺术，尤其是在处理员工与你的关系时，更应当设法让他们佩服你，认真地完成自己的工作。

你与员工之间也有矛盾、有冲突的时候，矛盾、冲突主要是对工作有不同的期望和标准。你希望工作尽快完成，而他们却认为不可能；你对他们的表现很失望，他们也因没有顺利完成工作而灰心；员工希望得到更好的工作条件，你却不能满足；还有的员工态度粗鲁或者总是不恰当地奉承……这些情况都会对你的工作造成不好的影响，影响你在员工中的威信。因此，要树立在员工中的威信就必须学会化解与员工的冲突，让他们佩服你。

在你设法化解与员工的矛盾时，你可以问自己："我和员工的冲突到底是什么?"、"为什么会产生这种冲突?"、"为解决这个冲突，我要克服哪些障碍?"、"有什么方法可以解决这一冲突?"当你找到了解决冲突的方法时，还要检测这是否是有效的方法。另外，你还应当预见到按这种方法去做时会出现什么结果，以做到心中有数，不至于到时不知所措。当然，如果你感到问题很复杂时，可以找个专家咨询一下，或找个朋友谈一谈情况，请他们为你出主意。

2. 尽量拉近双方距离

假如你无缘无故去约对方或送礼给他，难免突兀，也太自贬身价了，应该伺机而动为好。例如，从人事部探知他的生日，在公司发动一个小型生日会，主动集资送礼物给他，没有人会拒绝好意的。如果对方擢升新职，这就是最佳的时机了，写一张贺卡，送出你的祝福，如果其他同事替他办庆祝会，你无论多忙也要抽空参加，否则就私下请对方吃一顿饭，恭贺他之余不妨多谈谈大家在工作方面的心得体会，对过去不愉快的事情绝口不提，尽量拉近双方的距离。

记住，这些亲善工作平时就必须重视并抓紧去做，否则等到你有直接麻烦才去行动就为时已晚了，也只会让人觉得你"市侩"、"现实"。

此外，虽然你本着默默耕耘、尽忠职守的原则做事，可是公司里的人事变化很快，旧同事大多逐渐另谋高就，新面孔越来越多，不免与他们有格格不入之感。这是因为你不太注意周围的人事变化，不能有意识地与他们互动所致。

补救的方法不难，找一个特别的日子（目的只是师出有名），比如在顺利完成计划时或你的生日，做东请同事吃一顿饭。这顿饭的意义重大，可以让你与同事间的距离立即缩短。别忘记以下任务：趁机多了解每一位同事的背景，这对你有莫大的好处，方便日后的工作。

3. 从对抗中走出来

一位企业家对一个大型出版集团的部门主管们讲述了一个关于如何处理那些比较难缠的员工的故事。

这个企业家所主管的是该集团比较有影响力的一个部门，他手底下有作家、编辑和画家。这些人都非常有才华、有创造性并且富有经验，但是，他们也常常稍有不满就大发脾气。要管理好这些人首先必须要有耐性，其次要有一定的技巧和战术，而后者则是这位企业家所最不擅长的。他刚刚被调入集团高层不久，所以一开始不便于对一些事务表示什么。

几个月以后，他发现有一个编辑经常在一些重要的编辑企划中推敲琢磨，于是，这位企业家就提出要在近期内看到一些他所编辑的文字。出人意料的是这位编辑耸了耸肩，说了一个不能称之为借口的借口。由于首次出击便遭受了挫折，这位企业家决定压一压那个编辑的锐气，便以强硬的语气对他说："你必须按照我说的做，因为你是在为我工作。"

没想到这位编辑回答说："你想得倒好。我根本就不是在为你工作，我是在为公司工作。你只不过是凑巧被公司安排过来，成了我的上司而已。"

企业家把这位编辑随口说的话再三品味，终于悟出了其中的道理。

如果一个领导者的权威是以员工忠诚地为他工作为基础的，那么，如果员工不是在忠诚地为他工作的话，就说明他在员工的心目中没有威信，因此，也就谈不上对这个员工使用权威。作为一个领导者，你不可能让所有的员工都拥护你，不管出于什么原因，总会有人恨你，有人怀疑你。有时，即使有些人一开始对你非常支持，忠心不二，但他们随时可能会收回对你的忠心和支持。这些人，如果他们不对你表示支持的话，那么他们就会对你表示反对。这位企业家是一个十分聪明的领导者，最后他设法使自己从这种对抗中走了出来。

那么，他究竟是如何处理这个问题的呢？他说："如果有人明确地告诉你说他不是在为你工作，那么他就在明确地告诉你，你在他的心目中根本就没有任何位置，他在你和他之间竖起了一道墙。因为他认为，和你在一起工作很不愉快。这不能说完全是一件坏事，从另一个角度来看，也许是一件好事。那位编辑在教我怎么用智慧或者别的什么东西来对付他。情况是很微妙的。由于工作关系，我不可能不和他打交道。因为他是编辑，我总得叫他做些什么。如果这个问题不解决，我对他直接提出要求的话，他总会找到借口来对抗我。如果我以权力压他，那么他可以阳奉阴违，我在他心目中根本没有什么权威可言。我应该怎么办呢？后来，我终于找到了一个办法，从那时起，如果我有什么事情需要那位编辑来做的话，我绝对不会直接向他提出来，也不会让别人告诉他我希望他做些什么。我会找一个关系跟他比较好或者是他比较敬重的人，由这个人来向他提出建议或者暗示他应该怎么做，让他认为，这都是这个中间者的主意。借由这种办法，我毫不费力地达到了我的目的。无论如何，我来这个部门，不是为了来跟别人闹别扭的，而是来做好工作的。只要能够把工作做好，能不能施展手中的权力倒是次要的。在别人心目中是否有权威，也是次要的。毕竟，你不可能让所有的员工都喜欢你、拥护你，并且忠心耿耿地为你工作。"

如果你现在正在从事管理工作，上面说的是非常重要的。每一位领导者都必须能够辨别谁在支持你，谁在反对你。只有这样做了，才说明你在经营管理方面是谨慎而明智的。当然，情况也并不完全是像那位企业家说的那样，不是每个人都会当面直言他是你的朋友或者敌人。但是，无论是敌还是友，他们都会利用种种方式向你表明，你需要通过他们言行中所流露出来的蛛丝马迹来揣测他们对你的态度。

要想成为一个成功的领导者，在处理与员工关系时，最明智的做法是把所谓"支持"和"反对"之类的词汇从你的词典中剔除掉。

求同存异，不能将别人一棍子打死

领导者与员工的立场难免有不能共通之处，要善于运用沟通的力量，及时调整双方利益，才能够使双方更好地发展，相互推动。许多企业的沟通只是单向的，即只是各级领导者向下传达命令，下属只是象征性地反映意见，这样的沟通不仅无助于决策层的监督与管理，久而久之，必然影响到员工的积极性及归宿感。所以，单向的沟通必须变为双向的沟通，双向沟通的方式有许多种，其中的关键是管理者要善于“求同存异”，倾听员工的心声。

在现代企业里重视员工个人价值的理念日益引起了企业管理者的注意。也有一些领导者却依然确信，凭借手中的权杖就可以在员工中起到呼风唤雨的作用，让下属怎么做，他们就会怎么做。但是，在崇尚“人性化管理”的今天，权杖的挥动，只会招致下属的不满甚至是对抗。好的领导者绝不会凭借手中的权力去操纵下属，而是乐于与下属沟通、善于激励下属的士气、积极引导下属进行开创性的工作。

原北欧航空公司的董事长卡尔松就深谙此道。他感觉到，公司内部的种种陈规陋习严重阻碍了公司的发展，应该进行一次大变革，把北欧航空公司改造成欧洲最准时的航空公司。他预计这至少要花费200万美元和将近1年的时间。

卡尔松认为应该把这件事交给自己的下属去做，并很快找到了一个合适的人选。这天，卡尔松专程去拜访这名下属，并诚挚地问道：“我们怎样才能成为欧洲最准时的航空公司，你能不能替我找到答案？几个星期之后你来见我，看看我们能不能达到这个目标。”

卡尔松深知激励的艺术所在：如果他告诉那个人应该怎么做，并且规定只能花200万美元，那么，在规定的时间内，那个人一定不能完成任务。他会在期满后过来说，他认真做了，有一些进展，但仍需要再多花

100 万美元，而且完成任务的时间可能还需要再多 3 个月。但是，用征求意见的方式向他请教后，问题就简单多了。

几个星期后，这名下属约见卡尔松，说：“目标可以达到，不过大概要花 6 个月的时间，而且要用 150 万美元的巨资。”随即，他向卡尔松说明了自己的全套方案。卡尔松非常满意，他把这项任务交给了这名下属。

大约 4 个半月之后，这名下属请卡尔松过来看他的成果。这时，卡尔松的目标已经达到，北欧航空公司已经成为欧洲最为准时的航空公司，而且，这名员工还从 150 万美元的经费中节省了 50 万美元。这就是征求意见之后再给员工下达命令的好处。

无可否认，有很多企业领导本身的能力都很强，他们富有经验，非常优秀，如果按照他们的要求和标准来工作，一般来说是不会差到哪里，但是，往往是这种人，由于过于优秀而产生的自信，或者比较强的独裁性，使得他们在给员工布置工作和下达命令时，总是不能采取正确的方式，结果无意之中，就对员工的积极性造成了很大打击。

一家公司有一项需要详细考虑的方案，领导对这一方案从不同角度加以研究，找到了一个解决的对策，仔细分析其利弊后，他决定开始实施。他把负责该项目的一个员工找来，令他完成这一任务，并指示他一些做这个方案的做法。

没想到的是，该员工对这个方案并不认同，他告诉领导，这种方法虽然具有可行性，但是也有很多缺点和危险，应该再详细研究一下，否则就无法实施。领导同意了他的说法，要他再修改一下这个方案。

其实，这个员工所想的和这个领导所想的是完全一样的，该员工正是想找个机会把这个方案告诉领导，然而，领导的指示却和他已经想好的对策完全一样，使这个员工感觉很不好。他指出该方案有“缺点"，提出应该再修改一下，其实完全没这个必要。

但是，道理就是这样简单。虽然是同样一件事，但是在领导指示清楚之后去做，和自己提出意见来做有截然不同的感觉。要是按领导的命令来做，工作就没有任何意思；自己提出对策来做时，工作才会显得有趣，才有积极性。这个领导就是不明白这一点，才会在一开始就把自己的意见全部说出，并命令员工前去完成，结果打击了员工的积极性。

所以，领导者在给员工布置任务时，一定不要自命为“灭火专家"，先对员工全盘托出，然后命员工按你的要求去完成，即使自己早已胸有成竹，对采取什么样的对策心知肚明，也应该引导员工说出他们的想法。你应该向员工们开口说：“公司现在面临一个问题，你看该如何解决？”“太好了，你的想法确实不错，这项工作就由你来完成吧!”这样一来，就会使员工感到自己受到了公司的重视，并且是在按照自己的意思来工作，这就可以激励他们更好地完成任务。

缩小“距离感”的关键是沟通

沟通可以使人与人之间相互了解，可以使不同的见解达到统一，可以化解矛盾，理顺关系，又可以使友谊长存。所以，人人都需要沟通，作为群龙之首的领导者更要深谙此道、深知就里和深得其妙。

沟通和交流还可以增进你与别人的彼此了解，消除隔阂和误会，解决矛盾与纠纷，从而帮助你建立和维护良好的人际关系。这些无论对你的工作还是个人，都是十分有益的。

建立良好、通畅的沟通渠道是高效沟通的基本保证。如果你是一位主动而不是被动的领导者，你就应该积极、主动地建立起与员工沟通的渠道。这种渠道应该是全方位、多形式的，现代信息科技的发展为不断建立新的便利、安全的沟通渠道提供了条件。

郭士纳就是这样一位十分重视与员工沟通的领导者。入主 IBM 后，他就开始着手与员工沟通渠道的建设。他说：“我们很有必要为公司员工的沟通和交流打开明确、连续的渠道。”

当然，对于 IBM 这样一个分支机构遍布全球，员工人数超过 10 万人的庞然大物来说，要与每一个员工坐下来面谈是不可能实现的，但 IBM

公司的电子邮件系统为郭士纳与员工的互动沟通提供了条件。郭士纳上任后 6 天就通过电子邮件给 IBM 的全体员工写了一封信，他在信的最后还写到："在未来的几个月中，我将走访尽可能多的公司营业部门和办公室。而且，只要有时间，我就会去拜访你们，和你们共同商讨如何巩固和加强公司的力量。"

郭士纳在邮件及与员工的面对面沟通中讲述他的策略、计划和目标，并积极树立信心，而公司员工对此都能坦率地表达他们的支持或者反对。郭士纳在加入 IBM 之前对 IT 行业了解并不多，可以说是"门外汉"，但正是通过这样坦诚的互动交流，他很快便对这个行业、公司有了初步的了解，并赢得了 IBM 员工的信任和尊重，迅速融入了这个全新的组织。

沟通是建立良好互动关系的艺术。良好的人群互动关系是为一个组织的共同目标贡献力量的主要动力，这种互动关系是否融洽，乃至彼此能否通力合作，直接影响到领导者的工作环境和人际气候。因此，建立良好的人群互动关系，有利于激发整体的活力，形成事业成功的致胜契机。

1. 察言观色，善解人意

有位记者曾去采访刚刚同新西兰足球队交过锋的"国脚"们。一进门，发现休息室气氛沉闷，守门员铁青着脸，圆睁着眼，他就赶紧退了出来，取消了这次采访。后来得知，"国脚"们吃了败仗，正在怄气，倘若当时不看脸色，硬是不知趣地采访刚吃败仗的"将军"，非挨骂不可。看来，这位记者颇有经验，懂得采访的"火候"。常言道：人好水也甜，花好月也圆。人在高兴时，心情舒畅，看见高楼大厦，会联想到那是"凝固的音乐"；看见车水马龙，会联想到那是"摇滚的诗歌"。耳闻目睹，一切都是那样美好，仿佛全是为自己而存在着，眼角眉梢都是笑。情绪好，容易体谅、礼让、关心和帮助人，也乐意与人攀谈，接受别人的邀请，甚至看见小狗也能热情打招呼。而人在烦恼时，心情抑郁，欣赏"田园交响曲"，也会觉得是噪声；听到"二泉映月"，也可能想到虎啸猿啼。耳濡目染，一切都是那样令人生厌，仿佛都是在与自己作对，似乎眼角眉梢都是烦。情绪坏，容易发火，粗鲁、冷酷，容易伤害别人，不想接受他人的询问。即使听到甜如蜜、美如花的良言也是只感到苦涩和丑陋，甚至动不动就恶语伤人，摩拳擦掌。因此，学会察颜观色，留意对方的表情，互谅互让，该躲则躲、当让则让，就可避免许多不必要的纠纷，求得和睦相处，琴瑟和鸣。

诸如此类，举不胜举，尽管是些生活细节。如果我们每个人都能善解人意，及时地改变错误的决定，及时地退或进，及时地把自己的语言组合或分解，及时地控制自己的喜怒哀乐，那么人际关系一定会更加和谐。也就是说，善解人意可以让你知人知面又知心，可以帮助你与人们建立起更丰富、更密切、更有效的关系，以获得权利、成功和爱。善解人意对那些胸怀大志，想建功立业的人来说是绝对不可缺少的条件。善解人意对领导者来说，更是沟通的基本要求。

2. 全神贯注，认真聆听

现代社会观念，已经认识到说话的方法、交谈的技巧、相互的了解等对于和谐的人际关系的重要性。但是，大多数人仍偏重于说话的技巧和表达能力，致力于这方面的学习与训练，而忽略听话要了解话中含义的重要性。倾听别人说话表示能敞开自己的心扉，坦诚地接受对方、宽容对方、体贴对方，因而导致彼此心灵融通，是现代社会取得良好人际关系的又一个重要方面。

有些人不仅不肯倾听别人说话，反而要求别人听自己说话，只准自己享受说话的乐趣，而不替别人考虑。别人如果忽略了他的话便愤怒不已，面露不悦，若迎合奉承便沾沾自喜。若有人提出不同意见便立即反驳并给予恶劣的断语，自认为自己是正义的化身，而傲视别人。类似这种人即使掌握了说话技巧，也只能说一些冠冕之言，运用小聪明偶尔博人一笑，在人生交际场上暂获一时的成功，但人们与之久处以后，便会了解底细，他也终究是要跌下来的。

我们敬爱的周恩来总理之所以为亿万人赞颂，其中很突出的一条就是他听别人讲话的态度极其认真，不论对方职位高低、年龄大小，都同样对待。对此，美国一位外交官曾评价道："凡是亲切会见过他的人几乎都不会忘记他。他身上焕发出一种吸引人的力量，长得英俊固然是一部分原因，但是，使人获得第一印象的是他的眼睛……你会感到他全神贯注于你，他会记住你和你说的话。这是一种使人一见便顿感亲切的罕有天赋。”

我们要以周恩来总理为榜样，完善自己在这方面的形象。概括地说，应该做到以下方面。

①全神贯注地听别人讲话，眼睛注视着说话的人，脑子里要设法撇开其他的事情，将注意力集中在别人谈话的内容上。

②耐心地倾听，不要轻易地打断别人的话，不要因对方叙述平淡而漫不经心，也不要在别人结结巴巴讲不清时，流露烦躁和责怪的神情，更不要在别人讲不同意见时，听不下去，而反驳或争吵。

③有响应地听，通过点头、微笑、手势、体态、语言等作出积极的反应；鼓励对方完整地说出他的意思。

善于倾听别人说话的人，会让人感到他是值得交往的朋友，并愿意与之相处，他与众人的关系也将日益密切起来。专注凝神地倾听别人说话吧，它将使你获得成功。

3. 做出姿态，欣赏对方

要建立良好的沟通关系，必须让对方感觉你非常欣赏他、喜欢他，这样对方才会尊重你、拥护你、喜欢你。而喜欢别人要从看重对方的优点入手。每个人都有优缺点，只有心存善意地去欣赏别人的长处，才会被人衷心地喜欢；反之，要想求得他人的喜欢，也应该作些具体的努力。

①向对方表示深切的关心（要具体）。不关心别人，忽视别人，也就是不肯定其存在的价值，这是令人最难以忍受的。

②牢记别人姓名。记住了别人的名字，就等于记住了那个人。

③了解对方的爱好。知道对方的爱好，在交谈或交往时，时时以他的爱好为出发点，并在这上面做文章，将使对方感到愉悦。所以我们必须善于把握这一能使对方高兴的线索。

④不忘微笑。微笑是世界通用的语言，它能冲破一切艰难险阻，融化一颗颗冷漠的心。

⑤肯定别人的价值。对于肯定自己价值的人，谁都不会施以闭门羹，他一定会给予你诚恳的协助。

⑥做个好听众。表现欲人人皆有，世上没有不喜欢别人认真听自己讲

话的人。

要想使别人衷心接纳自己的话，受人喜爱是至为必要一点。虽然是相同的一句话，由自己喜欢的人口中说出和从自己讨厌的人口中说出，听起来的感觉完全不一样。我们千万不要忘记，对于相同的一句话，人之所以产生截然不同的反应，完全是因为其内心的好恶感在作祟。努力地喜欢别人吧，只有如此，别人才会喜欢你。

4. 用心交流，赢得好感

作为一个单位或企业的领导者，设法赢得员工的好感非常重要。对你有了好感，他们才会愿意与你交流和沟通，愿意与你配合和共事。可以说，赢得好感就可以为沟通与合作架起桥梁，用心发现对方的嗜好并寄予关心，可以赢得多数人的合作与协助。要赢得别人好感必须首先或及时发现别人的嗜好，并在交谈时以其嗜好为话题，行动上以其嗜好为标准，有的放矢，不打无把握之仗。回顾我们的经历，当我们与别人交谈时，如果话题转向自己的嗜好，同时又发现对方对此嗜好寄予莫大的关心，我们心里想必也是十分高兴的。美国总统罗斯福对于每一位到他在家中访问的客人，都能提供各位访客喜欢的话题，经常令访客十分愉快。每一次接见客人之前，罗斯福总统一定详细地调查对方的志趣和爱好，在见面时不露痕迹而自然地把话题引到这方面来，以致所有的客人都有这样一个强烈的印象："罗斯福总统真是一位可亲可近的人。"同时对于关心自己志趣、嗜好的罗斯福总统，产生了无上敬仰之意和亲切感。

变"管理者"为"指导者"

哈佛商学院某教授指出，由于控制是管理的中心内容，高度激励或鼓舞的行为与管理几乎不相干。管理系统和组织的唯一目的，就是帮助普通人日复一日地用普通的方式完成日常工作，它既不刺激也不具诱惑力，这就是管理。而指导与管理不同，因为要战胜障碍实现远大的目标，就需要不时激发出非凡的力量，而指导就能带来这种力量。

关键在于，指导不是通过控制机制将人们往正确的方向推，而是以满足人类的基本需要来达到目的，即满足人们的成就感、归宿感、自尊感，让他们觉得自己得到认可，能掌握自己的命运，实现自己的理想。

很久以来，美国企业界存在着一种传统认识，即经理们的工作就是在基层和高层管理者之间互相发出便函，到处举办高层会议。确信工厂里和其他地方运行正常。一句话，管理就是监督部下正常工作。

但是在 1981 年出任美国通用公司总裁的杰克·韦尔奇鄙视这些做法，他认为采取这种方式的经理们是官僚管理者、是历史遗老；而对于陈旧的传统，杰克·韦尔奇历来深恶痛绝。

通用是一家多元化公司，拥有众多的事业部和成千上万的员工，如何有效地管理这些员工，使他们达到尽可能高的生产率是杰克·韦尔奇一直苦苦思索的问题。他最后总结出一个在他看来是最正确、而且也必将行之有效的结论：管理越少，公司情况越好。

韦尔奇不喜欢“管理”这个概念。在他看来，大多数经理们管理过多。过多的管理反而促成了懈怠、拖拉的官僚习气，会把一家好端端的公司毁掉。

从接手主持通用公司的那一刻起，韦尔奇就认为这里的官僚作风很严重，控制和监督在管理工作中的比例太高了，他决定让主管们改变管理风格。

如果韦尔奇打算使通用公司在日趋复杂、竞争日趋激烈的经营环境获得更大的成功，那么他就必须完全改变经理们的工作方式。韦尔奇本身就得先放手自己的工作，而他将面临的情况就是：在 20 世纪 80 年代，减少管理的概念在高级管理层是不会受欢迎的，因为这些人早已习惯于以等级制度安排工作。

韦尔奇想要淘汰掉“管理”一词，原因在于它意味着“控制而不是指导，复杂化而不是简单化，其行为更像统治者而不是加速器”。

“一些经理们，”韦尔奇说，“把经营决策搞得毫无意义的复杂和琐碎。他们将管理等同于高深复杂，认为听起来比别人聪明就是管理。他们不懂得激励人。我不喜欢‘管理’所带有的特征——控制、压抑员工，使他们处于黑暗中，将他们的时间浪费在琐事和报告上。紧盯住员工，你无法使员工产生自信。”

相反地，韦尔奇非常钟爱“领导者”这个词。在他看来，领导应是可以清楚地告诉人们如何做得更好，并且能够描绘出远景构想，激发人们努力的人。

管理者们互相交谈，互相留言。而领导者跟员工谈话，使员工的脑海中充满美好的愿景，使他们在自己都认为不可能的地位层次上行事，然后领导者们只要让开道路就行了。

对韦尔奇来说，经营成功企业的秘诀在于，确信所有的关键决策者了解所有同样关键的实际情况。如果他们能够充分了解情况，他们会在解决业务问题上达成大约一致的结论。而在混乱的公司里，经理人没有得到同样的资讯，他们有自己不同的资讯源，却与其他重要的资讯源隔绝。

而在领导的基础上来谈论这个问题就非常简单。领导者可以在对一项策略进行辩论时，清楚地约定足够的限制条件。不用说，当得出结论时，同伴们通常已经努力解决了问题。

通用公司照明事业部的负责人已经接受了韦尔奇这项变“管理者”为“指导者”的思想。“管理，”他解释说，“似乎就是比为你工作的人懂得多一些，并且对此秘而不宣，但结果却是完全限制了你的组织。我们每个人都只有一定的个人能力去应付工作和实施变革。如果我用一半能力来记住各类想法和琐事，那么我就几乎没有精力寻求变革和推进事业发展了。这道理对于组织内部每个人都适用。”

那么，如何做到“指导”而不是“管理”呢？

1. 善于激励

监督只会引起下属的戒备心理，而无助于发挥出最大的创造力，真正的领导应该善于借物质激励、制度激励、环境激励、任务激励、培训激励等方式，激发下属的积极性，尤其是妥善运用精神激励，要信任下属、尊重下属、关怀下属、赞赏下属。如果能确实做到这4件事，企业将会拥有一群世界上最精良、最勇猛的无敌团队。

2. 善于授权

授权，就是为了减少领导者对下属的管理。领导者要表明自己的期望，但不可过于强调。多数情况下，员工一旦了解领导者的期望，他们都能如期完成。只要领导者随时给予关心、支持和指导，他们就能尽力而为。在授权后，领导者不可越权指挥，即只需要告知理由，不必告知完成任务的方法，给他们充分发挥创造力的空间，这样获得的效果往往比指手画脚要好得多。

当然，下放权力是双方的事，彼此应紧密配合。交付任务时，可以告诉下属自己认为的最佳方案，他们可采纳、也可以不采纳。但是，事先一定要把事情讲清楚。除了以上这些，责权结合也是非常重要的一点。

有责无权的下放权力方式注定要失败，而且还会挫伤员工的自信心与积极性。既然让他们肩负责任，就应该给予相应的权力，包括使用经费。如果他们什么都做不了主，那根本就不是下放权力，员工会认为你把他们当苦力，不尊重、不信任他们，仍然只是管理而不是领导。

3. 善于简化工作

擅长简化问题的领导者，要善于向下属提出问题，因为这其实也是寻找解决方案的必要过程。领导者应该知道向下属提出什么样的问题，如：“你所面临的全球竞争环境如何?”、“在最近 3 年中，你的竞争对手做了什么?”、“在同一时期，你是怎么做的?”、“他们在将来可能对你构成什么样的威胁?”、“你超越他们的计划是什么?”

重视对员工的心灵经营

在经营中待人以诚、施人以爱，并不断地把工作激情和饱满的精神状态传输给员工，这就是“心灵经营”的全部。心灵经营是一种独特而有奇效的管理方式，它能让你有意想不到的收获。

管理员工的有效途径不是用规则，而是用情感。一个领导者成功与否，不在于有没有人为你打拼，而在于有没有人心甘情愿地为你打拼。须知，一个关切的举动、几句动情的话语，比给人高官厚禄的作用还要大上好多倍。让下属在不经意间感受到你的关怀，你就会发现，一切都可能是你获得员工信赖和支持的途径。

京都陶瓷株式会社（现为京瓷株式会社）的创始人稻盛和夫认为，当自己招进一个员工时，就意味着承担起了他甚至他的家人的一生的经济保障和身心幸福。员工是人不是机器，是与自己共同实现目标的工作者。企业是主管与员工结成的命运共同体。而这个共同体的根本目标，不单是为了拼命追逐这个团体的利益，而是为了人类的发展贡献心与力。他把"京瓷"的经营理念确定为：在追求全体员工物心两方面都幸福的同时，也为人类的发展作出贡献。

大彻大悟的稻盛和夫建立了自己的经营哲学：心灵经营。

何谓"心灵经营"？稻盛和夫解释说："我的经营，是'以心为本'的经营。换句话说，我的经营就是围绕着怎样在企业内去建立一种牢固的、相互信任的人与人之间的关系这么一个中心点进行的。"

作为心灵经营的直接实践者，稻盛开展了企业内部的联谊活动。活动以聚餐会形式，每年举办 2~4 次，有重大庆贺项目时另有增加。联谊会上，干部与员工相互敬酒，互诉心声。每次，稻盛总是持杯走到大家中间，向大家询问工作情况、存在的问题，并坦诚地说出自己的看法，努力找到解决问题的方法。同时，联谊会也谈家事、谈人生。在平等和友爱中得到关怀和感化，并化解某些矛盾。

心灵经营的关键是如何对待员工。稻盛把全体员工视为同志和合作伙伴，让所有的员工都享有"京瓷"的股份。有两次，他把自己所得的上亿日元的股票，无偿赠送给某些持股少的工人。

"京瓷"的员工一旦死亡，所获得的金钱保障比一般企业高得惊人。抚恤金高达 800 万日元，有孩子的话，还可支取每月 6 万日元的孤儿抚恤金，直到孩子满 18 岁为止。

1973 年的世界性石油危机，同样危及到了能源匮乏的日本。1974 年，日本经济负增长，大量企业倒闭，硬性维持的企业也只得接连大量地裁减人员。京陶同样不景气，利润减少了几十亿日元。然而，与员工共命运的稻盛，抱定了不裁减一个员工的决心。他在员工大会上激昂地宣布：“面对难熬的冰川时代，就算只靠苔原上的苔藓也必须生存下去。公司绝不裁减自己的员工!”听者无不动容。

“心灵经营”在日本行得通，在国外灵不灵?

1971年，“京瓷”廉价买下了美国快捷公司下属的正在亏损的圣迭戈工厂。稻盛派出得力的干部去参与经营。然而，日本干部和美国干部间思维方式差异很大，彼此纠纷不断。员工也不配合，上班时间请他们不要闲聊，就认为是增加了他们的工作量，而下班时间一到，不管工作干没干完，扔下活便急匆匆离厂。工厂的赤字由每月1美元上升到20万美元。稻盛只好亲自出马，去实践他的“心灵经营”。他认为，“人类心性的本质不会因有东方、西方的地区差异而有所不同”，他对改变圣迭戈工厂的亏损状态很有信心。

首先，他把厂里的干部全部换成由日本人担任。

“大家辛苦了!”

开始工作前，当美国工人第一次听到工厂主管这样的问候时，都吓了一跳。年轻的日本管理人员穿着与工人一样的“蓝领”厂服和工人同甘共苦，真正贴近了工人的心，让员工感受到一种从未有过的亲和力和亲切感。

当工厂的业绩逐渐提高后，稻盛买了许多比萨饼在餐厅和工人们共餐。社长和工人同坐一桌共餐，在美国十分稀罕。第二天，工人就带着自己做的菜招待稻盛。自此，在日本流行的为工人祝贺生日、庆祝工人新婚等爱心活动在圣迭戈工厂流行起来。每月全勤奖、每月表彰一个优秀工作者以及半年一次聚餐会等制度也由日本移植过来。

而最受美国工人好评的，是利润的劳资共享。工厂业绩提高后，稻盛把每月销售额的两成当做奖金发放给员工。在美国，因业绩提高而发奖金给一般员工的事，在稻盛之前，闻所未闻。

稻盛的“心灵经营”很快奏效，所有的员工都领悟到：公司的发展与自身的幸福紧密相连。

不到一年，圣迭戈工厂的结算账目不再为负数了。

稻盛的无私和独特的经营哲学，赢得了部分企业家特别是中小企业经理们的深深爱戴和尊敬。而与此同时，“京瓷”也成为了世界著名的大企业。

“京瓷”“心灵经营”的最大特点就是关注细节，其实，一些小事足可以折射出管理者品质的整体风貌，大家会通过一些鸡毛蒜皮的小事，去衡量你、评判你。小事往往是成就大事的基石，这两者之间是相互联系、相互影响、相辅相成的。管理者要善于处理好这两方面的关系，使两者相得益彰。

1. 留意每个节日与每个员工的生日

节日庆祝与生日礼品不仅仅意味着对员工的关怀，还可以调剂日常的工作氛围。在传统节日到来的时候，可以依据节日内容的不同搞一些适当的活动，如春节的红包、儿童节时送给员工孩子的礼物、中秋节的月饼，等等，将关怀一点一滴地送出。

现代人都习惯祝贺生日，生日这一天，一般都是家人或知心朋友在一起庆祝。聪明的管理者善于“见缝插针”，使自己成为庆祝活动的一员。有些管理者惯用此招，每次都能给下属留下难忘的印象。或许下属当时体味不出来，而一旦换了领导有了差异，他自然而然地会想到你。

2. 关注员工的健康状况

对员工健康情况的关注已不仅仅局限于“医务室”的设立，很多知名企业为本公司员工聘请专业的健康咨询公司，其任务就是定期检查员工的身体及精神健康状况，为每个员工量身定制其自我的健康计划，从举办健康讲座到公司全员的健身计划。有些企业还与健身中心或当地的健康俱乐部联系，为员工的个人健身提供便利。

3. 下属住院时，亲自探望

一位普普通通的下属住院了，他的上司亲自去探望时，说：“平时你在的时候感觉不出来你作了多少贡献，现在没有你在岗上，就感觉工作没有了头绪、慌了手脚。安心把病养好吧!”结果，这个下属感动不已，出院后十分卖力，为公司挣了更多的钱。

有的管理者就不重视探望下属，其实下属此时是“身在曹营心在汉”，虽然住在医院里，却惦记着领导是否会来看看自己，如果领导不来，对他来讲简直不亚于一次打击，不免会嘀咕：“平时我干了好事他只会没心没肺地假装表扬一番，现在我即使死了他也不会放在心上，真是卸磨杀驴。没良心的家伙!”

4. 不要忽视工作餐

午餐对于员工来说，是一日三餐中最重要的。很多员工早上吃早餐匆匆忙忙，晚上可能还要加班，将晚餐时间拖后，所以午餐的营养如何对员工的身体健康来说至关重要。现在很多公司都为员工提供免费的工作午餐，有的公司将午餐业务外包，有的公司设有专门的配餐部门，但无论是哪种形式，公司对午餐的营养搭配、品种选择都要予以关注。必要的时候，应该请专门的营养师进行营养调配，当然，有个性化的营养摄入指导是再好不过的了。

5. 保证员工的工作安全

强调安全工作是对员工生命的尊重和关心，光在口头上空谈安全的重要性是远远不够的。安全信息必须不折不扣地传达到一线并设立规章制度确保执行。一般来讲，一线领导对于安全责任制度应予以明确。“人”才是公司最宝贵的财富，当工作效率与安全问题发生冲突的时候，要坚持安全第一的指导思想。

6. 提供舒适的工作条件

员工选择工作的时候，工作条件是否舒适是重要的参考因素之一。办公地点的选择，办公环境的布置，上下班班车，员工专用停车位的设置等都是所要考虑的因素。在公司的某个角落修建一个小小的吧台，柔和的灯光下可以看看新出的杂志，对于员工来讲也是很大的诱惑。其实大多数的员工对工作都怀有一点小小的虚荣，很多公司在招聘过程中突出工作条件的优越，也是抓住了大家这样的一个心理。

7. 关心下属的家庭和生活

家庭幸福和睦、生活宽松富裕无疑是下属干好工作的保障。如果下属家里出了事情，或者生活过得很拮据，管理者却视而不见，那么即使管理者对他再好也可能显得假惺惺的。

在人的精神世界中，那些最大的波澜、最响的雷声，往往是由最细微的行动引起的，这就需要管理者从平常的一点一滴做起，从小处着手，用心去做好每一件小事才能达到“润物细无声”、“四两拨千斤”的效果。如果管理者能在许多平凡的时刻经常用“毛毛细雨”灌溉员工的心灵，让他们在感动中为你打拼绝对不是一句空话。一切都会像禾苗一样生机勃勃，春华秋实。

面对顶撞不急不恼

一个高层管理者情绪的好坏，甚至可以影响到整个公司的气氛。如果他经常由于一些事情控制不了自己的情绪，有可能会影响到公司的整个效率。从这个意义上讲。一个管理者的情绪已经不单单是他自己私人的事情了，他会影响到下属及其他部门的员工。所以，一个成熟的领导者，应该是一个能够很好地控制自己情绪的人。

一个优秀的领导者面对下属的顶撞，能够始终保持冷静和沉着。即使员工和下属的顶撞没有任何道理，也不必用强势的态度立刻表现出自己的愤怒，因为大吼大叫于事无补，还会破坏和员工之间的亲密关系。成熟的领导者应该懂得控制自己的情绪。一个在关键时刻保持冷静的领导者，会给他的员工留下沉着、有魄力、处变不惊的印象，从而赢得员工的拥戴；反之，如果一个领导者遇事不能克制自己的情绪，就会在员工心中形成不良印象。“骤然临之而不惊，无故加之而不怒”，是领导者必备的修养。用隐忍代替怨气，以理性克制想当然，这套功夫在管理学上叫“情绪管理”。

现实生活中，真正能很好地控制自己情绪的领导者并不多，特别是对于性情急躁和追求完美的领导者而言，控制情绪显得尤为困难。

李志是一家家具销售公司的副总经理，尽管时而会对下属发点脾气，但他并非一个脾气暴躁的领导者。不过，几个月前的一次乱发脾气，至今都让他深为懊悔，并引以为戒。

那天一大早，李志就因为要多给在老家的父母一点过节费的问题，和老婆吵了一架，心情很差。摔门而出后，一路上总觉得看什么都不顺眼。

带着满腔怨气，来到了办公室，就见工程部的刘经理正和下属们聚在一起有说有笑，李志的脾气因此一触而发。

“刘东，公司是请你做事来了，还是请你来讲笑话的？”平常都叫“刘经理”，现在是直呼其名，语气严厉。

“老大，我是在安排今天的工作。”刘东委屈地辩解，大家都觉得今天的李志简直就是莫名其妙。

“老大？什么老大？你以为这里是黑社会啊？”李志对着刘东越吼越凶。

自己在外面累死累活地做事情，在公司还要受这样的冤枉气，最后刘东实在受不了了，就和李志争吵了起来。

后来的结果是，刘东一气之下辞了职，带走几个工程大户投奔到了竞争对手的门下，处处与李志的公司作对。

或许，我们当中的不少领导者都遇到过和李志类似的情况。我们之后自己反省过吗？又采取过怎样的改变措施呢？

每个人都会遇到不顺心的事情，当你的情绪处于比较激动的时候一定要控制自己的情绪，尽量避免让员工感到你对他的不满。为了避免在批评员工时情绪失控，最好在自己心平气和的时候再找他谈话。

每个人都可能有情绪低落或情绪激动、难以自抑的时候，关键是如何去控制自己的不良情绪，情绪一旦释放出来，后果就难以控制，因此，最好在释放前就将它控制住。作为领导者让自己的情绪影响自己的工作是不明智的，应该学会控制自己的情绪，避免怒气冲冲，要尽量保持心情平静。

一天，美国陆军部长斯坦顿来到林肯那里，气呼呼地对他说一位少将用侮辱的话指责他偏袒一些人。林肯建议斯坦顿写一封内容尖刻的信回敬那家伙。

"可以狠狠地骂他一顿。"林肯说。

斯坦顿立刻写了一封措辞强烈的信，然后拿给总统看。

"对了，对了。"林肯高声叫好，"要的就是这个！好好训他一顿，斯坦顿。"但是当斯坦顿把信叠好装进信封时，林肯却叫住他，问道："你干什么？"

"寄出去呀."斯坦顿有些摸不着头脑了。

"不要胡闹。"林肯大声说，"这封信不能发，快把它扔到炉子里去。凡是生气时写的信，我都是这么处理的。这封信写得好，写的时候你已经解了气，现在感觉好多了吧，那么就请你把它烧掉，再写第二封信吧。"

如果你是个情绪化的领导，为了少让自己"带电"作业，避免恶化管理环境与管理绩效。不妨试试下面的几点。

第一，时时告诫自己，工作之外的人和事所带来的坏情绪，只能存在于办公室的大门之外。

如果碰到了不顺心的事情，心里面憋满了气，到了办公室门口，就尝试着做几次深呼吸，告诉自己：现在是工作的时间，那些该死的事到此为止。

第二，提醒自己，下属不是招进来骂的，是请进来为自己工作，愉快地挣钱的。况且并不是没有比发脾气更能解决问题的办法。所以，即使自己被一帮股东批得鬼火直冒，即使在客户那里刚刚发生过激烈的争吵，自己也尽量不要铁青着脸，见着下属就吼。

但是，担心还是会失控怎么办？冲进洗手间，用冷水洗把脸，受到冷的刺激，就更利于自己静下来。

第三，即使是自己的下属错了，自己实在忍不住发脾气了，也要区分责任主体，不要让无辜者受到牵连。

第四，不良情绪有时是不易控制的，也可以试试迂回的办法。把自己的情感和精力转移到其他事物中去，使自己没有时间去想那些不愉快的事，从而将情绪转化。比如，有些人与人吵嘴时，就把舌尖放在嘴里转 10 圈，以使心情平静下来，这种分散情绪的方法往往能将不良情绪控制住。

领导者把心中的怒气撒在下属身上，是自找麻烦的愚蠢行为。没有人会愿意与一个情绪化的领导共事。因此，替自己树立一个随和、善解人意的形象，是成功的重要因素。

认真对待牢骚和反对意见

没有人不发牢骚，而来自员工的牢骚更是改变公司不合理现状的催化剂。牢骚和反对意见虽不总是正确的，但认真对待牢骚和反对意见却总是正确的。

早年和高尔文在一起工作的大部分人都没有正式的工程学位，不过是一些无线电爱好者，有些人从儿童时候起就喜欢无线电了。有个名叫比尔·利尔的工程师加入了摩托罗拉，比尔·利尔在大学学过无线电工程，因此在他来后，高尔文对他倍加珍爱，工资也明显比别的职工高出一截，这就引起了那些老员工的不满。他们不时难为利尔，故意出各种难题刁难他，甚至在高尔文外出办事时，一个工头找了个借口，开除了利尔。

高尔文外出办事回来，发现他珍爱的利尔不在了，于是问在场的老员工，老员工们都支支吾吾地不说话，高尔文马上找到利尔，利尔说什么也不愿意再回摩托罗拉工作，利尔把老员工如何刁难他，如何处处与他作对的情况一一向高尔文倾诉，高尔文得知此事后勃然大怒。然而，他冷静下来想了想又恢复了平静。回到摩托罗拉之后，高尔文就马上找到了刁难利尔的老员工并仔细地听取了他们的意见和看法，得知是因为利尔的工资比老员工还要高一截，给老员工带来牢骚和反对的意见，高尔文立即给他们解释其中的原因：正是因为利尔的在无线电工程方面有更加专业的知识，自己才高薪聘用他，从而带动整个团队比、学、赶、超的竞争氛围。所以大家要同心协力，团结友爱。听高尔文这么一说，老员工们都不好意思地低下了头，表示以后肯定团结工作。

高尔文和他的员工交谈时，允许员工们畅所欲言。他知道他们的意见能起作用也能被重视，这说明他对待员工的方式是得当的。

有一次，高尔文到车间检查电线是否安全，正碰上车间主管对一名工人大声吼叫："我们公司怎能有你这样的人呢？照你这样干下去，你就等着走人吧！"高尔文很是反感，本想当面制止他，后来一想，要给他一个活生生的教训，于是一言不发地走开了。过了几天，他把这个主管叫到办公室，问道："这几天你手下的工人看起来有些心不在焉，发生了什么事吗？"车间主管一听，愣住了："没有的事。"

高尔文顺手拿出了这个星期的生产统计表，车间主管傻眼了，自己主管的车间产能竟排在最后，质量也是如此，他如坠云里雾中，说不出个所以然来。高尔文不紧不慢地问他是否记得本周曾当着众人的面指责一位工人的事。车间主管想不出这和生产效率有什么关系。

高尔文说："你没发现当时在场的人表情都很尴尬，而且惴惴不安吗？一旦有人想，下一个挨骂的人会不会是我，一种恐慌的气氛就形成了，每个人都觉得自身难保。如此一来，生产效率就会大打折扣。"

看着主管低下了头，高尔文语重心长地说："要知道，摩托罗拉一无所有，它所拥有的就是人的力量，作为车间的主管，你不仅不能在员工中制造恐怖气氛，反而要静下心来倾听员工的心事，解除他们的一切后顾之忧，这样他们才能全身心地投入工作。"

事实证明，不善于倾听的人很难成为好的领导者。误解、误会、谣言、猜疑等，这些都是不善于倾听可能导致的恶果。有些领导者对基层员工抱有偏见，总认为他们的话不值得关注和重视，与他们谈话都是敷衍了事，还没开始就盼着早点儿结束；许多领导者还有一个自以为是的毛病，自以为自己能猜测到别人想说什么，想表达什么。正因为如此，别人刚把话说了一半，他们就急着插话或打断对方，或者干脆妄加评论，替对方把话给说了，总是缺乏听别人把话说完的耐心。

有时，抱怨的职工天天带着新的投诉到你的办公室里来，这种下属可以耗尽你的耐心，让你无法认真倾听。有时这些下属只是想争得你的注意。在这种情况下，如果他们得到了足够的重视，他们就会停止投诉。如果这种投诉还在继续，则表明其确实需要倾听且认真解决。你可以采取下列方法加以处理。

1. 专心倾听

这通常是一个由下属发起的谈话，给予下属足够的重视，将会谈安排得尽量像私人对话一样。下属可能会立即向你提出许多问题。专心倾听，用你其他的感官去捕捉下属的身体语言，一定要了解下属的感觉和这种感觉的后果。一定要小心，不要生气或有敌意的反应。通过专心倾听和反应，你可以和下属很好地沟通。当下属感觉你在注意听，他就会感到放松，而且会表述得更清楚些。

2. 了解投诉的所有细节并做笔记

询问投诉事由的每一个细节、时间、地点、环境、其他在场的人等。一定要保证你获得解决这一情况所需的全部信息。

但要注意，不要在这一步骤中评价下属的投诉。通过专心倾听，你可以获得所有的细节，一定要作详细记录以备以后参考。这些记录对解决问题非常有好处。

3. 作出反应

说明你已了解了问题。重复每一个细节，在谈论问题的其他方面时对每一个细节都已掌握了。注意当下属不同意你的表述时，所作的语言或非语言的表示。如果你发现下属根本不同意你的表述，要立即澄清事实。努力倾听下属的话，这样可以维持或强化他们的自尊心。

4. 坦诚表明你的立场

记住，该说的都说了，该做的都做了，解决问题的责任都落在了你的身上。专心听使你易于理解下属在事件中的立场。但是，如你所知，每一个事件都有两个立场。只有你考虑到事件对整个组织的影响后，才能够处理这种投诉。要很诚恳地说明你的立场，说明你是就事论事，要针对投诉本身和它的影响，不要针对下属的个性发表意见。这样，就可以作出一种客观的反应，有技巧的反应会维持下属的自尊心。

5. 询问下属如何处理投诉

一定要让下属参与解决，你会获得他的承诺。如果问题很复杂的话，要和下属一起工作，以确定要采取的第一步，同时说明你解决问题的意图。

正确处理员工之间的矛盾冲突

领导者切不可对下属之间的矛盾冲突视而不见或充耳不闻，必须以认真的态度去预防、缓解和解决冲突，并引导他们向有利于组织目标的方向发展。

在一个组织中，人们为实现一定的组织目标，自然要产生与这一目标相适应的思想和行为。但千人千面，每个人的思想和行为又不是千篇一律的，各有各的思想方法，各有各的行为方式，因此，不可避免地会在某种程度上发生冲突。领导者的作用就是协调、处理这种冲突，及时、妥善地防止和消除冲突。

发生冲突是任何团队中不可避免的问题，其蕴涵着异议及分歧，是领导者经常面对的关键性问题。冲突可以有助于解决双方的对立，使相互关系达到高度的稳固和紧密。允许员工对其见解进行直接、迅速的表白，组织系统就能够不断地调整自己的结构。冲突之后，员工不满的根源可能就消除了，更有助于建立牢固的团体。因此，领导者在组织发生冲突之后，不要因忽视冲突的存在，而不予行动。要树立正确的观念及态度，平日多吸取有关冲突管理的知识与技巧，及时妥善地防止与消除冲突。

泰德是一家工厂的经理，他所领导的团队由8个人组成，其中包括生产经理、会计经理、销售经理、质量控制经理、工厂维修经理、工程设计经理和人事经理。这8个人在每周三下午召开一次两个半小时的会议，了解工作中出现的问题，制定生产经营决策；每个人抽出一个下午的时间，用于讨论工厂政策、预算、资本支出及其他较为重要的事务（出现紧急情况时可随时召开会议）。

在最近的一次会议上，首先由与会人员（包括泰德）逐个介绍了各自在本部门及其他环节上遇到的问题作为会议的内容。泰德把大家提出的问题逐项记录在黑板上，然后由大家共同讨论这些问题的轻重缓急，有些问题需要立即予以解决；有些问题可以暂缓一下，布置给一两个人具体负责，或是放在每月的周五例会上讨论。

随着讨论的进行，大家对维修部的问题越来越清楚了，其他几个部门纷纷对维修部的工作提出了批评，“我们根本不知道你们到底什么时候能来修理，即便我们提出维修请求，但如果不是亲眼看到你的员工，谁都不知道什么时候能解决问题”、“就算你们已经开始维修，也总是只干了一半就去忙别的事，结果反倒把我们这里弄得一团糟，然后再拖上三四天才有人收拾残局”。

随着大家的意见越来越多，工厂维修部的经理也开始极力地为自己辩护。无论是谁提出意见，他总能找到借口，要么是推卸责任，要么干脆把问题踢给提意见的人——比如，“你的确是提出了维修要求，但我们刚刚开始工作，你就改口了!”

在经过了几分钟的争执之后，工厂经理终于开口了：“乔，如果像你这样为自己开脱责任，我们根本就找不到解决问题的方法。我们坐在这里的目的可不是为了讨伐你，而是为了真正发现问题，只有这样，我们才有可能解决这些问题。我们只是在了解问题的症状，这就需要我们把问题放在明处，只有这样，才能找到关键性的问题。”

讨论继续进行着，工厂经理逐个向与会人员了解了他们在维修方面遇到的困难，并把这些问题写在黑板上，同时标出乔对其他部门的意见。大家开始把越来越多的精力用于讨论如何解决这些问题，彼此之间针锋相对的腔调也开始有所缓解。

从泰德召开的这次会议来看，其实质就是一个化解矛盾冲突的会议。会议所强调的是承担问题而不是掩盖问题。部属在领导者面前毫不隐讳，针对同事的问题、提出批评，轻而易举地从相互指责转化为共同致力于解决问题。既不否认分歧，又不鼓励人身攻击的领导者，就会促使同事之间精诚合作，相互帮助，在确定时限和工作重点的过程中共同出谋划策。该工厂的经理为我们展示了高超的处理下属之间矛盾的技巧。

上司在知道了引起矛盾冲突的主要原因后，为了有效地消除冲突，上司除了要因势利导，具体问题具体分析外，还必须要注意下述几点要求。

1. 不掺和是非

“掺和是非麻烦多”这句话对上司来说是一个真理，虽然这听起来有点明哲保身的味道，但为了预防万一，免得使自己陷入是非旋涡中纠缠不清，上司必须注意在解决矛盾时要置身事外。

例如，两个职员闹矛盾，其中一人向你诉苦，说对方凡事针对他，甚至攻击他。此时你要很有耐心地听他吐苦水，但最好只听不问，尤其是切莫查问事件的前因后果。因为你一旦成了知情者，就被认定是当然的“判官”了，这就大为不妙。也许对方只是找个“听众”说说，说出来他心里可能就畅快了，而一旦你掺和进去，就可能会使矛盾进一步扩大。

如果双方的争论是因为对公司不满来找你评理，你的立场就更困难了，但是如果此时你保持缄默也很不礼貌。不妨这样告诉他：“公司的制度正在不断改进，这次你觉得不公平，或许是新政策的过渡期，你不妨开诚布公谈一下。”如此轻轻带过才是上策，既不犯众怒，又维护了公司的利益。

2. 不“火上浇油”

当职员间产生矛盾、冲突后，如何才能妥善处理矛盾或冲突是很能显示你的办事水平的。你如果能处理好，使他们“化干戈为玉帛”，共同进步，不仅能让上司赞美你办事得力，对你留下好印象，还能让下属们认为你是一个好上司，树立你的上司威信，结果皆大欢喜。但如果处理不好，使他们矛盾激化，那你可就是吃力不讨好，“猪八戒照镜子——里外不是人”。

所以，当职员间出现摩擦时，你首先要保持冷静，不要急躁，否则你的情绪对矛盾双方将无异于火上浇油。此时，你不妨来个冷处理，不紧不慢之中给人以此事不在话下之感，人们会更相信你能公正处理。假如你自己先“一跳三丈高”，处理起来显然不太合适，效果也不会很好。

你可以采取这样一种巧妙的做法，即“单独接见法”。单独接见时，请他心平气和地把事情的经过讲述一遍，你不要插话，也不要指责谁对谁错，也许他们双方所说会很有出入，且都有道理，但你也不要去证明他们谁说得对，你只着重在淡化矛盾上下工夫就可以了。

当你经过调查已对谁是谁非心中有数时，也不要公开说谁是谁非，以免进一步影响两人的感情和形象。假如你公开站在一方，显然这方觉得有了支持，气焰大涨，而另一方则会觉得你偏袒对方。

你不妨这么说："事情我已经清楚了，双方完全没有必要吵得这么凶，事情过去了就不要再提了，关键是你们要从大局出发，以后不计前嫌，精诚合作。"相信经过几天的冷静，双方都会有所收敛，你这么一说，双方有了台阶下，互相认个错，也就一了百了。

如果他们双方之间的矛盾是由于私事造成的，你不妨说："我不想知道你们之间的那些事，但基于工作，我要求你们通力合作，不容许工作受私事的影响，希望你们清楚这一点。"

3. 不影响工作

有人会说如果同事之间闹矛盾而不影响工作，那简直是"天方夜谭"。是的，如果两个职员之间彼此不喜欢对方，双方之间经常发生口角，又怎么会不影响工作呢？但是，你可以采取一定的办法把影响降到最低。

比如，你可以教育他们让其把注意力更多地放在工作上而不是放在彼此的关系上。如果他们仅仅是因为相互不喜欢而发生矛盾，没有必要大惊小怪，因为这不一定预示着工作效率的降低。只要他们能以工作为重，意识到有正事要做，就算他们不喜欢对方，也只是既成事实，不会成为麻烦。如果引导他们在工作上暗自较劲，这就达到了理想的效果。

让下属体会到你的人情味

松下创始人松下幸之助说："最失败的领导者，就是那种让员工一见到他就没命似的逃开的领导者。"之所以会出现这种情况，其主要原因就是领导者总是以一副高高在上的姿态出现在员工面前，对员工指手画脚、大声呵斥、严厉指责，久而久之，领导者就和员工疏远开来，造成了不必要的紧张空气，员工在这种提心吊胆的氛围下工作，神经处于高度紧张的状态，随时都在担心被领导训斥，怎么能够创造性地开展工作呢？

成功的领导者，能够使员工时时刻刻感受到管理者的存在，感觉他们是为一个很有人情味的企业工作，管理者关心他们、并了解他们。不像有的企业，员工与公司之间只有冷冰冰的关系。

作为企业的管理者，要能够展示自已的亲和力，让员工和自己之间通畅无阻地交流，互相理解，紧密合作，这样才能够发挥团队最大的作用。

英国的“美体小铺”创始人安妮塔·罗迪克非常重视营造亲切和谐的工作氛围。有一次，安妮塔走进一家公司的直营店，对眼前的情景甚感不快，几位很年轻的女店员，竟穿着皱巴巴的没有熨烫的制服。

安妮塔忍住火气向其中的一个女孩说：“为什么你们上班要把自己弄得像做苦力的？要知道，店员的形象就是整个公司的形象。”

那个女孩转过身来，对着安妮塔迸出：“你以为我们都像你一样有洗衣机和熨衣台？”

安妮塔一时给呛得说不出话来。虽然她一贯反对员工把她当董事长毕恭毕敬、唯唯诺诺，但这样的语气还真难让人接受。好在安妮塔忍着没发作，默默地走进楼上的办公室。

事后，安妮塔冷静下来，想及此事，不仅失声笑起来：她提了一条多么好的合理化建议！安妮塔随即向每家连锁店发出告示：要求在员工更衣室配上洗衣机、熨斗和熨衣台。一个月后，安妮塔专程上这家店，向那个说话呛人的女孩表示祝贺：“感谢你为公司作了贡献！”

那个女孩一愣，丈二和尚摸不着头脑。安妮塔说出事情的前因后果。那个女孩感动地哭了，以内疚之情请求安妮塔原谅，然后，破涕为笑，像一只快活的小鸟。

自此以后，安妮塔更加意识到了这样一个真理：只有管理者对你的员工保持礼貌和客气，员工才会以礼貌和客气回应你。安妮塔也正是通过与员工的亲切沟通，发掘到更多促进企业发展的绝妙点子和主意。

企业的管理者，都希望下属能高高兴兴、自动自发地做事。而要做到这点，最重要的是管理者要在用人和被用人之间，建立双向的交流，即精神与精神、心与心的契合。也就是说，管理者命令员工去做事情时，不要以为只要下了命令，事情就能够完成。下达指示和命令是必要的，但同时必须仔细考虑，员工接受指示、命令时会有什么反应；员工在感情上是怎样接受自己的命令的。要尽量以商量的口吻向员工下达命令，使员工的自尊心得以满足，这样员工就会自动自发地去工作了。

松下幸之助认为，社会上有一种独裁性很强的人。这种人，具有各种经验，非常优秀，但他们想事情时，总是免不了命令式和单向的做法。一般来说，照他的命令去做，是没什么错，可是如果总这样做，就会让员工产生一些不满，令他们觉得受到了压抑，不能从心底产生共鸣，同时也会压制员工创新的积极性。

因此，对员工发布指示或命令时，要像这样发问："你的意见怎样？我是这样想的，你呢？"然后必须留意到，你的意见是否合乎他的意见，以及他是否彻底了解。不但要问，而且问的方式也必须使员工容易回答，这便是诀窍。尤其是在求才若渴之时，显得更为重要。

自从创立松下电器公司以来，松下幸之助始终是站在领导者的地位。但他也曾处在被他人领导的位置，所以能够觉察员工的心情。由于有过类似的体验，他在下命令或作指示时，都尽量采用商量的口气："我是这样想的，你认为呢？"因为采用了这种方式，也就更容易让员工接受，同时也拉近了管理者与员工之间的距离，让员工感受到管理者对他们的重视。

松下幸之助认为，如果采取商量的方式，员工就会把心中的想法讲出来，如果管理者认为"言之有理"，这时不妨说："我明白了，你说的很有道理，关于这一点，我们这样做好不好？"诸如此类，一面吸收员工的想法和建议，一面推进工作。这样员工会觉得，既然自己的意见被采用，自然就会把这件事当做自己的事，而认真去做。同时，因为他的热心，在成果上就会产生不同的效果，这样，企业会更加有活力，管理者的工作也会进展得非常顺利。

从领导艺术的层面展开批评

正确、有效的批评，既可采用语言批评的方式，也可以运用非语言行为方式，无论采取哪种方式，都要使受批评者懂得领导者批评的意思，心平气和地接受批评意见，并认真改正。这样能收到批评的效果，领导者批评的目的也就达到了。

批评是为了提醒和改变对方，而非树立对立面或引起对方反感。因此，领导者应尽量避免和减少批评产生的副作用，以达到理想的批评效果。

弄清事实是正确批评的基础。有些管理者一时激动就不分青红皂白对下属进行批评，而忽略了对客观事件本身进行全方位的调查。

一天晚上，当“赛百味”的老板德卢加走进一加餐厅后，发现柜台后面乱得一团糟。食品堆得到处都是。他对仅有的一名正在忙活的雇员暴跳如雷。“你给我马上收拾干净，”德卢加冲着那名雇员嚷道，并且在帮助他整理利落后严厉地说，“下不为例!”然后便离开了餐厅。

第二天，德卢加惊奇地发现这间餐厅创造了最短时间内三明治的销售纪录。他清楚了昨天之所以一团糟的原因，是因为餐厅内唯一的员工忙里忙外地为顾客服务造成的。德卢加终于弄清楚昨晚究竟发生了什么，由于客人太多，这名员工在他进门前一直技术娴熟地拼命工作着，没有时间整理那些食品，况且德卢加也没有给他解释的机会。

那天晚上，德卢加回到餐厅向那名雇员道歉。但那名雇员对此好像并不介意，只是说没关系。但德卢加的直觉告诉他这一切并没有结束，所以德卢加鼓励那名雇员把该说的话都说出来。“真的没事?”德卢加诚恳地问道。“我对所发生的一切深表遗憾。”

后来，那名员工承认他还在生德卢加的气，他之所以还在懊恼就是因为自己受到了莫大的委屈。几个小时过去了，他说当时他的火气还没有消!他要做些什么来发泄他的怨气。“你一走出餐厅，”他对德卢加说，

“我就去储藏间，把一加仑的食用油倒进了排水沟。”此时，德卢加懂得了受到委屈的员工是要以一定的方式发泄的。

虽然管理者可能自认为已经清楚地了解了事件的客观真相，但在批评时还是要认真地倾听下属对事件的解释。这样做有助于管理者了解下属是否已经清楚了自己的错误，也有利于管理者进行进一步的批评。有意思的是，下属往往会告诉管理者一些管理者可能并不清楚的真相。如果管理者没有办法证实这些问题，则应立即结束批评，再作进一步的调查、了解。

有可能下属所犯的错误令管理者非常生气，但管理者千万不要在批评时大发脾气。这样做的后果是管理者会在下属面前失去自己的威信，并且给下属造成对他有成见的感觉。

一般来说，批评还是要讲究艺术的。

1. 批评应适可而止

在下属认识到自己的错误后，管理者应该尽快结束批评。过多的批评会让下属感到厌烦。另外，管理者不应该经常将下属的某个错误挂在嘴边上，喋喋不休地反复唠叨。

如果在批评时，下属有抵触情绪，在批评后的几天之内，管理者应该找下属再谈谈心，消除下属可能产生的误解；如果批评后，下属还没有改正错误，要认真地分析他继续犯错的原因，而不应盲目地再次批评。

2. 对症下药

批评下属就好比是给病人看病，必须诊断准确、望闻问切、对症下药，才能药到病除。一般地说。那些平时一向表现不错，工作积极扎实的下属，由于种种原因，出了点小毛病、小错误，内心往往愧疚不已，这时领导者只要多跟他沟通，侧面地提醒，就可以使其认识错误，改正缺点。那些平时吊儿郎当、不拘小节的人，工作上出现了失误或犯了错误，往往不当一回事，对这样的人必须给予直接、严肃的批评，指出其错误的严重性和危害性，才能使其回心转意，改正错误。对外向且心胸开阔的人，可以公开批评；对内向且气量狭小的人，宜私下里批评教育。在与下属沟通的过程中，领导者必须了解下属的个性和气质，因人施教，方可收到良效。

3. 责人先责己

当某项工作完成不好或出现差错时，作为具体干这项工作的下属，固然有错误，应负主要责任，但处于指挥、管理和监督岗位的领导者，也有不可推卸的间接责任，这时如果领导者不首先担当责任，且一味地批评甚至训斥下属，下属就会产生不服的情绪。所以，在这种情况下，领导者在接触沟通时要先主动承担领导责任。进行自责，然后再指出下属的错误，并同下属一道分析原因，找出解决问题的良策。这样，下属既会知错即改，又会心服口服。

4. 先扬后抑

大凡有经验的领导在批评下属时，都会在批评之前对批评对象的优点和成绩进行表扬和肯定，然后再指出他的缺点和错误。这样，被批评者会觉得领导的批评是善意的，是为了帮助自己改正错误，对问题的分析也是中肯的、切合实际的，对自己的评价也是实事求是、客观公正的，不至于丧失信心，更不会埋怨领导，对领导耿耿于怀。所以，在批评下属之前，宜先来点表扬。当然，表扬也好、批评也好，都有赖于双方的接触沟通。

5. 不当众指责

人都爱面子，都不愿意受到他人的批评。领导者要尽量不当众批评下属，更不可以当众让下属下不了台。下属在一些地方出现失误或过错，如果不用公开批评也能提醒其过失，那么，最好假装不知，不要当场点出，以保全其面子，过后再与他沟通，恰当地提出批评。这样，下属会体会到领导对他的爱护和体贴；反之，下属会觉得领导者是有意和他过不去，是故意在众目睽睽之下给他难堪，影响他在公众面前的形象和声誉。这样，势必会使下属产生逆反心理，影响工作积极性。当然，下属犯了严重的错误，甚至是不可饶恕的错误，做领导的不但不能回避，还要当众批评，措辞也要严厉。

6. 从表扬开始渗透批评

正如总是先抹上肥皂泡，然后再刮胡子一样，批评只有被对方接受，方才有效。如果下级明知批评有理，却时时为了自己的面子而推脱或口是心非，为什么不再批评之前给他“抹上肥皂泡”呢？任何一个下级都不会只有错误而没有长处、成绩，那么何不先表扬后批评呢？这时，被批评者会觉得领导的批评是善意的，对问题的分析是全面的，而且不会产生委屈的感觉，更不会对领导产生抱怨或抵触的情绪。

7. 骂人不揭短，打人不打脸

作为领导者，当希望改变自己下级的时候，请不要忘记保全他的脸面，这也同样会给领导工作带来巨大收益，既达到批评目的，又不会招致任何怨恨。“人要脸，树要皮”，敏感的下属注重自己的名誉，对直截了当的批评深恶痛绝，如果领导者在谈话中能巧妙含蓄地提醒他们注意自己的错误，往往会取得意想不到的效果。

查尔斯·施瓦布是美国钢铁大王安德鲁·卡内基的助手，他去世后，卡内基亲自为他写了墓志铭：“这里安息着一位知道如何将那些比自己聪明的人团结在身边的人。”施瓦布是怎么做的呢？下面的例子也许会给领导者有益的启发。

查尔斯·施瓦布一天中午路过他的一个车间，发现工人在抽烟，而就在他们上方，挂着一块写着“禁止吸烟”字样的牌子，老板怎么教训他的伙计们呢？痛斥一顿吗？指着牌子说：“你们不识字吗？”不，都不是。老板深谙批评之道，他走到这些人眼前，递给每人一支雪茄，说：“年轻人，如果你们愿意到外边去吸烟，我将非常感谢。”胆战心惊的工人们心里有数，知道他们坏了规矩，但他什么也没有说、他们感到了自己的重要，保住了自己的面子，也因此而更加敬重自己的领导，这样的头儿谁会不喜欢呢？

第六课　稳扎稳打：不走弯路便是捷径

"事实胜于雄辩"。回应别人说你"不行"的最好方式，就是用事实证明你"行"。一个人在面对蔑视、诋毁和不理解时，一定要心态平和地检视自己，自视过高或把自己贬得一无是处，都是没有调整好自己心态的表现。

我们要不满足于现状，不断寻找机会提升自我，接受挑战，不畏艰难，不怕失败。不要理会别人的目光，而要靠自身的努力不断突破自己，不断进取。

沉得住气方能干大事

俗话说："心不慌，神不乱。"凡事只有稳住内心、不慌乱、不显露出来，才不会给对手可乘之机。而要做到沉得住气，首先就要有宽阔的胸怀和忍耐的智慧，其次要有一颗自信的心。当时机不成熟时，绝不贸然出手，而是静待时机来临再一举破敌，这样才能成就大事。

话说司马懿率领十几万魏军，直奔西城而来。当时，诸葛亮身边缺少了关羽、赵云等人，手下没有真正能够打仗的人。而此时也只有5000兵马，与魏军力量悬殊太大。士兵们听说司马懿亲率十几万大军蜂拥而来，大家都惊慌得不得了，马上禀报诸葛亮，希望军师会有什么对策。诸葛亮登上城楼一望，就见山脚司马懿浩浩荡荡的人马，当下吃惊不小。但诸葛亮毕竟胆识非凡，对众人说：大家不必惊慌，我略用计策，即可使司马老贼退兵。于是命几个百姓打开城门，打扫街道。诸葛亮则在城楼上抚琴而奏，琴韵之声不绝于耳。故事的结尾，大家也都知道了。

如果不是诸葛亮能做到遇事不慌乱，换做旁人坐镇，取西城对于司马懿来说就犹如探囊取物了。当然这只是个例子，却能表明遇事不慌乱而保持冷静心态的重要性。不光这种心态的重要性表现在战争上，在商战中也同样重要。

在世界胶卷市场上，柯达与富士的竞争十分激烈。富士起先对柯达的一举一动密切注意，最后一举争取到奥运会的赞助权，从而占尽先机。

柯达是美国的照相机及照相器材、设备的生产公司，胶卷的销售占该公司营销总额的65%。在长达20多年的时间里，柯达一直在日本销售着自己的胶卷，但是销售量却比世界上任何一个国家都低，其主要原因就是来自富士和樱花——占据日本市场绝大部分份额的两家公司的竞争。

为了改变这种状况。柯达公司在日本市场上投入了巨额的资金。在地毯式的广告轰炸和大幅降价等一系列措施的推动下，柯达终于打开了日本市场。富士面对对手这种强烈的攻击，并没有像其他公司那样也跟风降价，而是打起了在美国洛杉矶举办的奥运会的主意。富士公司决定不和柯达在日本市场“火拼”，而是想办法威胁柯达在美国本土的市场，打乱其阵脚，进而收复失地。

由于洛杉矶奥运会的组织者规定在同一行业内只能选一家企业做赞助厂家，富士公司认为这正是大挫柯达锐气的大好时机。

富士公司按兵不动，细心观察柯达在奥运赞助权上的态度。不久富士公司发现柯达太傲慢了，他们自信地认为，依仗柯达在全世界的信誉，洛杉矶奥运会专用胶卷赞助商非它莫属，甚至认为，凭着柯达旺盛的销路，花 400 万美元在奥运会上做广告有点不值。这正是富士公司想看到的，富士于是倾尽全力，力争得到奥运会赞助权。富士认为它的产品一旦成为奥运会的专用产品，就等于向全世界证明了富士公司的实力，从而威胁柯达在美国本土的市场份额。最后，富士公司终于以 700 万美元得到了赞助权。

一得到赞助权，富士公司马上倾全力生产印有“奥运会专有胶卷”字样的新胶卷几十万个，送往世界各地。富士还采取了一系列的措施，给人们留下了这样的印象；富士就在身边，富士的服务尽善尽美。

柯达闻讯后，不得不收缩日本市场，拨出远比 400 万赞助费多得多的 1000 万美元大做广告，开展声势浩大的宣传攻势，企图收复丢失的市场阵地。然而富士公司牢牢把握了主动权。一招“围魏救赵”不但使富士公司收回了丢失的日本市场，而且在全世界范围内树立起了富士品牌。

大部分人的性情都是比较急躁的，在遇到突发事件时，就沉不住气而心浮气躁，以至于使事情越来越糟，使自己损失惨重。因此，做人要想成就大事，就要学会忍耐、学会稳重，凡事都要先沉住气，再相机而动。

很多人能力非凡，但就像利刃可用于自卫也可用于杀人一样，能力是一个人有所作为的资本，但也可能成为遭受祸患的根源，关键在于拥有超凡能力并因此取得成功的人，如何看待和使用自己的能力。有些人不懂得利用别人的人和物，而只知道仗恃自己的能力，夸耀自己的才智，好凭自己的意图行事，这样，人们就会因恐惧而疏远你。

绝大多数人不一定生来就骄横，只是在依靠个人的能力取得骄人的功绩后，便目中无人起来。因能而功，因功而骄，因骄而败。没有几个人能走得出这个历史的怪圈。越是功劳大、能力强、地位高的人，越要注意修身养性，避免按照自己的主观意愿随意而为、狂傲自大，而要自己给自己头上套一个紧箍，告诫自己小心谨慎。

地位高的人一般需要在下述3个方面提高自己的自控能力。

1. 不要过于自夸

世界之大，无奇不有。社会上的人形形色色，林林总总，其表现也是千奇百怪，各种各样。人们最不喜欢的人中，有相当一部分就是喜欢在别人面前夸耀自己的人。

当一个人有一件或者多件值得称赞的事情被人发现之后，人们自然予以称颂；但若你自我夸耀地说出来，只会引来别人的反感和轻视。

爱自我夸耀的人，不会得到别人的认可。因为他自视清高，鄙视一切，不大理会别人的意见。这种人常常自以为最有本领，觉得干什么都没有别人比得上他，往往瞧不起别人，结果使自己成为孤家寡人。

常言道：“面子是别人给的，脸是自己丢的。”这话足以发人深省。

2. 不要锋芒太露

“锋芒”本意是刀剑的尖端，在此比喻显露出来的才干。一个领导者若无锋芒，那就是无能之辈，所以有锋芒是好事，是事业成功的基础，在适当的场合显露一下既有必要，也是应该的。但锋芒可以刺伤别人，也会刺伤自己，运用起来应当小心翼翼，平时应插在剑鞘里。所谓物极必反，过分外露自己的才华容易导致自己的失败。锋芒毕露既不容易达到事业成功的目的，又容易失去进一步晋升的机会。

有些人一旦认定自己将会升迁，会变得刚愎自用，一味要求下属服从，而不是引导他们。眼看生米要煮成熟饭，他们便锐气旺盛，锋芒毕露，处事则不留余地，有十分的才能与聪慧，就十二分地表现出来。

有一个单位的处长，听说自己被内定为局长的候选人，便对单位这也看不惯，那也看不惯，未到3天，他就给单位领导上了洋洋万言的意见书，上至单位领导的工作作风与方法，下至单位员工的福利，都一一列举了现存的弊端，提出了改进意见，显露自己的锋芒。但效果却适得其反，他被单位仍掌握实权的领导视为狂妄、骄傲，不但没有采纳他的意见，反而将他从候选人的名单中去掉了。

这位处长作为锋芒毕露的典型，表面看似正直坦率，实则在为人处世方面少了一些涵养。你提意见是可以的，显露才华也是可以的，但不要不知轻重，不分场合，真正有才能的人要善于掩饰自己的才干，这是成熟稳重的表现。

3. 不要意气用事

既然身为领导，手中就有权。用权凭自己的心情行事，这是不可取的，要用得分寸恰当，就要避免意气用事。

有的领导发现下属的过失、懈怠或者不服从，开始是缺乏冷静，特别是在对下属有某种成见时，更是怒气冲天。冲动之下，愤怒的感情闸门若大开，就会说出许多不该说，甚至责骂人的话。这就不是指责和批评了，不管你主观意愿多好，效果也是适得其反。盛怒之下发脾气不但降低了领导者的身份，也会使单位士气低落，终将于事无补。同时也会让下属觉得你过于盛气凌人，给人一种狂妄自大的感觉。

持重守静是抑制轻率浮躁的根本

浮躁就是种种炽热的感情惑乱了我们的心，蒙蔽了我们对事物的理智认识，从而忽视或排斥了理性而任由情感发泄。

秦牧在《画蛋·练功》文中讲道：“必须打好基础，才能建造房子，这道理很浅显。但好高骛远，贪抄捷径的心理，却常常妨碍人们去认识这最普遍的道理。”人一浮躁起来心里就长了草，而且是没有根基的草，被急功近利的风一吹，就跑掉了，结局只能是无果而终。

华人首富李嘉诚就是我们应该效仿的一个典范。他成就大业的一个宝贵经验中就有一个重要的原则：稳健工作，力戒浮躁。11岁那年，李嘉诚来到香港。到了14岁，由于父亲去世，他辍学打工。再后来，他舅父让他去自己的钟表公司上班，但是他没有答应，因为他要自己找工作。

从他年纪轻轻就不肯接受帮助而要自己闯这点上，就表现出了他自强独立和自信的性格。这种性格，将培养出他以后稳健前进的工作作风、不浮躁的工作态度。他先是想到银行寻找机会，因为他觉得银行一定有钱，因为银行是同钱打交道，它也不可能倒闭。但是银行的梦想没有成功，他当了一名茶馆里的堂倌。在当堂倌的时候，他就胸怀大志，从小事做起，一步步循序渐进。这些小事是这样的：他给自己安排课程，以自觉养成察言观色、见机行事的习惯。这些课程包括：时时处处揣测茶客的籍贯、年龄、职业、财富、性格，然后找机会验证；揣摩顾客的消费心理，既真诚待人，又投其所好，让顾客既高兴又付钱。

后来他又以收书方式读了很多书，并把看过的书再卖掉。就是这样，李嘉诚既掌握了知识，又没有浪费钱。一段时间后，他觉得在茶馆里没有前途，就进了舅父的钟表公司当学徒，他偷师学艺很快学到了钟表的装配及修理的有关技术。其后，他建议开钟表公司的舅父迅速占领中低档钟表市场。结果大获成功，因为香港对低档钟表的需求确实很大。

李嘉诚17岁时，辞别舅父，开始自己的创业道路。结果他屡遭失败，几次陷入困境。但这个时候，他仍然不浮躁，而是踏踏实实地一步步往前走。李嘉诚22岁时创立了长江塑胶厂。他之所以要创立这个厂，也是他稳健地思考观察的结果。他通过分析，预计全世界将会掀起一场塑料革命，而当时的香港，塑料是一片空白。这是一个机遇。可以说，他有审时度势的预见力。而这种预见力同样来自于他的稳健。

李嘉诚大量寻求塑料行业的动态信息。一天，他翻阅英文版《塑料杂志》，读到了一则简短的消息，那个消息说欧美人生活节奏加快，许多家庭主妇正在逐渐成为职业妇女，家务社会化的要求越来越强烈。他于是推想，欧美的家庭，都喜欢在室内外装饰花卉，但是快节奏使人们无暇种植娇贵的植物花卉。塑料花可以弥补这一不足。他由此判断，塑料花的市场将是很大的。因此，必须抢先占领这个市场。

于是李嘉诚以最快速度办妥赴意大利的旅游签证，前去考察塑料花的生产技术和销售前景。一条辉煌的道路由此展开。

正当李嘉诚全力拓展欧美市场的时候，一个重大的机会出现了，一位欧洲的大批发商看到了李嘉诚公司的产品样品后，前去与李嘉诚联系。这位批发商是因为李嘉诚公司的产品价格低于欧洲产品的价格而来找他的。但他通过一些渠道得知长江公司是资金私有制。为保险起见，他表示愿意和李嘉诚合作，但条件是他必须有实力雄厚的公司或个人进行担保。李嘉诚知道这位批发商的销售网遍及欧洲。而要占领主要的市场——西欧和北欧，如果能与他们取得联系，是十分有利的。可惜，他竭尽全力都没有找到担保人。但只要有一线希望，就要全力争取，这是他成功的一个法宝。他与设计师一道连夜赶出 9 款样品。批发商只准备订一种，李嘉诚则每种设计了 3 款。第二天他来到批发商的商店。批发商望着他因通宵未眠而红肿的眼睛，欣赏地笑了，答应了谈生意，在李嘉诚没有担保的情况下，签了第一份购销合同。按协议批发商提前交付货款，从而解决了长江公司扩大再生产的资金不足问题。

长江公司很快占领大量欧美市场。仅 1958 年一年，长江公司的纯利润就达到上百万港元。塑料花使长江实业迅速崛起。李嘉诚也成为世界"塑料花大王"。

看完李嘉诚的故事，我们会更加明确地知道，不论我们做任何事情，处在任何环境之中，都要保持沉稳冷静，表现得从容不迫。千万不可心浮气躁，急切慌乱。那样不但解决不了问题，反而会乱了方寸和章法。我们每一个人都应该拥有这样的品性，拥有顺其自然的心境，才能成就一生的事业。

心急吃不了热豆腐

“无欲速，欲速则不达。”意思是若是一心只想快，反而会到达不了。这就如同俗语所说的“心急吃不了热豆腐”。

现代企业的经营也是一样，不可一味急功近利。俗话说“罗马城不是一日建起来的”，企业的成功，需要付出艰苦的努力，绝不是三两日之内就可以达到的。在企业发展的道路上，时时都会面对许多诱惑，若经营者没有足够的耐力和毅力，急于求成，轻率行事，不但目标难以达到，而且还有可能前功尽弃，付出惨痛的代价。

成立于1994年的三株公司，注册资金仅为30万元，而到了1997年底，其净资产已高达48亿，而且资产负债率为零。这一速度是其他企业望尘莫及的，快得令人瞠目结舌，然而在1998年，“三株”这个保健品行业的龙头老大却悄无声息地倒下了。它匆匆地来，又匆匆地去，衰落之快也令人惊讶。

其实，冰冻三尺非一日之寒，在三株公司快速成长的同时，企业管理上已经存在着很多的隐患。从根本上来看，三株公司的成长速度超过极限，急剧扩张扩大了企业组织存在的缺陷，过度的市场投机心理、频繁的人员流动、过高的广告营销费用、感情化的投资决策、运动化的管理方式等，都使这个大厦轻轻一击就会倾倒。

欲速则不达，三株公司受不了一时利润的诱惑，盲目扩大生产规模，而留下种种病根，最后反而前功尽弃，走向失败。

而“世界船王”包玉刚的做法，恰恰与三株公司的做法相反。

海运业在人们心目中往往是风险极大的事业，因为一旦船只遇险往往招来的横祸就是破产。但包玉刚的慧眼在于他从这个风险行业中看到了“安全岛”，这就是贷款买船，然后出租。在37岁时，他到英国花70万美元买了一艘旧船，名为“金安号”。有了这只船，包玉刚创立了“环球航运公司”。当时他有两个经营方案：一是利用经济复苏时机，高租金短租期抓紧赚钱机会；二是长租期低押金。最后，既有银行知识又有谋略的包玉刚选择了后者，因为这样最安全，容易获得低息贷款。包玉刚的座右铭是：宁可少赚钱，也要少冒险。

从此以后，包玉刚开始坐收包括日本石油运输公司在内的各航运企业的租金，安全省心，何乐不为？尤其在苏伊士运河国有化涨价疑虑消除以后，国际海运租费大跌，航运界纷纷陷入危机，唯独只图小利的包玉刚占了大便宜，又买了7条大船。在中东石油危机期间，大家用油锐减，运油需求降低，船主都一筹莫展，唯独包氏船运照常很火，因为有长租合同，即使空船，客户也无可奈何。包玉刚的银行家风范，使航运界刮目相看。

包玉刚不为暂时的高利润所动，他一开始就坚持采取租金低、合同期长的稳定经营方针，避免投机性业务，这在航运业兴旺的当时，被很多人认为是“愚蠢之举”。

包玉刚“宁可少赚钱，也要少冒险”的经营哲学与行动准则，使他的企业没有大起大落。有人说：“包玉刚不管夏热冬凉，刮风下雨，都在每天早晨7时到海边游泳，而且是始终如一的蛙式慢游，毫不松懈，勇往直前。”这恐怕就是他稳健人生的写照。

近年为什么有那么多知名CEO选择在账目上铤而走险？无非是为了“保持”一个平稳发展的业绩。既然大家都看到了只有“长利”才是可持续发展的保证，又何必总是抱怨挣不到短期的“暴利”呢？

许多人急功近利、急于求成，总想一口吃个胖子，但大多时候都适得其反。做事情也好，做人也好，都要顺应时势，任何时候都要稳住自己的心神，不要急于求成。

慌乱只会自乱阵脚

常言道：心慌事乱。就是说遇到事情心里慌起来只会使事情更乱，会使局面失控。领导者在任何时候都必须稳住内心的情绪，克制自己的神情，才能稳住大局、事事顺利。

遇事镇定是一种良好的心理素质，是一种大家风范。中国历史上因淝水之战而闻名的谢安，有一个令人叹服的故事。在淝水大战决战的时刻，谢安不是坐卧不宁，而是若无其事地与人下棋。其间，他的侄子谢玄的捷报传到了，谢安看完信，默然无语，徐步走回棋盘前继续与人下棋。直到有人问他战局如何，他才平静地答道："小孩子们打了胜仗。"表情和平常一样。这便是一代名相的风度。

在竞争激烈的商业舞台上，企业经常陷入困难的境地，这时候就要求领导者要有沉着冷静的心态，顺应市场，随需而变，在公司内部发展一种独一无二的应变能力和建立保持最高水准的决心，才能在这个快速变化的时代获得持续不衰的竞争优势。

1918 年，中国第一个制碱企业——永利制碱公司在范旭东的努力下诞生了。经过多次的尝试，1920 年，永利制碱公司终于生产出优质的"红三角"牌纯碱，并很快行销海内外。

这时，作为"世界碱王"的英国卜内门公司可不舒服了，它像一头狮子一样，绝对不允许别人从自己嘴里夺食，更何况是黄皮肤黑头发的中国人。于是卜内门公司花巨资抢占世界各地市场，想把"红三角"扼杀在摇篮之中。范旭东冷静地分析了敌我双方的形势以后，深深感觉到不应和敌人硬碰硬，最后决定将"红三角"插向日本市场，以解国内市场之危.

当时日本的三菱和三井两大财团都想在商界执牛耳，相互间竞争非常激烈。三菱已有自己的碱厂，而三井却没有，只能依赖进口，而这正是范旭东希望看到的。于是他与三井协商，委托三井在日本以低于卜内门的价格代销永利产的红三角牌纯碱。占卜内门在日本销量10%的红三角纯碱宛如一支奇兵，通过三井财团遍布全日本的庞大销售网，向卜内门在日本的碱市场发起了猛烈的进攻。

卜内门为了保住日本市场，不得不随之降价。但由于卜内门在日本的销售量远远大于永利碱，因此这一降价使它元气大伤。结果卜内门首尾难顾，权衡利弊，发现保住日本市场远比在中国进攻永利重要得多。因此，卜内门通过在华经理李德利向永利表示，愿意停止在中国市场的碱价倾轧，希望永利在日本也相应停止行动。

范旭东趁机提出条件，规定永利在中国市场销售量为55%，卜内门则不得超过45%，并且要求卜内门今后在中国市场上的碱价如有变动，必须事先征得永利同意。李德利无奈作出了承诺。

昔日趾高气扬、不可一世的“世界碱王”，终于不得不在范旭东面前低下了头。

范旭东在英国卜内门公司的强势进攻面前，没有表现出丝毫的慌乱，而是通过冷静的分析，找出了卜内门公司的致命弱点，专进攻它的弱点，从而一举扭转了不利局面。以上的故事是一种比较典型的经商技巧和经营智慧，它能为我们的企业经营带来很多启发。

1. 细心之处皆商机

精明的范旭东之所以能够扳倒卜内门公司，最主要的是他并没有去与之短兵相接，造成两败俱伤。而是拾遗补缺，寻求出奇制胜之策。美国安盛顾问公司一直是咨询业界的一颗明星，它熟谙出奇制胜之道，安盛认为赚钱无章法，只要“随需而变”，安盛总裁曾很幽默地说：“也许你有一个好主意，但这是不够的，有了好主意，就要把它变成现实，这才是最重要的。”为此，领导者只有善于改变产品和服务一成不变的现象，讲求奇特、与众不同，才能树立起明确的个性化企业形象。事实证明，差异化产品和服务是商场制胜的法宝。

2. 延伸一步机会多

瑞士军刀从来都没有因为市场的变化而影响它的业绩，其管理者非常注重市场需求，透过不断开拓市场，延伸了产品的类别，扩大了消费族群。今天的瑞士军刀除了传统军刀产品之外，还积极开发了厨房用刀、裁缝用刀、办公室刀具等产品，具有大量的市场占有率，为企业的生存与发展拓展了广阔的空间。难怪业界评价瑞士军刀“石刀、木刀、塑胶刀，样样都有；餐刀、剪刀、办公刀，个个好用。”

3. 善于借势提高效率

20世纪50年代末期，当人类第一颗人造卫星发射升空的时候，全世界商业对现代通信技术还无人问津。而在20世纪70年代沃尔玛就率先使用了卫星通信系统。新世纪开始，沃尔玛又投资90亿美元实施“网际网络整合标准平台”的建立，整个集团的所有销售点、配送中心和经营的所有商品，每天发生的一切与经营有关的进出货、库存等详细资讯，都能够通过网络和通信卫星传送到资料中心。这为管理人员分析和决策提供了最快捷、翔实的依据。凭借着先进优势和科技实力，沃尔玛的市场遍及美国，走向全世界。沃尔玛的成功就是建立在利用科技整合传统物流的基础上的，这个值得借鉴的典范，再一次地告诉我们：永远没有饱和的市场，细心之处皆商机。

盲目只会自讨苦吃

一些小企业老板，坚信“船小好掉头”，认为这是比较灵活的经营方式，可以不断改变经营方式，根据市场需要，什么利润高就经营什么，并随时付诸行动。

有的企业看到A产品在市场上很火，便拼命想挤进去分得一杯羹；看到B产品受欢迎，又推倒灶台重新来过，总想抓住每一个似乎千载难逢的挣钱机会。结果盲目地参与进无谓的市场角逐，千军万马涌向一座独木桥，造成恶性竞争状态。像这样从未找到安身立命之地的企业过着有今天没明天的经营生活，命运也就可想而知了。

要知道，船小有船小的优势。但也有船小的劣势。比如，资金不雄厚，技术不先进，销售渠道不稳定等。大企业同小企业相比，则有着无可比拟的优势：设备、费用、投资、销售渠道是现成的；品牌已打入市场，已获得消费者认同；大批量生产，故成本也低，有价格优势等。

小企业在掉头之后，需要重新购买设备，重新培训技术人员和工人，自然会有较高的成本，产品售价也较高，也就失去了竞争优势。另外，开拓新的市场销售渠道也要花费大量人力、物力和财力，造成资金的浪费，使本就缺乏资金的小企业更加捉襟见肘。而且，不断掉头，会损坏企业的声誉：消费者和客户不知道你这种产品能生产、经营多久，担心质量和售后服务没有保障。

所以，对小企业来说，别人获利多的产品，你生产未必获利就多。小企业重在发挥自己的优势和特长，关键在于寻找一个准确的产品定位和经营方向，盲目轻信“船小好掉头”，轻易改变航向，只会迷失航线。

浙江某老板经营一小厂，生产儿童和老年服装两年，效益虽不算太好。但除了维持开支还略有积累。

一天，老板听广州回来的一位朋友说：深圳、广州已掀起旗袍热，估计这股风很快将吹到本市。该老板次日到街上转了一圈，果然发现不少商店都有旗袍上柜，并且生意兴隆。

老板回厂后，立即决定本厂“生产旗袍”，该厂倾其积累，外贷2万多元，购进一批中档丝质旗袍面料，随即组织全厂员工一齐上阵，突击生产中档旗袍，效率倒也挺高，不出7天，旗袍源源入库。

紧接着，老板组织营销人员全力出动促销，没想到其结果让老板大为失望。“老客户”们说，旗袍式样不行，质量也差了点，只能先把货放在这儿，销完了再把钱给你。“新朋友”则干脆说：“做工太差，价格又高，你还是自个儿摆个摊销去吧。”

老板四处碰壁而归，只好自己组织员工设摊叫卖。叫卖7天，只按成本价销出5套。而归还贷款期限在即，只好亏本甩卖还贷。没想到，在市内亏本甩货也难销，又亲自带人跑到邻近3个县市才算把旗袍销去九成，余下的分摊职工充抵工资，引起了许多职工的不满。

算账结果：积累亏个精光……

无独有偶，某地一民办电器厂，最初专为一家无线电厂生产收录机配件，企业倒也一帆风顺。后来老板见由自己提供配件的无线电厂获利颇丰，便觉得自己实在太亏了，于是决定自己单独生产收录机，但生产出来后，因技术不过关，牌子也不响，根本就销售不出去。不到一年，老板又"掉头"生产电饭锅和电风扇，效果依然不理想。就这样，办厂5年，"掉头"4次，来回折腾。结果，由于资金、设备和技术条件跟不上，不但未获分文利润，反而把原有的十几万元家当折腾一空，员工心灰意冷，老板追悔莫及。

他们留下的教训是惨痛的。所以，企业领导不要过于相信"船小好掉头"的说法，而应根据自己的资金、设备、原料、技术、交通、员工素质等具体情况，以及市场、消费者及相关企业的生产情况，经过一番仔细深入的调查研究之后，再来决定该上什么产品，该经营什么项目，盲动只会自讨苦吃。

船小经不起风浪，掉头需三思而行。因此，作为企业的领导者，千万不要这山望着那山高，踏踏实实地干好自己最擅长的工作的领导者最容易成功。

肆意炒作不要学

现在，打开电视，广告如轰炸机般狂轰滥炸；翻开报纸，长篇累牍或是中缝夹缝中都是一个相同的口号"买我的产品吧！"甚至进了电影院，你也逃不过广告的追踪轰炸，广告的花招也是层出不穷。随着广告的激增，消费者已经越来越烦了。这也就难怪当迪士尼公司宣布在其电影院放映电影前不得插放广告时，赢得了观众们的热烈掌声。

然而我们许多企业领导仍然头脑发热，"高烧不退"。他们笃信广告"炒作"是促使消费者采取购买行动的有力武器。只要透过广告进行强力空袭，就可以诱使消费者像被催眠似的乖乖掏钱。于是广告满地轰，广告的花招也是层出不穷。

当然，尝到“炒作”甜头的企业确实不少，而尝到“炒作”之苦的企业更深知单纯追求轰动效应的害处。实际上，善用广告进行“炒作”，追求轰动效应，是企业经营行为的一个特征。

从以往的“酒香不怕巷子深”，完全不懂或不屑利用广告等手段树立企业形象和品牌形象，到大部分企业都已意识到，也已经行动起来用市场营销观念宣传企业，宣传企业的产品，这无疑是观念上和经营手段上的一次质的飞跃。

然而“炒作”仅仅是手段，不是目的。许多企业却本末倒置，单纯依赖市场炒作。从巨人、沈阳飞龙、秦池等知名企业的兴衰经历中可以发现一个共同的轨迹，即成也“炒作”，败也“炒作”。

秦池酒厂地处山东沂蒙老区临朐县，是一家小型企业，20 世纪 80 年代初以来，白酒产量始终在万吨左右。但没过多长时间，秦池酒厂在周围地区酒厂的竞争中，销售额逐渐下降。1992 年几乎处于破产的边缘。

1993 年，王厂长、姬厂长走马上任。他们以老区人特有的韧劲埋头苦干，迅速占领了一些外地市场。使秦池扭亏为盈。

1995 年 11 月，秦池以 6666 万元巨资夺得中央电视台黄金时段广告标王，正所谓“三年不飞，一飞冲天；三年不鸣，一鸣惊人”。

秦池光芒照耀中国，威力所及，市场之门也随之而开。1996 年，秦池酒厂的销售收入、利税分别达到 95 亿元和 22 亿元，为 1995 年的 5 倍和 6 倍。这一年，秦池事业如日中天。

1996 年底，秦池在平静的中国商界投下一枚巨型炸弹——喊出 3.2 亿元的广告天价，力图蝉联中央电视台标王，一时间举国轰动，几乎每个人都在议论“秦池”。

然而，之后的一切都令人始料不及。由于秦池的预期市场没能成为现实市场，巨大的广告消费成为了企业沉重的负担。由于没有市场的支撑，产生大量的产品积压，又加上秦池不计后果的巨额肆意炒作，使得秦池在这种冒险的营销模式中筋疲力尽。

1998 年上半年，据秦池酒厂有关人士对外披露：全厂 20 多条生产线现在只开了四五条，与去年同期相比，1998年1~4月的销售收入减少了5000万元。1996年底到1997年初加大马力生产的白酒积压了200车皮，1997年全年只卖掉了一半，彻底陷入了亏损的境地。

秦池过分追求广告效应，将广告“标王”视同市场争雄的有力武器，3.2亿元的巨额资金本该用于促进企业结构调整，加快企业创新发展，却被挥霍在电视广告上，这不得不令人悲叹。此番教训可谓惨痛。

王厂长总结教训时说：“广告不是唯一的竞争手段，要在风云变幻的市场上长盛不衰，归根结底要靠产品质量、售后服务、价格、营销等多种因素。广告称王不等于市场称王，广告明星不等于市场明星。”

广告—市场—效益能否成为聚敛财富的三部曲？一夜之间筑起的空中楼阁能否经得起市场的考验？轰动效应产生的“知名度”能否给企业带来“美誉度”？“美誉度”的提高归根结底靠的是什么？

当企业热衷于搞“地毯式”广告轰炸，认为只要敢花钱就会有收获时，当企业热衷于靠特殊手段而一夜成名的时候，有没有认真思考这些问题？有没有考虑“轰动”之后，企业还需做些什么？

如果产品取得市场是靠宣传，而非性能、质量，如果企业所造的“名”与它的“实”反差太大，如果企业没有实实在在的营销策略，没有扎扎实实的内部管理机制，没有务实苦干的一个群体，特别是没有一个品质优良的好产品，而被图虚名的气氛所笼罩，企业想长盛不衰，无异于痴人说梦。

而追求轰动效应，热衷于市场“炒作”的另一个可能的后果就是原本实力就不强的企业，一夜之间树起多个强有力的竞争对手，使市场竞争白热化，使企业的生存空间骤然变化，使企业毫无准备地暴露在竞争对手面前，造成被动挨打的局面。

所以说，仅靠市场炒作，热衷于轰动效应，而没有扎实的基本功，最终只会是昙花一现。近几年，一批企业之所以能靠炒作取得轰动效应而迅速在市场上取胜，与我国消费者的盲从性有很大的关系。随着市场的日趋完善，消费者的日趋成熟，市场购买行为将会变得越来越理性。在理性市场上，只有那些排除浮躁心态，一心一意抓管理、抓产品的企业才有望取胜。

最重要的是放眼未来

作决策具有长远性、全局性、风险性的特征。作决策时，最重要的是放眼未来，为企业作出长远规划，使企业发展有后劲。如果只顾眼前利益，不为将来作打算，终将自酿苦酒、自吞苦果。

一家钢琴厂终于摆脱了亏损的困境。正当众人都投去赞许的目光时，却有许多消费者和一些商店络绎不绝地来厂里“讨债”，弄得厂领导疲于应付，这是怎么回事呢？原来，这都是5年前厂里作出的“还本销售”决策惹下的祸。

5年前，骤然刮起的“抢购风”将这家钢琴厂卷入了一场空前的大销售热潮，所有库存产品竟魔术般地一销而空，全厂上下加班加点，仍然满足不了催货的电报、电话和固守在招待所里的催货人。可是后来，市场就如小孩儿的脸转眼就变了，钢琴热销的势头很快降温。面对直线下降的销售额，面对仍在高速运转的生产线和库满为患的钢琴，厂领导大胆作出决定：还本销售。

于是，这家钢琴厂向社会宣布：所有钢琴实行5年还本销售——即消费者购买钢琴满5年后，可以从钢琴厂把买钢琴的钱拿回去，相当于买一送一。此举一出，众人纷纷奔走相告，抢购钢琴。不到4个月，这家钢琴厂库存的2000台钢琴销售一空。而愿意参与还本销售活动的商店和消费者仍然很多，钢琴厂又不顾后果地以同样的方式继续生产和销售了3000台，也就是说，5年后，钢琴厂要在一年的时间里偿还这笔上千万元的债务。这家钢琴厂错误的经营决策虽带来了钢琴在市场上短暂的繁荣，但同时给企业背上了沉重的包袱。

这笔巨大的债务由暗转明后，这家钢琴厂便再也无法安宁：几乎每天都有消费者登门索取本金；省内外几十家商场，也接连不断地去催要款项；更有许多消费者投诉到各地的“消费者协会”，甚至有的干脆告到法院。

像这家钢琴厂这样的企业，几千万元的销售额，即使利润达到10%，无论是投入生产获取利润，还是存入银行挣利息，都不可能在5年内赚回那几千万元钱。实际表明，这次事件给钢琴厂带来的经济损失大大超过了他们挣的。

万般无奈之下，钢琴厂发出“致用户的一封信”，表示自己无力兑现这笔巨大的还本金额，并提出两个解决方案：一是以公司生产的高档餐桌、餐椅等实物等值兑换；二是延期一年还本，并负责支付延长这一年的利息。两种方式由用户自由选择。但半年过去了，仍有几千名用户没有和厂方达成协议，企业越来越陷入难以自拔的境地。钢琴厂为自己的短视决策付出了沉重的代价，甚至葬送了企业的前途。

决策具有长远性、全局性的特征，对企业发展具有举足轻重的作用，这就要求企业领导者必须目光放远一点，充分考虑到未来可能面临的市场风险。如果只求暂时赚一些钱，但却埋下了未来灾难的祸根，岂不是自找苦吃?

在一个科学发达的社会里，各种资讯从四面八方如潮水般地涌来，各种各样的诱惑造成无法抗拒的冲击，但其中的假象、幻象也越来越多。有些企业领导者一时冲动，根据表面市场繁荣的假象，盲目扩大投资，增加生产，造成产品大量积压，浪费了有限的资源。

上述钢琴厂陷入困境的原因，追根究底是企业领导者片面地、主观地看待问题，导致决策失误所造成的。所以，只有在明确的判断下，审时度势地作出正确的决策，才能成为最后的成功者。

企业目光短浅的根本原因就在于企业没有一个长远的发展规划，只看到眼前的利益，看不到未来的发展变化以及企业在未来一段时间的应对措施和发展目标。

对于一个成功的企业领导者来说，他应该能够预见到的不仅仅是1年、5年，而是几十年的市场变化。

因此，为使企业发展，首先从企业发展初期就应该具有计划性，从事任何一项活动，都要制定周密的计划由远及近，然后按照计划目标扎扎实实地稳步发展；其次要有预见力，抓住公众需求、社会变化趋势，制定发展规划；最后要突出重点，长远发展规划不是面面俱到的信手拈来的臆想之作，而是在科学分析的基础上为企业明确未来的发展方向。

深藏不露，不暴露实力

管理者在管理中必要时要做到深藏不露，不向员工暴露自己的真实实力，千万不要把自己的看家本领都和盘托出，只有这样才可让员工永远捉摸不透，以维持自己的威望，让员工认为你有一种深不可测的畏惧感，从而产生强大的震慑力。

管理者有智而能自视为愚的，天下少有。在这点上，刘备就给后人做了典范。

东汉末年，曹操挟天子以令诸侯，势力颇大；刘备虽贵为皇叔，却势单力薄，因此为防曹操谋害，他不得亲自在住处后园种菜，以求自保。

一天，刘备正在浇菜，曹操派人相请，他只得胆战心惊地前往拜见。曹操不动声色地对刘备说："君在家做得大好事！"说者有意，而听者更有心，一句话就将刘备吓得面如土色。曹操随即又转口道："你学种菜，很不容易。"这才使刘备稍稍放下心来。

曹操接着说："刚才看见园内枝头上的梅子是青的，突然想起以前一件往事，今日见此梅，不可不赏，恰逢煮酒正熟，故邀你到小亭一会。"刘备听后心神方定，便随曹操来到小亭，只见亭中已经摆好了各种酒器，盘内放置了青梅，于是就煮起酒来了，曹刘二人对坐，开怀畅饮。

酒至半酣，天空突然阴云密布，大雨将至，曹操于是大谈龙的品行，又以当世英雄自比。曹操问刘备："你认为当世英雄都是谁？"刘备装做一副胸无大志的样子，随口说了几个人，皆被曹操否定。

曹操有意试探刘备，便说："夫英雄者，胸怀大志，腹有良谋，有包藏宇宙之机，吞吐天下之志者也"。

刘备问："那谁能当英雄呢？"

曹操则单刀直入地说："我看，只有我们二人配称当今天下英雄。"刘备闻言大惊失色，手中筷子也掉在地上，正巧此时突然大雨倾盆而至，雷声大作，刘备灵机一动，从容拾起筷子，谎称是因为害怕打雷，才掉了筷子。曹操见此才放心地说："大丈夫也怕雷吗？"

刘备回答："圣人对迅雷烈风也会失态，更何况我了？"经过这样一番掩饰，终于使曹操认为刘备不过是个胸无大志、胆小如鼠的庸人，不再疑忌他了。

试想，如果刘备不懂得深藏不露，而是在曹操面前夸夸其谈，大赞自己的话，曹操不把他杀了才怪！正是因为刘备的种菜，他的数英雄，故意装聋作哑，不夸张、显耀、自大，不把自己算进"英雄"之列，才让曹操放心，对其不加防范，才能有他日后的东山再起，三国鼎立。

有智而自以为愚，那么天下的智也就没有能超过它的了。

在现实生活中，也不乏这样一些有才能的管理者，管理者越是有能力就越应该深藏不露，更应该学会隐而不发，让员工捉摸不透你的虚实深浅，而不敢轻举妄动，若是管理者陷入狂妄的包围之中，则终不可救。

当然，适度地崭露锋芒也无疑是管理者立威的捷径，这样做确实更容易受到赏识。但是，凡事都要把握度，如果锋芒展露得太多、太早，就会使周围的人感到不自在，失去员工的支持。

成功的管理者不管何时都要学会掩其锋芒，深藏不露，而这也是一个强化自己学识、才能和修养的过程，有利于培养处理人际关系的能力与技巧，也是带领企业向前发展的必然。

戒骄戒躁，保持良好的心态

优秀的管理者要具备良好的心态，这直接关系到企业管理层乃至全体员工的工作结果，甚至影响到组织运行的效果。如果管理者缺乏良好的心态，就可能使原本能够做好的事做不好；使管理的复杂性、矛盾性所带来的乐趣演变成无尽的焦虑和痛苦。

在这个层面上来讲，管理者就要戒骄戒躁，这是一名管理者由幼稚变得成熟，由浮躁变得宁静，由浮华变得沉着，由痛苦变得愉悦，不断提升自己的一个必然过程，这也是你战胜自己的必然要求。

焦躁、浮躁的根源就在于盲目与无奈。往往人在身处顺境时，尤其在迈向成功时，心态就会发生巨变，其内心深处的浮躁难以抑制，一种不可一世的情绪会溢满他全身每一个毛孔，他们会认为自己是这个世界的王者，想做什么就能做什么，想怎么使唤别人就怎么使唤别人。但这种浮躁的心态一旦膨胀起来，后果往往不堪设想。

一个最典型的例子就是日本八佰伴集团前总裁和田一夫了。当八佰伴首次进入海外市场，公司的营业额达到100亿日元时，他变得自负起来。他在自己的自传《不死鸟》中写道，"在受到国际公司、大企业和旁人的表扬后，我不知不觉中变得骄傲起来。但毕竟我也是个凡人，也有受到表扬后变得轻飘飘的弱点。其实这是万万不行的，那种时候反而更需要谦虚。如果我能早些意识到这一点，尽早改革企业体制的话，也许结果不会像现在这样糟糕。现在我深切地体会到'如果没有付出就不会得到'这条黄金规律，它是容不得你有丝毫的骄傲自大的。"他在书中还深有体会地说道："我希望大家能够明白，日常生活中，谦虚是何等重要。"

而在困境中，急躁的情绪也会毁了管理者的心血，为了成功，管理者往往失去了耐心和理智，但其实，在管理实践中发生的任何问题不管性质多么复杂、艰难、危险，都不是不能解决的。管理者只要能摒弃急躁，踏踏实实静下心来，通常都可以圆满解决问题。但可惜的是，许多管理者的失败就在于没能做到这一点，而是让愤怒、焦躁取代了冷静，造成了难以挽回的后果。

人生难免遭遇挫折，管理难免碰到瓶颈，但如果你能再坚持一下，抛弃焦躁和浮躁的心态，一步一个脚印，充满耐心与信心地坚持下去，就一定能获得成功。所以，戒骄戒躁，保持工作中的良好情绪是每位管理者都应该做到的。

装憨卖傻，以静制动

管理者应该具备这样一种能力，不管遇到什么问题，都能够把困难放在自己的内心中沉淀过滤，该革除的，刀刀见血；该抛却的，不留丝毫痕迹；该放在一边的，就把它储存起来；该充分利用的，就坚决抓住时机，化难为易，变问题为机遇……

管理者要学会以静制动，通过静的过滤来形成凡事冷静，遇事不慌，多想少做的行为习惯。一方面要能在纷繁复杂的工作困难面前始终把握自己，另一方面又能在甜言蜜语的诱惑之下坚持冷静判断。总之8个字：装憨卖傻，以静制动。

管理过程中难免会出现心情烦躁不安的情况，这是很正常的。遇到这种情况，最重要的就是想方设法使自己平静下来，观察事态的发展变化，不要让情绪驾驭自己，而是要依靠自己的头脑、智慧、出色的洞察力来作出正确的判断。

一家外贸公司与美国某工业集团就一项贸易合同展开了谈判，美方仗着财大气粗，执意要将谈判地点定在美国，外贸公司的谈判代表李经理同意了这个请求。谈判一开始，美方就滔滔不绝地陈述起情况来。他们作为卖方主动报盘，气势凶猛，从上午8点开始，一直讲到中午12点，并配以数字图表、计算机显示、大屏幕投影仪等，不时还拿出一些深奥难懂的图像、数据，力图证明他们的报价是合理的。整整4个小时之后，美方代表挂着得意的微笑充满自信地看了李经理一眼，问他："我们就先介绍到这里吧，您认为怎么样?"

李经理在美方发言的过程一直静静坐在位子上，听到他们的问题，回答说："很遗憾，我们并不明白您的介绍。"

美方人员听了，暗自皱眉，问："请问有什么地方不明白？我可以为你们进行解释。"

李经理微笑着说："您刚才介绍的绝大多数地方我都不明白。"

"什么?"美方代表一下子像泄了气的皮球，沮丧地直捶脑袋，"怎么会这样?"他看了一眼墙上的时钟，已经快一点了，只能有气无力地说："恐怕没有时间让我再讲一遍了，我们下午再重新开始吧。"可想而知，经过这次打击，美方已经没有了上午的嚣张气焰，李经理以静制动，装憨卖傻，为自己赢得了谈判的主动。

管理者要和各种各样的对手打交道，如果一开始就表现得过于精明，企图从一开始就迫使对手处于被动地位，接受你开出的条件是不现实的。倒不如以静制动，先看看对方打得什么主意再说。当你掌握了对方的底牌，再从容发动进攻。这样，往往可以收到事半功倍的效果。

第七课　行使权力：让下属口服心服

领导者当然可以借由他在组织中的“法定地位”行使权力。换句话说，他可以利用他的职权依法指挥、命令、支配下属，只要被领导者认识到领导者有“权”要求，并且服从其要求，影响力就产生了。我们特别要注意的是，当我们运用法定权力行使影响力时，应避免让追随者有受到操纵、控制或威胁的感觉，别让他们觉得好像在廉价拍卖自己的灵魂、肉体和自尊。最好的方法是学习做一个建设型取向，而非操纵型取向的领导者。这样的领导者才能让下属心服口服。

领导者不能总是当“老好人”

有些领导者从来不对员工进行责罚。员工工作做不好，他宁可自己去做，也不愿意指出他们的不足；员工犯了错误，他睁一只眼闭一只眼，装作没有看见；员工顶撞、拒不执行上级的指示，他急得直打转，也不说一个字；等等。之所以如此，主要有以下几个原因。

第一，领导者缺乏能力，或者是业务技能不过硬，自己心里发虚，不敢理直气壮地提出批评，怕员工有意见。因此，只要极力迁就，甚至不惜逢迎、恭维他们，失掉了一个领导者的身份。

第二，怕得罪人。这种人的性格比较软弱，怕员工不服气，顶撞自己，下不了台；怕被责罚者有成见，对自己不利。他们的真实思想是“多栽花，少栽刺”、“工作好坏是公家的，有了意见是自己的”，所以不求有功，但求相安无事、息事宁人。

第三，有人出于好心，怕伤害员工的自尊心，因此对员工只是哄着。这种领导者属于“老奶奶”型，和蔼可亲、婆婆妈妈，虽然能和员工“和平共处”，但在员工内心缺乏足够的威信。这种作风往往助长了某些错误行为的泛滥。

第四，有些领导者是非不分，对员工工作的好坏心中无数。员工的行为已发展到危害集体、影响企业目标完成的程度，他仍视而不见，听而不闻，更不采取积极措施加以处理。也有人对员工偏听偏信，对他们的错误不能及时发现纠正。

领导者不懂责罚的意义与作用，只一味地宽容忍让员工，其工作绩效无疑是问题成堆的。具体可以表现为以下几个方面。

第一，员工的缺点错误得不到及时制止和纠正，有缺点错误的人还自以为是，有恃无恐，继续坚持和发展下去。

第二，大家对一些歪风邪气看不下去，有意见，但因无能为力而产生压抑感，积极性受到挫伤。

第三，员工对领导者不仅不感激、尊重，反而对他的软弱无力、姑息迁就产生轻视心理，领导者的威信越来越低。

第四，由于领导者无力，纪律松弛，大家的积极性不高，所以工作效率很低；各行其是，互不团结，甚至违法乱纪的现象时有发生。

从上述情况可以看出，作为一个领导者，如果不能恰如其分地运用责罚的手段来纠正员工的错误，便是没有尽到领导者的责任。从领导的职能来看，不敢责罚员工的人，其实是没有当领导者的资格的。从个人能力来说，身为领导者，必须具有自信和勇气，具备发现、纠正员工的错误并使之能够积极向上的能力。只有具备这样素质的人，才能带领员工取得工作的高效率和高质量，从而保证达到组织的目标。

当你的员工犯了错误时，你必须执行某种形式的惩罚。当你必须用到惩罚时，切不可心慈手软、手下留情、犹豫不决。否则的话，拖得越久，对你自己和应该受到惩罚的员工来说，日子更难过，也越容易使其他员工认为你的惩罚不公平。

美国著名的巴顿将军曾劝告别人：对犯错误者应该立即责备。他的部下每逢犯错误时，他会立即让他知道自己犯了错误。他曾说过这样的话："虽然在战斗训练中我不能杀人，但是我会让那些犯了错误的人因我发怒而情愿死去！"

畅销书《一分钟经理人》中就有这样的建议："要在错误发生后立即加以责备，你要明白地指出他们错在哪里，用坚定的口气告诉他们，你觉得他们错了。"

当然，惩罚的目的是为了防止未来再次发生同类型事件。因此，在实施惩罚的过程中，应谨记防止未来发生同类型事件的主要因素，通常在惩罚时要附带某种形式的纠正行为。不管你要作任何惩罚，都要记住两点：

原则问题不可模糊；纠错是为了发展，而不是为了泄愤。

制定明确的、切实可行的规则

俗话说："没有规矩，不成方圆"。没有完善的规则，或不善于运用规则，顾此失彼，工作必然无法展开。所以，领导者要让员工清楚地知道怎么做会受奖，或者怎么做会受罚。如果领导者能正确制订出大家共同遵守和依据的工作准则，不仅保证了成员们行动的正确规范，而且还有利于调动和发挥人的积极性。

订立详细、明确的工作规范来约束员工，对每个企业都是必要的。领导者可以对各个岗位作详细的描述，使每个员工都清楚自己的工作内容，向谁汇报、有什么权利、承担什么责任。当然，这种限制不应过于严格，但一定要有。建立合理的规范，员工就会在其规定的范围内行事。

所有了解日本著名企业7-11公司的人，都有个深刻的印象，那就是7-11对员工的行为进行规范化的管理，而且形成了制度化、书面化的流程。例如，对于所有店员的活动，7-11制订了每天的工作计划表，员工能清楚地知道自己在什么时候、应当做什么事情。甚至在这个表中还有"空闲时间做其他事"、"下班后到车站周围走走看看"、"把东西放回原来的地方"、"空闲时间不要窃窃私语"等各种指示。

在7-11工作计划表中，横轴是以小时为单位划分的24小时时段，纵轴填写的是各店员的名字。每个店员的工作计划用直方圆的形式在表中表现出来：直方圆的起点和终点分别表示工作的起始时间和结束时间，工作的内容填写在直方圆的中央。其中，工作专案有清扫、订货、检验商品、商品上架、检查商品鲜度、商品陈列、检查温度、报纸杂志退货（在7-11的进货体制中，只有报纸和杂志是可以退货的）、补充消耗品、货币兑换、制定销售日报等。

除了利用计划表来规范员工的行为外，7-11对每项任务还进行了更为细化的要求。清扫是 7–11 的管理者对员工最细微的要求。公司规定，各店铺的店员每天清扫工作的内容有：店内地板的清扫、厕所的清扫、影印机的擦拭、招牌的擦拭、柜台周围的清扫、垃圾袋的更换、垃圾箱的清扫、食品柜台的清洗、店内设备的擦拭、公用电话的擦拭等，每项一天必须进行数次。

7–11 不仅对清扫的内容有规定，而且对员工在各项清扫活动用什么样的工具、用什么样的洗涤品、以什么方式清扫的顺序都规定得非常详细。例如对店内地板的清扫，7–11 规定：必须先用拖把、再用抹布和清洗上光机清扫。清扫的时间在任务计划表上标明，一般上午 11 点用拖把清扫，然后用湿抹布擦拭。此后，下午 2:30 分，5 点、9 点、11 点、凌晨 2 点、早上 6 点，一昼夜共拖 7 次地。其中要用浸湿的抹布擦拭 4 次，每天用清洗上光机清扫 2 次，一次是下午 2:30 分，另一次是凌晨 2:30 分，而且用机器清扫后，必须用拖把再拖一次。当然，这个计划不是固定的，如果碰到雨天或下雪天，清扫的次数会更频繁。

之所以用如此详细的工作规范来约束员工，其根本的原因在于，公司认为：员工绝不能仅仅从事单一的商品贩卖活动，而需胜任各种店铺管理活动。这就如同一个人，如果只有头、手或身体的某一部位在经常运动，而其他部位不活动，那么他就不是一个健全的人。7–11 在用人时非常看重一个人观察事物，及时处理各种问题的能力。在招募临时员工时，公司非常注意观察应聘者是否能看到地板上的小垃圾，并伸手把垃圾捡起来丢进垃圾桶。对 7–11 来讲，这不仅仅是一个主动捡垃圾的小问题，而是看这个人是否有及时发现问题、解决问题的能力。如果一个人没有这种意识和习惯，日复一日，积少成多，到后来小问题可能酿成大问题，那时再解决可能已经为时太晚，或者投入的精力、花费的成本都比当初大得多，而且很多问题往往积重难返。

在这种理念的指导下，7–11 不仅通过工作计划表来规范员工的行为，而且还非常重视事后检查与评估。为此，7–11 制订了工作检查表，表中列出了所有的工作项目，每个人对照各项目的要求检查自己的执行情况。这种检查一般以每半个月、一个月、二个月、三个月为单位进行。公司根据各项工作的执行情况，再制订出下一个时间单位的工作计划或具体指导方案。

7-11在对员工的行为规范中，还有一项行为规范，即结算时的待客行为。结算时的待客行为也有一个检查表，该检查表中规定：顾客结算时，必须高喊“欢迎您”；面对顾客时，同事之间不能窃窃私语；面对认识的顾客不能随意聊天；要清楚地告诉每件商品的名称、价格，同时结账，确认顾客预交款，在未完全算完账前，不能把预交款放进收银机；在顾客购买便当或食品时，要问一句“需要加热吗？”；必须给顾客发票；顾客等待时，一定要说“让您久等了”；只有一个人结账，而有很多顾客等待结账时，要向同事高喊“请为顾客结账”；当很多顾客在另一处等待结账时，要说“请到这边结账”；加热后的商品必须手持交给顾客，以保证商品是温的。

对顾客的寒暄用语也是员工行为规范的重要内容。7-11规定店员用的寒暄用语一般有5种标准形式，除了“欢迎您”和“非常感谢”外，还有“是，知道了”、“请稍稍等一会儿”、“非常抱歉”等3句。

在7-11的员工规范中，还有一项支配、规范员工言行的经营理念，这就是人心增值论。该理念认为，世上的东西大多用的时间越长，其价值就越小，对员工的运用也是如此；唯有一种东西的价值不会因时间流逝而减少，反而能增值、历久弥坚，这就是“人心”。所以，7-11有一套培养、维系顾客人心的经营体系。

在日本东京一家7-11店铺中有一个锦囊，当店员面对顾客的提问不知如何回答时，他会说“请稍稍等一会儿”，然后马上请教其他同事。如果几个同事聚在一起，仍不知道如何回答时，就得请教这个锦囊，锦囊里有应答的所有办法。锦囊里会说：“不准向顾客说‘我不知道’。”而应该回答：“您稍微等一会儿，我去查一查。”如果当时顾客急着走，应当说：“明天路过本店时，我们将查到的结果告诉您。”或者说：“我们马上去查，请将您的联系方法告诉我们行吗？”在接顾客留下的联系方法时，锦囊里还会说如果顾客是年轻女性必须是男性店员去接，如此等等。

显然，只要员工完全按照这个锦囊去做，就会“得到”无数颗诚挚的心。7-11 的人心增值论里还规定，如果碰到行人问路，店员绝对不能说“不知道”，而应该手持地图亲自到店外，为行人指明道路。此外，遇到老年人进店，要帮助老人拿东西；下雪天，进来小孩，要提醒“小心摔倒”……这些都是 7-11 人心增值的内容。

7-11 对员工的规范有具体的条文和实施细则，因此它能够得以有效执行。如果一个规章制度过于抽象、笼统，那么，它将难以执行。一些企业的制度无法落实的教训之一，正是因为许多制度是包罗万象的抽象性规定，尽管内容丰富，覆盖面广，精神主旨正确，但一接触许多具体问题时，则难以对号入座。例如，有的企业管理部门规定上班时间“要严肃”，这就过于抽象，不容易具体实施。例如规定“几不准”问题，只原则规定不准做什么是远远不够的，这种制度即使有人违背了，也不能及时严肃追究。如此，必须明确规定由谁来监督执行，违反了制度由谁去惩处，以及处理的具体程序。

员工的行为规范设计得好坏，是关系到你能否有效管理员工的重要前提。只有让规则“有法可依”，才能成为刺激下属工作热情的法宝。不要吝惜你精心设计制度的时间，要知道，一套完美的规章制度所带来的好处，要远远高于你用这段时间做其他事的收益。

授权让你更轻松

一个企业的领导，他的主要任务是作好决策，把握好做什么、目标、哪里做、何时做、谁来做，想办法找正确的人做正确的事，激励下属去做，而不是代替下属去做。

领导者就如同一个坐在帐篷里运筹谋划的元帅或将军，而下属则好比是上阵冲杀的士兵，领导者替下属做事好比统帅跑出军营跨上战马披起盔甲代替士兵去上阵冲杀。

在很多组织里面，常常有这种领导者：他们事必躬亲，大包大揽，属于“将军”的事他干了，属于“士兵”的事他也干了，吃苦受累，任劳任怨，但结果居然听不到下属的一句好话，而尽是不绝于耳的指责与埋怨。

对这种领导者，可以用一句话概括：吃力不讨好！

吃力不讨好也就罢了，更严重的是，这种事必躬亲的领导者的所作所为，对组织却是有害无利。因为他们的大包大揽，下属索性站在旁边什么也不干，助长了懒惰之风，使生产和工作效率大大降低；并且，一个人包打天下，顾此失彼，一个不小心就会使组织陷入旋涡，无法自拔！

这种类型的领导者十分可悲，因为他们什么也没有得到，相反竭尽全力，日理万机，但万没想到却害了自己的单位！同时也十分可怜，因为谁也不会同情他的处境。

一个高效率的领导者应该把精力集中到最重要的工作中去，次要的工作甚至可以完全不做。人的精力有限，只有集中精力，才可能真正有所作为，才可能出有价值的成果，所以不应被次要问题分散精力。他必须尽量放权，以腾出时间去做真正应该做的工作，即组织工作和设想未来。

领导者要通过别人来进行工作，即使领导者自己可以更好、更快地完成工作，但问题在于你不可能亲自去做每一件事情。如果你想使工作更有成效，就必须向下属授权。

领导者最主要的任务是去展望未来——而这种事情往往是不能授权给别人的。他的任务不是去忙于监督那些日常工作，更不是亲自去做那些琐碎的事情。放权的重要性或许就在于，必须集中精力去思考那些只能由自己去做的事情！就像国家领导只考虑重大的宏观问题一样，领导者只思考企业的大问题和未来的方向，并提出必须优先考虑的事项，制订并坚持标准。

一名领导者，不可能控制一切；你协助寻找答案，但本身并不提供一切答案；你参与解决问题，但不要求以自己为中心；你运用权力，但不掌握一切；你负起责任，但并不以盯人方式来管理下属。你必须使下属觉得跟你一样有责任关注事情的进展。把管理当做责任而不是地位和特权才是领导者能够进行真正的、有效授权的基本保证。

那些事必躬亲的领导者往往会有这样的想法：他们应当主动深入到工

作当中去而不应当坐等问题的发生；或者他们应当向下属表示出自己不是一个爱摆架子或者高高在上的领导。这些想法确实值得肯定，但如果你什么事都亲力亲为，就会让你付出很大的代价。

如果你有着事必躬亲的倾向，那么下面几点建议应该对你有所帮助。

1. 学会置身事外

实际上，有些事务并不需要你的参与。比如，下属们完全有能力找出有效的办法来完成任务，那用不着领导者来指手画脚。也许你确实是出于好意，但是下属们可能不会领情。更有甚者，他们会觉得你对他们不信任，至少他们会觉得你的管理方法存在很大问题。当出现这种情况时，你应当学会如何置身事外。这里有一个小小的窍门：在你决定对某项事务有行动之前，你可以先问自己两个问题“如果我再等等情况会怎样”以及“我是否掌握了采取行动所需要的全部情况”。如果你觉得插手这项事务的时机还不成熟或者目前还没有必要由自己来亲自作出决定，那么你应该选择沉默。在大多数情况下，事情也许根本不用你费心，你的下属们就会主动地弥补缺漏。通过这样缜密的考虑，你会发现也许有时你的行动是不必要的，甚至会使情况变得更糟。

2. 恰当地授权

当组织发展到一定阶段，随着事务的日益增多，领导者已经无法亲自处理所有的问题，这就需要授权。从某种意义上说，授权是管理最核心的问题，也是简单管理的要义。因为管理的实质就是通过其他人去完成任务。授权意味着领导者可以从繁杂的事务中解脱出来，将精力集中在决策、经营发展等重大问题上来。通过授权，你可以把下属管理得很好，让下属独立去完成某些任务，也有助于他们成长。

3. 弄清楚哪些事情你不必亲自去做

既然明白了事必躬亲的弊端，那么下一步你必须明确授权的范围，也就是说究竟哪些事务你不必亲自去做。根据组织的实际情况，授权的范围肯定会有所不同。但这其中还是有一些规律性的东西。在授权时，下面几个因素值得考虑。

⑴ 责任或决策的重要性。

一般说来，一项责任或者决策越重要，其利害得失对于团队或整个企业的影响越大。领导者要综合考虑各方面的因素，在是否授权下属时作出选择。

⑵ 任务的复杂性。

任务越复杂，领导者本人就越难以获得充分的信息作出有效的决策。如果复杂的任务对专业知识的要求很高，那么，与此项工作有关的决策应该授权给掌握必要技术知识的人来做。

⑶ 组织文化。

如果组织里有这样的传统或者说背景，即领导层对下属十分信任，那么就可能出现较高层度的授权。如果上级不相信下属的能力，则授权就会变得十分勉强。

⑷ 下属的能力或才干。

这可以说是最重要的一个因素。授权要求下属具备一定的技术和能力。如果下属缺乏某项工作的必要能力，则领导者在授权时就要慎重。

曾有一名伟大的将军，他的成功有很大一部分来自有效的分工带来的“简单管理”。“我对很多方面都放任不管。”这就给了他的部下很大的自由空间去决策。每一个领导者都应该深刻地领悟到此言的含义：授权予下属，不仅可以使你从繁忙的工作当中解脱出来，更可以增强下属工作的积极性。这一箭双雕的事，领导者没有理由不去做。

不要对完成任务的方法提出要求

充分的授权使每一个成员都感觉到自己能够独立判断，对自己的工作负责任，而绝不是任人指使。因此，领导者在下放权力的同时，领导者也要注意，对具体参与完成这项任务的员工不要过多地进行干预。这样，员工才能把自己的潜能充分地发挥出来，同时又感激企业的大胆任用，无不尽自己最大的努力自觉效忠于企业。

甲骨文公司给所有层次的员工以必要的自主权，让他们对自己的岗位承担责任。许多人都要等到35岁甚至40岁左右，才有足够的权责去影响公司的总营业收入，但甲骨文公司一位原整合部经理，在22岁时就拥有这种影响力了。她形容说，刚进入甲骨文公司的前半年，简直好像“处在毫无头绪的一团乱麻里”，所有的事情都需要自己去做，没有人来指挥自己，但若出了问题，也只有自己负责，也必须负责。但是等她适应了环境之后，就能够控制整个局面了，她需要去决策：如何掌握客户，进行产品发表，以及管理研发人员；还有怎样建立起和她有关的各种事务的流程。公司希望她做的不只是生产出一些产品而已，而是能够建立起一套更快速的运行机制。

在一年不到的时间里，她物色了一位贴心助手，并在新产品团队建立的过程中扮演起领导者的角色。甲骨文公司不会偏袒保护任何人，公司只为她准备一个可以施展才干的空间，在这个空间里，要设计、建立良好运行机制的方法，要在一无所有中建立起有序，所有这些，都需要员工自己去创造，需要他们自己对自己负责。

这种发挥员工创造性思维能力的法则需要有个前提，就是员工需要有很高的智商和强烈的进取心。另外要有负责任的经理确保员工不要有越权的行为。在这种基础上，甲骨文公司给员工上进的空间。

一个典型、大胆向员工授予自主权的例子是1986年的某一天，营销总监走进了两位年轻的营销员的房间说：“我们要做一本杂志，还要成立一个‘用户联合会’，你们两个要做哪个?”随后，两个人作出了决定。后来，用户联合会已经有了好几万个会员了，每年还办世界性的年会，而杂志的发行量也高达十几万份。

甲骨文公司的新员工从当基层员工的第一天起，就不用总是对着上司报告自己的工作、看领导者的眼色行事；反之，他们拥有很高的自主性，然而他们必须对自己的工作负责。对公司来说，尽管基层员工有很高的自主权，但他的经理的权力还是比他高，这样在必要的时候，他们还可以通过各种流程来改变工作进程，从而保证整个工作过程的一体化。

甲骨文公司的工作环境里，流程是放在个人表现之后的，也就是说，公司给予个人完成任务所需的自由空间。有一位研发人员是在甲骨文公司股票公开发行后进来的，并加入了工具事业部。当时他们只有3个人负责建立SQL.Forms。在大约6个月不到的时间里，这个小团队就变成了6个人，而这位研发员就成了里面最资深的员工了。这让所有进入甲骨文公司的员工都印象深刻，相信可以依照自己的想法去创新，而完全没有上层的干扰。

一位甲骨文公司的资深研发副总表示，有想法的员工就会懂得授权的正反两面意义。这位副总一旦决定要任用一个人，就会告诉他“在甲骨文公司绝对可以说‘不’”。

与大多数公司的做法相反，甲骨文公司喜欢聘用毫无工作经验或工作经验很少的员工。他们之所以这样做，是因为新人虽然什么都不懂，但是比较好造就，他们不会把一些先入为主的观念带进工作中。新的甲骨文员工很少有人会说什么任务是不可能完成的，因为他们根本就没有什么经验来看事情到底可不可能。因此，他们会以创造性的态度面对工作中所遇到的问题，然后会找到天才的答案。

有时候，这种授权是因为机构的不断变动。甲骨文公司在每年大学毕业生进来时会进行一年一度的组织调整，常常有一些新进员工，在4月份才刚就任的职位，到7月份就被调整没了。一位相关的产品经理这样说道：“我开始工作的那一天，就接到通知说，当时聘我进来要做的那个职位已经没有了，我吓了一跳。不过马上他们又接着说，有8个其他的职位让我选择，可以很有效地建立自己的地位。我感到很兴奋，因为知道在公司有更多的机会，而且使我有选择的自由。”

放手让员工以自己的方法去解决问题，不但能充分发挥员工的创造性，还能让员工有一种被重视的感觉。作为领导者，你可以参考以下要点。

1. 领导者必须充分信任员工有这种能力

虽然理论是伟大的，实际的执行却是令人难以置信的困难。把决策权推给前线的员工，需要在信任度上有一个大的飞跃。作为领导者，以前都是由自己来作出决定，现在要由员工来做决策了，所以，领导者必须充分地信任员工有这种能力。

2. 让员工对他们的决策负责任

承担责任是指对某一项决策负责，是对于决策的结果给予答复，是指在作出抉择之前就已经估计到所有可能出现的风险，是指在决策前要确保有效的咨询和决策后有清晰的交流，当出现失利时，要爽爽快快地接受，并承认作出了不好的决策。

3. 领导者应该让员工明确要达成什么，而不是就如何达成目标负责任

有太多的领导者总是插手干预，告诉员工在工作中应该怎么做，这恰恰扼杀了员工的责任感，导致在以后的工作中不愿负责任。让人们负责任是要清晰地理解应该达成什么目标，然后放手让他们去做，去达到目标，并且要为结果负责。

每一项授权都应当有限制

授权必须把握可控原则。不具可控性的授权，就不是真正意义上的授权，而是领导者弃权。

授权就像放风筝，既要放，又要有牵线。光牵不放，飞不起来；光放不牵，风筝或飞不起来，或飞上天失控，并最终会栽在地上。只有顺风依势或牵或放，放牵得当，才能放得高、放得持久。风筝线的韧性足够好，才可能将风筝随时收回，否则，不是放出去了收不回来，就是收回来了又不敢放出去，则放风筝的乐趣全无。所以，领导者在下放权力的过程中一定要有一条可靠的风筝线，这条线就是足够的控制力，不要超过了自己力所能及的控制范围，使授权与合理监控结合起来。

如何做到既充分授权又不失去控制呢？下面几点颇为重要。

1. 牢牢把握不可下放的权力

有些权力是领导者必须牢牢把握的，切不可下放，否则，只会让自己处于不利地位。

(1) 人事任免权。

特别是对直接下属和关键岗位的人事任免权，领导者必须保留。而且人事方面的决定（评估、晋升或者开除）通常来说，是很敏感的，而且往往难以作决定。

(2) 关系协调权。

领导者必须保留对直接下属之间相互关系的协调权。协调下属之间的关系是非常重要的，也是其他下属所不能替代的。

(3) 机密的事务。

分析你公司里工作的分类和薪级范围，这些看上去似乎很花时间，这似乎是首先可授权的工作。但由于牵涉到很多的利益，所以应该是领导者自己去做，不适合授权。

(4) 培养直接下属。

作为一名领导者，培养你的直接下属不仅有利于你的工作的展开，而且也是你的职责。你的下属应该在他们的成长和发展过程中得到你的帮助，他们依赖你的经验、你的判断来辨别对他们有帮助的工作。这不是你该授权的工作，虽然你可以从他人那里得到一些帮助，但这是你的职责。

(5) 危机问题。

危机总会不可避免地产生，假如发生危机，领导者应该亲自坐镇，制订应对方案，很多事情都应该亲力亲为，这不是你该授权的时刻。当处于危机的时候，要保证自己在现场起一个领头的作用。这样有利于稳定人心，避免事态进一步恶化，为解决问题赢得宝贵的时间。

2. 评价授权风险

每次授权前，领导者都应评价它的风险。如果可能产生的弊害大大超过可能带来的收益，那就不宜授权。如果可能产生的问题是由于领导者本身原因所致，则应主动校正自己的行为。当然，领导者不应一味追求平稳保险，一般来说，任何一项授权的潜在收益和潜在风险并存，且成正比例，风险越大，收益也越大。

3. 进行命令追踪

有些领导者在授权之后，常常忘记自己发出的指令，而对于已发出的命令进行追踪是确保命令顺利执行的最有效方法之一。

(1) 命令追踪的方式有两种。

第一种，领导者在发布授权指令后的一定时期，亲自观察命令执行的状况；

第二种，领导者在发布授权指令的同时与下属商定，命令下达后，下属应当定期呈报命令执行状况的说明。

(2) 在进行命令追踪时，领导者必须明确追踪的目的。

①控制命令是否按照原定的计划执行；

②考虑有无足以妨碍命令贯彻的意外情况出现；

③考核下属执行命令的效率；

④反思、检讨本人下达命令的技巧，以便下次改变下达命令的方式。

(3) 基于追踪的目的，高明的领导者在命令追踪中要把命令集中于几点。

①下属所履行任务的质与量；

②工作进度和工作态度；

③命令是否是合适的，有无必要对命令本身作出修正，或下达新命令取而代之；

④下属是否确切了解命令的含义，并按命令的内容完成任务。

4. 监督进度

授权使领导者的控制发生了微妙的变化：因为授权，领导者对工作及局面的控制实际上是退后了，这反而使控制在授权中的地位得以凸显，而且必须使自己的控制技巧更加高明，才不至于使工作陷入失控状态；同时，因为授权，领导者得以从具体、琐碎的事务性工作中腾出时间来，其中的一部分将被用来命令追踪和监督委派出去的工作，这几乎成为领导者对这些工作负责的唯一有效的形式。

一个优秀的领导者会根据授权，对自己的控制技术作细致的挑选和改造，以适应授权这种特殊的管理形式。照搬一般性的而非授权中的控制技术，往往适得其反。

授权中的技术包含：

①监督工作进展，尽量避免干涉下属的具体工作；

②以适当的方式提出意见和提醒；

③确认绩效，兑现奖惩。对于出色的工作要给予充分的鼓励，对于不足的工作提出意见。精神推动如果结合物质利益，效果会更好。

5. 尽量减少反向授权

下属将自己应该完成的工作交给领导者去做，叫做反向授权。发生反向授权的原因一般是：下属不愿冒风险，怕挨批评，缺乏信心，或者由于领导者本身“来者不拒”。除去特殊情况，领导者不能允许反向授权。解决反向授权的最好办法是在同下属谈工作时，让其把困难想得多一些，细一些，必要时，领导者可以帮助下属提出解决问题的方案。

6. 审查并改进授权的技巧

尽管有些企业的领导者也实行了授权，但是，由于没有正确掌握授权方法，没有按照授权的基本程序去授权（或是未能选择授权对象；或是忽视必要的追踪检查等），因此，效果并不佳。

可见，实行有效的授权，掌握正确的方法也是必要的。不掌握正确的方法，而想要取得好的效果，是绝对不可能的。因此，领导者需要不断学习授权技巧，并在授权的过程中注意审查和改进自己的授权技巧，不断提高自己的授权能力。

权力是一把“双刃剑”。用得好，则披荆斩棘无所不能；用得不好，则伤人害己还误事。成功的领导者不仅应是授权高手，更应该是控权高手。无数事实证明，领导者超脱一切，任何事情都不闻不问就能轻松自如地驾驭员工、把工作做好是不可能的。正确的做法是：在保证合理监控和牵制的前提下，将不必由自己掌握的权力交给下属，这样才算是真正领悟了授权的实质。

让员工以主人翁的心态对待每一件事

以主人自视，人们就会认真负责，积极热忱。做企业的主人翁，这对员工的想法有着巨大的影响，激发他们带着强烈的责任心去思考每一件事。愿意付出更多的时间与精力把每一件事做到完美，而这正是领导者求之不得的。

美国得克萨斯州有一位名为保罗·盖蒂的“石油大王”。有一次，保罗·盖蒂以高薪聘请一位叫乔治·米勒的人监管洛杉矶郊外的一些油田。乔治·米勒是美国著名的优秀管理人才，对石油行业很内行，而且勤奋、诚实，管理企业也不逊色。所以，保罗·盖蒂以十分优厚的待遇把他聘请进来。

为了考察乔治·米勒的真正本领，保罗·盖蒂在乔治·米勒到任一个星期后到洛杉矶郊外油田去视察，结果发现那里的面貌没有多大变化，不少浪费现象及管理不善现象仍然存在，如员工冗余和机器闲置、工作进度慢等。另外，他还了解到乔治·米勒下工地的时间很少，整天待在办公室里。因此这个油田的费用居高不下的问题还是没有得到解决，企业的利润也无法提高。针对这些状况，保罗·盖蒂对乔治·米勒提出了改进的要求。

过了一个月，保罗·盖蒂又突然到那里去检查，结果发现改进还是不大，因此有点生气，很想对乔治·米勒训斥一顿。但思考后冷静下来，他相信乔治·米勒是很能干的，但为什么到职后没有多大建树呢？不妨找他谈谈。

保罗·盖蒂在乔治·米勒办公室坐下，虽然他没有板着面孔说话，但言语间透出严厉。他说：“我每次来这里的时间不长，但总发现这里有许多地方可以减少浪费，提高产量和增加利润，而您整天在这里竟然没有发现。”

乔治·米勒虽然没有不高兴的表情但也不隐瞒他的看法。他说：“盖蒂先生，因为那是您的油田。油田上的一切都跟您有切身的关系，那是您眼光锐利，看得出一切问题。”

乔治·米勒的回答让保罗·盖蒂大为震动，他几天都在想着乔治·米勒这番话。他想，人的行为动机、动力和利益是密切相关的，利益连接着动机。动机与利益一致就会产生动力。据此，保罗·盖蒂决定做一次大胆的尝试。他再次找到乔治·米勒商谈，见面后直截了当地说：“我打算把这片油田交给你。从今天起我不付给你薪水，而付给你油田利润的百分比。这正如你所明白的，油田越有效率，利润当然越高，那么你的收入也越多。你看这个做法怎么样?”

乔治·米勒考虑了一下，觉得保罗·盖蒂的这一做法确实能激发下属的积极性，对自己虽然是个压力和挑战，但也是一个展示自己才干和谋求发展的机会，于是欣然接受了。

从那天起，洛杉矶郊外油田的面貌一天天地改观了。由于油田的盈亏与乔治·米勒的收入有切身的关系，他对一切运作都精打细算，对员工严加管理，他把多余的员工解雇了，让闲置的机械工具发挥最大的效用，把整个油田的作业进行紧密的安排和调整，减少了人力和物力的浪费。他自己也改进了工作态度，几乎每天都到工地检查和督促工作，改变过去坐在办公室看报表的管理方法。

两个月后，保罗·盖蒂又去洛杉矶郊外的油田视察。这回他高兴极了，因为已看不到浪费的现象了，而且产量和利润都得到了大幅度增长。这次尝试，乔治·米勒从中得到潜能的发挥和收入的增加，而保罗·盖蒂的收入更是呈几何级数增加。

集权绝对不是专横跋扈

监控，从一定意义上，是指领导者将一定的权力上收，是一种集权的表现，这是科学授权的一种重要保证。但凡事都有两面，如果权力控制走上了极端，便又变成了专权。在现代社会，这极易引起下属的反感，甚至会将整个事情引向极不理想的方面。

所以，领导者要掌握集权和放权的良好运用：集权过分，下属会认为你不近人情，缺乏理解，从而产生逆反心理，不愿干出成绩；过分放任，会使人觉得你软弱，缺乏应有的威慑力，从而对你的命令或指示置若罔闻。所以，作为领导者一定要掌握好原则问题。

1. 民主原则

民主原则，就是指领导者在控权的过程中，要走群众路线，听取员工的看法，实现民主决策。民主原则是领导者在工作中处理与员工关系应遵循的基本原则。领导者与员工最基本的关系，是管理和服从的关系。

领导者要遵循民主原则，首先要有民主意识。贯彻民主原则的基础和前提是民主意识，较好的民主意识对领导者遵循民主原则发挥着重要的指导作用。

领导者要遵循民主原则，就要有平等意识。领导者在行使权力过程中，应该把员工视为朋友，以平等的姿态对待，不摆架子、不打官腔，充分尊重员工的权利，在领导者与员工之间建立一种互相了解，互相帮助的新型的关系，把员工对自己的服从性和自觉性结合起来。

2. 依法原则

依法原则，就是指领导者要在法律、制度、政策规定的范围之内，正确地运用权力。

领导者注重法制，就是要在自己的权限范围内，严格依照法律和制度来进行管理。任何管理都是对一个群体的管理。管理就需要法，若离开了法，单位本身也就难以存在，群体就难免解体。一个群体只有在一定的规则之内行动，才能保证单位的完整性、稳定性、正常性、和谐性。

既然法是一个系统存在和发展的保证、正常运转的规则，那么作为掌握一定权力的领导者，在行使权力中，首先就要注重法制建设，做到“有法可依”、“有章可循”。在遵循国家的法律、政策的同时，对本单位需要规范的问题用明文规定出来，明确允许怎么做，不允许怎么做，作为规章制度，用以约束下属，也作为处理和解决问题的一个重要依据。

遵循依法原则，还要求领导者要依法用权。领导者职位有高低，权力有大小，但无论职位多高，权有多大，都必须受法律的约束，都必须在法律、制度、政策规定范围之内行使权力。

3. 廉洁原则

廉洁原则，就是指领导者在运用权力时，要奉公守法，廉洁自律，不以权谋私，运用权力更好地为员工和企业服务。

权力是为了完成各种不同职能而被赋予的，它是完成工作任务的工具。凡是掌握一定权力的领导者都有圆满、认真完成本职工作的职责。从这个意义上说，没有无责任的权力，也没有无权力的责任。责任与权力是相伴而生的。

坚持廉洁原则，不以权谋私，不是一个深奥的理论问题，而是一个实践问题，贵在行动、贵在自觉。评价一个领导者是否廉洁，不是看他定了多少条措施，作过多少次申明，而是看他在行使权力中做得如何。一个领导者只有排除个人主义、私心杂念，不打自己的“小算盘”，才能坚持廉洁原则。

坚持廉洁原则，就要加强思想道德修养。领导者的思想道德状况制约着权力的使用。领导者集权时，其思想和行为都应遵循道德规范和准则，这就是职业道德。

不讲原则的集权，都是滥权。这一点，每一个领导者都应铭记于心。

使能干的下属有所畏惧

一般来说，如果领导者手下拥有特别出色、能干的下属是很幸运的，因为这类下属能让企业获得非凡的效益；但同时，他们又是很难对付的人。这样的下属，善于思考，在工作中很有主见，敢于发表不同的意见；上司有过错，敢于直言相劝；受到不公正对待，敢于据理力争；自觉、聪明、能干，容易骄傲自满；平时刚直不阿，尽管有颗耿耿忠心，但话往往说得不那么好听，所有这些都可能成为难于应付的因素。但这种人是组织中最宝贵的财富，要管理好这一类型的下属，首先你就要想法让他对你产生敬畏之心。

刘备三顾茅庐，请诸葛亮辅佐自己，并对他恩待有加，常在众人面前称自己得到了诸葛亮犹如鱼得到了水。然而刘备手下的两员大将关羽和张飞对诸葛亮极为不服，认为诸葛亮年纪太轻，没有才能。诸葛亮也早已看出来了，但因为二人是取天下不可缺少的得力干将，也不好对其惩处。

一天，曹操派夏侯惇率领 10 万人马直奔刘备的驻地新野杀来。得到消息后，张飞对关羽说："这 10 万大军就留给诸葛亮对付去吧！"当刘备向二人问迎敌之计时，张飞又说："哥哥怎么不让'水'去？"诸葛亮深知自己现在还不能让这两个人心服口服，便向刘备要来了权力的象征——宝剑和帅印。

诸葛亮下达命令后，关、张二人果然不服，关羽说："我们都有任务了，你干什么去？"诸葛亮说："我留在城中镇守。"张飞大笑："我们都去拼命打仗，你却只在家里坐着，好自在啊！"诸葛亮拿出宝剑和帅印，说："胆敢违抗者，斩！"关、张二人这才心生畏惧，虽然非常不服，但也只得领命而去。

其后，诸葛亮火烧新野，令夏侯惇的 10 万大军惨败而归，立下了初出茅庐的第一功。关、张二人从此对诸葛亮的态度改变了很多。

作为一名领导者，当你的能力还未被下属认可的时候，想管理好那些能力出众、自信超强的员工，你就有必要像诸葛亮一样以威慑人，有几种"手段"可供参考使用：一是争取充分的授权。二是令出必行，禁出必止。三是镇住关键人物，博得业务骨干的支持。四是谋定而后动，动则一定成功。

能干的下属并不好管，管好了，可能让你的工作轻松顺利；管不好，你连饭碗都难保。对待这样的"非常员工"，你只有动脑子，使用一些非常手段来令他们产生畏惧之心，才能收到令人满意的效果。

火烧新野之后，关张二人虽然对诸葛亮的态度有了根本的转变，但关羽有勇有谋、心高气傲，还是没有把诸葛亮当做自己的上司。诸葛亮也知道这一点，于是又施展计谋，终于彻底收服了关羽。

建安十三年（208年），曹操在基本平定北方后率军南下，旨在消灭刘备，并吞江南。刘备与孙权联兵抗曹，与曹兵相遇于赤壁。

曹军初战不利，将大军撤回长江北岸驻扎，并将战船用铁链连起来。经过充分准备，孙、刘联军决定采用火攻击退曹军。诸葛亮在召开军事会议时说："此次我孙刘联军用火攻突袭曹营，曹军必定大败……最后，曹操必定从华容道逃走。所以，这里必须派一位最勇猛的大将镇守。"说罢，诸葛亮便将张飞、赵云等战将一一分派，唯独对身边的关羽置之不理。

关羽忍耐不住，就高声叱问："我关云长历次征战，从不落后，这次大战，却不用我，这是为什么？"诸葛亮说："关将军莫怪，我本想派你把守一个最重要的关口，但一想并不合适。"关羽很不高兴地问道："有什么不合适的呢？"诸葛亮说："想当初，您身居曹营，曹操对您多方关照。这次曹操惨败后必从华容道逃走，若您去把守，怕会念及旧情放他走吧？"关羽看了一眼刘备说："军师未免多心了，我已经替曹操斩颜良、诛文丑、解白马之围，早已报答了曹操。若再遇曹操，绝不放行。"诸葛亮仍以言相激，关羽最终立下了军令状。

众将皆不解，议论纷纷，有的说："干吗对关将军这样，大家都没有立军令状嘛。"有的说："既然怕关将军放了曹操，换个将军不就是了。"也有的说："关羽杀了曹操会落个不义之名，若不杀曹操回来后则当受军法处置。这样很不好呀，军师今天这是怎么了？"

果然不出诸葛亮所料，曹操在赤壁之战中大败，仓皇出逃，一路上又遭到张飞、赵云的伏击，最后只剩27骑，狼狈不堪地来到华容道。突然，一声炮响，关羽横刀立马挡住了去路。曹操吓得浑身瘫软，不住地跪地乞求饶命，并且提起当年厚爱关羽之事，其随从也一个个跪地乞求。关羽乃一代英雄，终于念及当初曹操对他的关照，起了恻隐之心，放走了曹操。

其实，诸葛亮深知，曹操是中原群龙之首，若杀之，北方便会四分五裂继续战乱，东吴便会乘机向北发展，一旦时机成熟，定会掉过头来吞并自已。若不杀曹操，其主力已在赤壁之战中被消灭，一时无力南侵，还能牵制孙吴。这样，则可乘机占领荆州，进军巴蜀，正符合三国鼎立的设想。所以，曹操是不能杀的。

那么，谁守华容道呢？张飞坦率急躁，捉到曹操后是不会放走的；赵云忠贞不贰，捉到曹操后是不敢放走的。唯独关羽，乃当代英雄，不但义重如山，还曾受曹操厚恩，捉到曹操后一定会释放。何况，在当时，军营之中最难驾驭的就是关羽了，如果激他立下军令状，尽管最后肯定斩不了关羽（关羽是刘备二弟，关系特殊，人缘又好），那至少也能起到两个作用：一是给刘备一个大面子，以后自己的日子会好过得多；二来也抓了关羽一个小辫子，日后驾驭起来也就轻松多了。

后人每谈及此事，都赞扬说："诸葛亮智绝，关羽义绝。"诸葛亮的"激关羽捉放曹"完全达到了预期的目的，实在是高屋建瓴，精妙绝伦之策，不愧为中华民族贤相的典范，杰出智慧的化身。

善于控制情绪，顾及下属情感

许多优秀的领导者个性都十分鲜明，其中有一些甚至脾气暴躁，但他们同样可以成为团队的领军人物，这主要得益于他们善于控制自己的情绪，自律能力极强。"只有那些能够指挥自己的人才能指挥别人"，领导者应该将这句话牢牢记在心底。

有时候员工难以接受你的批评意见，并非因为你说的道理有什么不对，问题可能就出在你的情绪和态度上，使员工产生你在吹毛求疵或者发泄不满的感觉。

其实，每个人都要面子，而且，人与人之间的面子是互相留、互相给的。下属也是人，也有自尊，如果你不给他留面子，就算他当时不和你争辩，在以后的工作中也可能不给你面子。

要知道，每个人在不同的场合，总有自己所扮演的角色。在公司里，必须扮演符合自己职位的角色；在家中，则必须扮演家庭中的角色。所以，管人者应当切记，不要在客人或第三者面前指责下属。也就是要给下属留面子，这一点对于建立彼此间的信赖关系乃是不可缺少的条件。

人如果没有了自尊，那便无药可救了。没有自尊的人有两种情况：一种是自己失去的，一种是让人给伤的。对前一种人，管理者可做的努力或许很少，但后一种情况，当管理者的却要千万注意。不少人的自尊心恰恰是让管理者给伤的。

管理者必须明白，自尊心是应该受到保护的，不伤害人的自尊心，不仅是尊重其人格，而且对搞好企业大有好处，人有了自尊心，才会求上进，有上进心才会努力为企业努力工作。明智的领导者懂得保护下属的自尊心，还要想方设法加强下属的自尊心。比如，注重礼貌，让他们充分体会到自己作为一个人与上级在人格上是平等的；或使用适当的褒奖，让他们有荣誉感，等等。自尊心受到伤害的下属必然记住伤害他的人，对之产生反感、厌憎乃至仇恨。如果这个人是他的领导的话，他要么积极地谋划调离本单位，要么便采取“不合作态度”。凡是你说的话、你作的指示，他都不会尽心尽力、心甘情愿地去办。这样，不仅不能把工作搞好，你的面子也会受到不同程度的损伤。

有人同时指出，对于今天该指责的事项引用过去的事例是不适当的，只有当过去的例子可以作为追究事理原因方面的资料时，才可以把它拿出来。如果牵扯到人的问题、感情的问题，那么，别人就会产生这样的心理：“都已经过去的事情了，现在还抓住不放，真太过分了！在这种领导手下工作，只怕是一辈子也不会有翻身之日。”揭人疮疤，除了让人勾起一段不愉快的回忆外，于事无补。这不仅会叫被揭疮疤的人寒心，旁边的人一定也不大舒服。因为疮疤人人会有，只是大小不同，见到同事被揭破的疮疤，只要不是幸灾乐祸的人，都会有“兔死狐悲，物伤其类”的感觉的。

面对下属错误时，给予批评时也应顾及下属情感，不可伤害到下属的自尊心。因此，上司在批评时要力争做到心平气和、冷静处理。

1. 控制情绪，慎用语言

对于上司来说，控制住情绪是极其重要的。一般来说，在批评前先以一个稳定的情绪看待员工的错误，想到批评的目的是为了帮助对方改正错误，告诫自己不要只图一时痛快而大发雷霆。其次，要明白对方虽然是你的下属，你有批评的权力，但在人格上他与你是平等的。在批评中如果对方的态度不好可能会让自己极为生气，这时不妨结束谈话，或者通过别的事情来转移一下注意力，切忌因发怒而让批评毫无效果。

2. 不要随处传扬对下属的批评

上司批评下属不能随处发威，更不能随处传扬。有的上司前脚离开下属，后脚就把这件事说给了别人。或者事隔不久批评另一个人时随口说出去，搞得满城风雨，增加了当事人的思想压力和反感情绪。这不是爱护人的做法，而是一种应该批评的自由主义作风。

3. 忌一批了之

批评只是解决问题的手段，而不是目的。当一个人受到批评后，在心理上就会产生疑虑情绪：是不是上司对我有成见？带着这种情绪，他会特别留心上司的有关言行，从中揣测上司对他的看法。当发现上司不理睬他时，他就会认为上司对他有成见；当你再次无意中批评到与他相似的问题时，他会神经过敏地认为你又在讲他，又在与他过不去。

为了消除猜忌心理，上司在批评之后，要细心观察被批评者的变化，对他表示关心和体贴，有了点滴成绩，及时给予肯定；有了困难，及时给予帮助等。这样才能有助于消除猜忌心理，达到批评的目的。

因此，上司不要自以为批评了下属之后，任务就已经完成，便把它抛在脑后，而是要细心地关注被批评者的情况，及时地对他给予关心和体贴，发现他有想法要及时地与他沟通，下属做出了成绩及时地给予鼓励和表扬。

4. 切忌使批评演变为攻击

在批评的过程中常有这样的情况，开始只是针对一件事情进行批评，但后来因情绪的激动就变成了对人的一种责骂，不仅搬出许多以前的过错，而且态度上也极为粗暴。这样做的结果是闹得彼此心里都不痛快，员工由此而怀恨在心，工作积极性也受到极大的挫伤，进而在工作中产生抵触情绪，更重要的是这种情绪也会在群体中形成不良影响。

因此，在实施批评的过程中，我们一定要记住针对的是一件事而不是一个人，对员工出现的失误和错误，既要分清性质、程度和危害，不失时机地予以教育处理，又要与人为善，留点面子，不伤其人格，避免方法不当而激化矛盾，以致产生顶撞、对立的后果。就像小孩在家中洗碗碟时不慎打破了碗，既要批评孩子做事不经心，又要教育孩子今后要小心，而不是对孩子训斥责骂。

情绪会对行为产生影响，如高兴得手舞足蹈，愤怒得紧握拳头、咬住嘴唇，甚至可能打人、骂人。过分的情绪会造成不良后果。兴奋过度或悲伤过度一般只对自己造成不良后果，而愤恨和憎恨之类的极端情绪则常常伤及双方和多方，尤其上下级之间的愤怒情绪，会造成领导过程的暂时中断或长时间障碍。这就要求领导者具有宽容的心态和品质。

首先，要善于倾听下属的反面意见，有的领导很讨厌与他的意见有分歧的下属，在会议上如果有不同意见提出来，他会不高兴；如果有反对意见提出来，他会很生气，久而久之，下属把话憋在心中就会被压抑成牢骚、怨气。须知，一致的意见不见得就是最好的，特别是举手表决时，一致通过的方案不一定是好方案。如果对各种意见都乐于听取，予以关注，给予评价和鼓励，即使下属的意见没有被采纳，他也不会有什么抱怨。

其次，要诚心对待与自己意见不合的人。一个领导者在他领导的群体中，有反对自己的人，这不一定是件坏事。相反，从某种意义上讲是件好事。它可以经常使自己警醒，从而少犯错误；它能使自己不断完善，提高领导水平，走向成熟。成熟的领导者都会驾驭反对者，变反对者为支持者，及时消除误会，化消极因素为积极因素。

让下属乐于接受你的指令

领导者只有在发出指令、布置任务时对下属保持信任、尊重、平等、虚心的态度，下属才容易理解，乐于接受，也才会更好地执行，更认真地负责。

下达指令，布置任务之前，应该有充分的准备，把问题想得周密细致，以便使指令更完善、更切合实际。

世界饭店连锁业的巨头希尔顿曾经指出，管理应尊重权威。酒店如同一条行驶中的航船，掌舵的船长对于所有船员和乘客无疑就是一个绝对的权威。总经理负责的酒店管理也莫不如此。酒店的经营效益、社会效益在极大程度上取决于总经理对董事会决策的执行水平。如果政令不畅，落实受阻，再英明的总经理的决策也无法将其最终转化为实际的经济效益和社会效益。因此，酒店管理者必须重申总经理的权威，尊重这种权威，承认这种权威的公益性，并培养员工对这种权威的服从意识，而绝不能简单地、牵强附会地把它与"独断"联系起来。

具有现代管理观念的酒店总经理，往往在执行董事会决策的重大问题时，都能知人善用、集思广益。各级部门领导为总经理出谋划策，提供建议、咨询只是对总经理工作支持的一个方面，另一方面则体现为：一旦总经理对某一重大问题作出决定，各级部门都必须无条件地放弃自己的不同意见，坚决地、不折不扣地执行总经理的指令，这是在酒店管理工作中实行准军事化管理的关键。参照军队的体例，有人认为酒店管理中，必须实行垂直领导的原则，即员工对其直接主管负责，主管对部门经理负责，部门经理对分管的副总经理负责，副总经理对总经理负责。在岗员工对自己的直接上级不能说"不"，对交办的工作任务不能有丝毫的折扣。在这里必须强调指出，总经理并非是高高在上的"太上皇"，而是酒店及全体员工利益的总代表。他所决策的一切必须对整个企业的命运负责，对员工的切身利益负责、对客户负责、对董事会负责。这便是"准军事化"管理这一概念的基本要义和真谛。这样的管理机制非常便于指令畅通无阻，落实迅速，酒店上下团结一致，问题有人管，事事有人抓，从而可以有效地避免工作拖沓、推诿责任、行动迟缓、互相扯皮、浑水摸鱼、投机取巧等一切有害于企业发展的弊端。这种垂直领导的上下级关系在运作上都服从于企业的整体部署，因而是统一而协调的。各岗位的人员如同一部机器上的齿轮或螺丝钉，为同一目标发挥着各自的作用和功能。

有人指出，希尔顿强调领导者的权威性以及下属人员的服从观念，不会导致酒店的家长制作风，原因主要有3个。首先所说的是指在执行指令的工作过程中的服从，以及工作调度上的服从。其次，任何员工如果以关心企业命运为出发点，随时都可以向领导提出个人建设性的建议。对酒店发展有价值的个人意见或建议，最终都会受到领导的重视和采纳。最后，酒店定期的领导接待日是对这种垂直关系机制的一种补充。这一天，任何一名普通员工都有权按程序走进领导接待室，畅所欲言，直抒己见。

在特定的条件下，希尔顿式的“独断”管理风格有其必然性和必要性。但是，在通常情况下，不要形成领导者居高临下，一二三四布置一大套，执行者俯首听命、机械服从、不置一词的僵硬气氛。

1. 对员工进行有效指挥

领导可以通过“指令”进行有效指挥。发出一个指令是容易的，但要正确且有效地发出指令则是困难的。指挥艺术的基本要求是发出的指令要正确，要能有效地执行。

发出正确有效的指令，其要点是指令要明确、要相对稳定。只有发出的指令是明确清楚的，才能使下级对同一指令产生相同的理解，员工才会有一致的行动。要使指令明确，在发出指令时就要使用准确的词语，多用数据，减少中性词汇和模糊语。指令应当包括时间、地点、任务要求、协作关系、考核指标和考核方式等内容。指令还应当简明扼要，一目了然。

如果指令变化太多太快，缺乏稳定性，下级就会形成一种采取短期化行为的倾向，以便捞取好处。或者下级根本不信任领导发出的指令，这就会难以管理和控制。因此，在发出指令前要仔细审查指令的可行性，在执行中可能遇到的阻力，以及处理的方式。向下级解释清楚指令的内容和要求执行的原因，以统一全员的认识。如在执行过程中发现指令有不切实际的地方，应因事因时而异，区别情况采取不同的补救措施，立即更正发现的原则性的错误。

遥控还体现在抓落实上。再正确有效的指令如果得不到落实，就等于没有指令。当然抓落实也不意味着要“一竿子插到底”，使领导陷于琐碎的日常事务之中。抓指令的落实主要是通过定期和不定期的检查来进行。

以检查的结果或抽查的结果来判断下级的执行情况。这样下级在执行时就不敢懈怠。

艾柯卡在福特汽车领导和克莱斯勒企业总裁职位上时，采取了“季检查制度”来实行控制。每隔 3 个月，领导人与直属下级坐下来面谈一次，检查上一季度的成绩及目标完成情况，并订出下季度的目标。彼此同意后，下级就要写出目标，领导在其上签名。艾柯卡认为这种方法虽然简单却很有效。

2. 不要放弃监督的权力

没有被执行的命令是毫无作用的，因此高职位领导应当注意让命令有效的方法。命令并不是向员工发布之后就没事了，信任员工当然有必要，但你的监督也必不可少。要保证工作顺利进行，你的命令就必须得到认真的贯彻，你必须自己亲自去检查工作，因为下级不敢忽视上级的检查。换句话说就是：“不检查总会有疏忽!”

检查一个人的工作，以便督促他能够很好地执行你的命令，但也不能伤害一个人的感情，所以这也是一种艺术。监督过度会毁坏一个人的主观能动性，监督不够对执行命令也很不利。要监督还得考虑不要引起被监督者不满，最好方法是：随时到工作现场走走、看看。你的露面对于能使一个人保持紧张的工作状态起着有力的督促作用。

看着和被看着已经是一种陈旧的说法，也不见得就恰当，但它都是有效、可靠的，你确实应该善于运用这种技巧去保证你的命令被员工认真地贯彻执行。

你可以用一些检查单中的项目去检查和监督你的员工是否在认真地执行你的命令。如：每天要专门拿出一点时间检查工作；在你检查工作之前，仔细思考一下你要检查的重点；要有选择地检查；要多问问题；重新检查你曾发现的问题。

切记，一个命令如果缺乏监督和检查，那么和没有这个命令毫无区别。

3. 实现指挥科学性和艺术性的统一

做事有成效的领导进行指挥时，既不像将帅统领军队打仗那样发号施令，也不像乐队指挥那么严格，有板有眼。他结合了二者的长处，实现了科学性和艺术性的统一。指挥就是通过命令、指示、要求和指导、说服、示范等方式，使组织中的各企业及其成员积极而协调地实现既定的目标任务的过程。成功的指挥者要学会下达指示，进行授权和委派任务。

领导下达的指示要有10项要素评估执行任务的最终成果：什么问题、什么标准（数量、质量的要求）、什么人执行、什么时间执行、什么地点执行、什么方式完成、什么手段完成、什么目的、什么事项必须注意、什么方法考核。由于第一个字都是“什”（Shen），所以可称为10S要素。其中“什么方式完成”指在执行任务中采用的方法、方式、措施，而“什么手段”指所使用的工具、机器、设备和物资及所需经费。下达指示要符合法规、政策，符合组织目标，符合职权范围，符合实际情况，符合下级正当意愿，符合明晰、准确的要求。

指挥方式对于指挥的效果有不同的影响，采用说服型的指挥方式，员工会热情接受并取得卓著的业绩，指挥效果最好。一般指示型的指挥方式只会使员工接受工作，取得一般的业绩，指挥效果还可以。而简单粗暴型的指挥方式只会导致消极接受，取得的业绩也较差。

第八课　拒绝拖延：行动才会有结果

成功需要韧性，需要持之以恒。大凡获得成功的领导者，都是多年如一日，专心致志、坚忍不拔的人。事实上，成功往往就深藏在你无数次失败、将要坚持不住、就要退却的地方。

一个目标明确、胸有成竹、充满自信的人，绝不会浪费时间把计划拿出来与别人反复讨论，除非他遇到了见识比他高得多、能力比他强得多的人。一个成功的领导者不会徘徊在观望中等待，也不会在挫折面前气馁，只要作出了行动的决定，就立刻勇往直前，朝向成功的未来奋力迈进。

行动是一切成功的根本

最消磨意志、摧毁创造力的事情，莫过于拥有梦想而不开始行动。

领导者最容易染上的可怕习惯，就是一件事情明明已经计划好、考虑过，甚至已经作出决定了，却仍然畏首畏尾、瞻前顾后、不敢采取行动。对自己越来越没有信心，不敢决断，终于陷入了失败的境地。

很多领导者喜欢订计划，在周密、工整的计划中获得部分满足。但是如果不能将计划变为行动，再完美的计划也只不过是纸上谈兵而已。

整个事情成功的秘诀在于，形成立即行动的好习惯。成千上万的人都拥有雄心壮志，为什么很多人没有如愿以偿，甚至在生死线上挣扎？因为大多数人一直在拖延行动。并不是不想行动，只是想过一段时间再开始，这样光阴一晃就过去了。

经常听人说：“我知道今天该做这件事，但是今天我情绪不好、状态不好、条件不好、这样那样不好，这件事一定做不好，还是以后再说吧。”于是他开始拖延。他把该做的事放在一边，去做那些比较容易、比较有趣的事。

这件事也许比较乏味、比较难，但是，有时一件事值不值得做，不在于它能带来多少乐趣，而在于它对人格发展、自我完善的作用。

其实，他只需要强迫自己做一次，就能找到行动的感觉了。一件看起来很难的事情，有时候只需要几分钟就可以起个头，就能让他进入行动的状态、踏上成功之路的第一步，但是他拖延了一辈子却还是吝于付出这几分钟的时间。

美国某著名作家有一次应邀为一群文学系的学生讲课，题目是“怎样成为文学家”。

他首先对台下的同学提出了一个问题：“在座的哪一位确实想当作家?”学生们不假思索，纷纷举手。

“要是这样，”作家边说边把讲义塞进口袋，“我给你们提个建议，立刻回家去写。”说完，他立即转身离开了教室。

作家的课程虽然简短了一些，但却告诉了人们这样一个真理：只有立刻行动，才会让你成功。

1. 行动可以培养自信

一件事情还没有去做，谁也不知道困难程度有多大，会有多少预料之外的事情要发生，这时就要有绝对的自信，相信自己有能力克服战胜任何困难，应付各种各样的复杂问题。

要知道，抱怨只能使自己悲观失望，丝毫无助于问题的解决。人悲伤的时候想哭，但哭会使你更加悲伤。要想走出这个旋涡，你必须首先止怒，放弃抱怨，用解决问题的态度思考问题。

行动还可以培养韧性。科学界的人们都信奉这样一句话：失败一万次之后的那一次是成功。而这一万次，就是一万次行动。

成功需要韧性，需要持之以恒。大凡获得成功的领导者，都是多年如一日，专心致志、坚忍不拔的人。事实上，成功往往就深藏在你无数次失败、将要坚持不住、就要退却的地方。

2. 行动可以发掘潜能

美国一些心理学家认为：一个普通人只运用了其能力的10%，还有90%的潜能可以挖掘。20世纪60年代，美国学者米德则指出人只使用了自身能力的6%。还有学者认为：“如果我们迫使头脑开足一半马力，我们就会毫不费力地学会40种语言，把苏联百科全书从头到尾背下来，完成几十个大学的必修课程。”因此，可以说每一个人的生命中都潜藏着许多连自己都不知道的能力，如果不去行动，这些能力永远也没有机会大放异彩。只有大胆去行动，这一个个优秀的素质才会脱颖而出。到那个时候，最惊奇的将会是我们自己：原来我有这么多优秀的素质！

学会战胜自己，行动是最根本的诀窍。几乎每个人都有惰性。惰性是削弱意志、摧毁毅力的蛀虫，是发掘生命潜能的大敌。谁能坚持行动，谁就能战胜惰性，谁就能在克服惰性的过程中，发掘出自己的潜能来。

行动使你脱颖而出

行动能够让很多人实现自己的愿望，从芸芸众生中脱颖而出。如果人们都能全身心投入到自己的工作中去，即便是能力一般的人，也能取得很好的成绩，即使那些令人厌烦的人，也会使人改变对他的看法。

每一个老板都觉得勤勤恳恳、全神贯注、充满热情的员工更有价值。每一次晋升对他们都是莫大的鼓舞。这些员工的积极心态也常常感染上司，上司也知道，这样的下属在尽力帮助自己，并且对那些喜欢逃避责任的员工也是一种激励。

另一方面，在那些冷漠、粗心大意、懒惰的员工影响下，老板自己也会感到压抑、对工作失去信心，存在一种随遇而安的心理。因此，他会自觉地与有良好心态的员工在一起，关心他们的生活，对那些不专心工作、开脱责任、不注重实绩的员工，有一种本能的排斥心理。

对工作的不同态度：或一心一意或三心二意，或充满热情或冷漠淡然，或专注投入或心不在焉，其最终的结果有着天壤之别。

当一个人喜爱他的工作时，你可以一眼看出来。他非常投入，其表现出来的自发性、创造性、专注和谨慎，十分明显。而这在那些视工作为应付差事、乏味无聊的人身上是根本看不见的。

这样的情形在办公室、商店、工厂里也经常见到。一些职员总是拖拖拉拉的，似乎连走路都要费很大的劲，让人觉得生活仿佛是一个很大的负担。他们讨厌自己的工作，希望一切都快些结束，他们根本就不明白，为什么别人能充满热情、干劲十足，自己却总是觉得什么事情都单调乏味。看着这样的职员，简直就是受罪。

作为一个企业家，爱迪生是属于实干型的。23 岁时他开办工厂，招募了一批工程师、工匠，层出不穷地推出各种电气发明，这些人都热爱自己的工作、迷恋自己充满创造力的头脑和双手，每一个都是名副其实的工作狂，而爱迪生是“超级工作狂”。他每天的睡眠时间不到 4 个小时，他的办公桌就在工厂一角，每当完成一项发明，他就站起来，跳起了非洲大陆的原始舞，嘴里还念念叨叨：“这么简单的解决办法，怎么原来没想到。”这已经成了一种标志、一种信号，工人们一看到老板跳舞就围了过来，他们知道又有新鲜事可做了。订单像雪片一样飞来，在不断增加人手的情况下还要日夜开工。工人们没有抱怨，共同的兴趣在他们和爱迪生之间建立了友谊，何况这个不吝惜金钱的老板经常用金钱奖励他们。

那些处事乐观、积极向上的人，总有用不完的精力，他们神情专注、心情愉快，并且主动找事做，期待事业越做越大。

当伊雷内把开设火药厂的想法告诉父亲皮埃尔时，皮埃尔以为他在异想天开，在大家的印象中，这孩子从小就是个沉默寡言的书呆子。皮埃尔对伊雷内的计划不感兴趣，让他自己解决资金、厂址和其他问题，一切由他自己张罗。随后，伊雷内以出色的实干精神证明自己不是个空想家，他做得井井有条。他被生产世界上最棒的火药的狂想鼓舞着，一头栽进里面。

他手头的钱不够，一流的设备都在法国，厂址不知道设在哪儿合适，一切都没有着落。他知道，自己不可能像小时候那样用试管把火药生产出来。于是他一件事一件事地落实：首先选厂址，为了争取政府的订货，他想在美国华盛顿附近找个地方。但是，经过一番实地考察后，他发现这里没有火药厂需要的激流、森林和花岗岩。在美国绕了一大圈，他终于看中了特拉华州的白兰地河畔。这里水流湍急，蕴涵着动力，河边的大片森林是未来的燃料，山上的花岗岩可用于提炼硝石。伊雷内站在白兰地河边，抑制不住内心的激动，大声喊道：“我找到了！我找到了！”就像哥伦布发现了新大陆、阿基米德发现浮力定律时那样叫喊。

这里还有大量廉价的劳动力，无数的法国难民聚居在这里，要求的报酬比美国人低得多。他还认识了刚刚被法国政府逐出境的富翁彼得·波提，并说服此人入股。就连法国政府也得知了伊雷内的活动，为了增加火药来源以便与英国开战，法国政府火药局向伊雷内提供了先进的生产技术和设备，还督促银行家投资……总之，经过伊雷内坚持不懈的努力，渐渐把各个环节的想法变成了明朗的现实。1802 年 4 月，生产火药的杜邦公司正式成立了。

但这只不过是个开头，生产和经营中要解决的问题还很多。伊雷内亲自设计厂房的结构，让它最大限度地减轻爆炸的可能性；他夜以继日、废寝忘食地指挥厂区和设备安装。经过一年紧张的准备工作，火药厂终于开工了。但是由于动力不足，试制生产的工作却失败了。

伊雷内打算在白兰地河上修建水坝时，刚好有人正抢着做这件事：这些人想控制火药厂的动力来源，伊雷内通过法律手段驱逐了他们。又过了一年，火药才成功地生产出来，产品的品质是上乘的，但没有名气，被经销商退了回来。伊雷内在《华尔街日报》上向整个美国宣传：特拉华州是个打猎的好地方，这里还有杜邦公司的狩猎俱乐部，来这儿打猎的人，都会得到免费的火药。在一阵宣传之后，订单像雪片般飞来了。

1805 年，美国政府将杜邦公司定为军方火药的定点生产企业。伊雷内就这样挖掘到了第一桶金子。

许多人心存这样的想法：人人都在命运之神的掌握之中，所以，只要等待好运降临就行了。这是一个可怕的念头，对人的天赋、智慧、品格祸害最大的莫过于此。

从现在就开始动手

“种下行动就会收获习惯；种下习惯便会收获性格；种下性格便会收获命运。”某心理学家兼哲学家这么说。他的意思是：习惯造就一个人，你可以选择自己的习惯，我们有很多好计划没有实现，只是因为在应该说“我现在就去做，马上开始”的时候，却说“我将来会有一天开始去做”。

行动可以改变一个人的态度，使他由消极转为积极，使原来可能糟糕透顶的一天变成愉快的一天。

如果下决心立刻去做，往往会激发潜能，往往会使你最热烈的梦想也能实现。有个博士提到了下面这个例子：

曾有一位 40 岁出头的经理人员来见我。他负责一个大规模的零售部门。

他很苦恼地解释："我怕会失去工作，我有预感我离开这家公司的日子不远了。"

"为什么呢?"

"因为统计资料对我不利。我这个部门的销售业绩比去年降低了 7%，这实在很糟糕，特别是全公司的总销售额增加了 6%。而最近我也作了许多错误的决策，商品部经理好几次把我叫去，责备我跟不上公司的进度。""我从未有过这样的恐惧，"他继续说，"我已经丧失了掌控局面的能力，我的助理也感觉出来了。其他的主管觉察到我正在走下坡路，好像一个快要淹死的人，这一群旁观者站在一边等着看我一点一点淹没。"

这位经理不停地陈述种种困局。最后我打断他的话问道："你采取了什么措施？你有没有努力去改善呢?"

"我猜我是无能为力了，但我仍然希望会有转机。"

我反问："只是希望就够了吗?"我停了一下，没等他回答又接着问："为什么不采取行动来支持你的希望呢?"

"请继续说下去。"他说。

"有两种行动似乎可行。第一，今天下午就想办法将那些销售数字提高。这是必须采取的措施。你的营业额下降一定有原因，把原因找出来。你可能需要来一次廉价大清仓，好买进一些新颖的货色，或者重新布置柜台的陈列；你的销售员可能也需要更多的热情。我并不能准确指出提高营业额的方法，但是总会有办法的。最好能私下里与你的商品部经理商谈。他也许正打算把你开除，但假如你对他提出你的构想，并征求他的忠告，他一定会给你一些时间去进行。只要他们知道你能找出解决之道，他们是不会做划不来的事换掉你的。"

我继续说："还要使你的助理打起精神，你自己不能像个快淹死的人，要让你四周的人都知道你还活得好好的。"

这时，他的眼神又露出勇气。

然后他问道："你刚才说有两项行动，那第二项是什么呢？"

"第二项行动是为了保险起见，去留意更好的工作机会。我并不认为在你采取肯定的改善行动，提升销售额后，工作就一定会保住。骑驴找马，要比失业了再开始去找工作容易十倍。"

没过多久这位一度遭受挫折的经理打电话给我。

"我们上次谈过以后，我就努力去改变。最重要的步骤就是改变我的销售员。我以前都是一周开一次会，现在是每天早上开一次，我真的使他们充满了干劲，大概是看我有心改革，他们也愿意更努力。

"我们上周的营业额比去年高很多，而且比所有部门的平均业绩也好很多。喔，顺便提一下，还有个好消息，我们谈过以后我就得到了两个工作机会。当然我很高兴，但我都回绝了，因为这里的一切又变得十分美好。"

行动具有激励的作用，行动是对付惰性的良方。

你也根本不必先变成一个"更好"的人或者彻底改变自己的工作态度，然后再追求自己向往的生活。只有行动才能使人"更好"，想做什么就去做，然后再考虑完善目标。只要行动起来，生活就会走向正轨而创造奇迹，哪怕你的生活态度暂时是"不利的"。

正如有人所言："行动不一定就带来快乐，但没有行动就一定不快乐。"

保持一种务实精神

我们常常看到这样一种现象：目标提出了，决策作出了，任务下达了，结果却难遂人愿或不了了之。于是管理混乱、效率低下便成为这类组织中的一个共性。症结在哪里？缺乏务实的精神和有效的行动。

海尔的总裁张瑞敏最看重的是干部的执行能力和实干精神。

有一年的下半年，海尔有个别干部放松自我约束、自我加压，不再琢磨开拓市场的事情，想靠不正当营业手段寻求虚假效益，事后还不及时报告。针对这种现象，集团召开了经理会议，张瑞敏在会上严厉地批评这几个人："搞生产经营，不老实干，休想！海尔人从无到有，从小到大，发展到销售额几十亿的规模，靠的是什么？靠的就是脚踏实地拼搏的精神，你们失去了这种精神，所以工作迟迟不见起色。"

借此机会，张瑞敏向干部提出了三点要求：

一是正确认识自己，正确对待自己。有的干部执行效果很差，工作干得不怎么样，面子丝毫不能侵犯，派头更是摆得不小。这些干部不想想：没有海尔业绩，哪有你个人的地位？没有员工的努力，哪有你的权力？

二是应充分研究竞争对手。有的干部没有充分研究市场，研究竞争对手，心中无数，信息不灵，碰上强手一筹莫展，碰上弱者夜郎自大，不具备与人家竞争的起码能力。

三是紧跟集团步调。集团是新生事物，每出台一个措施，都会存在不完善的地方，有问题，我们应该齐心协力帮助解决，但绝不允许以种种理由来抵制或不去执行，更不允许各自为政。集团各个中心和各个专业委员会就是代表集团整体利益开展工作的，是"大势"，必须服从，不谋集团的"大势"，何谈企业的"小势"！

他说："海尔向现代化企业迈进，需要我们的干部特别是各单位的主要领导干部能在两方面领先，一是奉献精神，二是执行能力。商战如兵战，一着不慎，可能招致满盘皆输，在这里执行力的关键是高出竞争对手，处于领先地位。"

执行力就是行动力。要提升自己的人格，发展自己的个性，最重要的是立即采取行动，去做你想做的事情。要鼓起勇气、拿出力量、采取行动。常常对自己说："我要完成它！"以这种态度做事，没有不成功的道理。

行动可以体现出一个人的价值，不仅如此，对于你的继承人来说，行动更意味着巨大的财富。是的，如果你为孩子做了任何事，单单忘了教诲他养成亲自行动、努力工作的习惯，对他则是最为不幸的事，他会沦为生活的弱者。

我们经常可以看到这样的悲剧：一位富商把自己的孩子安置在自己开设或自己担任股东的企业里，尽管他的孩子毫无本领，职位却高人一等。在这孩子手下做事的员工，都比他努力，经验也比他丰富得多。没有人对他心悦诚服，这使他陷入尴尬的境地，羞愧难当。其实，这个职位应该由一位在公司工作多年、富有经验、精明能干的人担当。

一个人只有靠自己的行动、竭尽自己的心智、克服无数的艰辛谋到职位，才算得上真正的光荣，才能获得别人的信任和尊重。如果你现在的职位并非由于你个人的实力，而是经过其他方式谋取到的，那你做起事来感觉一定不太好。如果是由于父亲的面子，或其他亲友的提携，坐在现在的职位上，你一定会觉得工作非常生疏吃重，因为这个职位不是你脚踏实地获得的。

本杰明·富兰克林就是这样一个强调实干精神的人，而他自己就是一个行动家。在印刷厂打工时，他迅速、出色地掌握了专业技能，是凭实力领取高薪的工头。在上班时间他以最高的效率工作，在工余时间他抓紧时间读书。他用自己赚的钱买机器设备，筹办自己的印刷厂，并且在激烈的竞争中一路走来。

从小到大，在印刷厂工作、博览群书、笔耕不辍，使富兰克林成为极其娴熟的印刷技师和出色的写手。创业初期，他插手印刷所和报纸的一切事务——撰稿、编辑、策划广告、排字、印刷、修理设备……那些简陋的印刷机难免会出一些故障，他就是通宵达旦地工作也要全力解决故障、按时完成业务。他没有时间去娱乐场所、没有时间和人闲聊、没有时间钓鱼打猎，只把少得可怜的闲暇时间用于读书。总之，他一直在行动。

他在科学上的贡献更是举世瞩目，如果没有实干精神，富兰克林无法作出这么多的贡献——他发掘了电的本质，提出了“正电”和“负电”的概念，用实际行动解开了雷电的秘密，在光学、热学、声学、数学、海洋学、植物学等方面都有造诣，还发明了避雷针、新式火炉、电轮、双焦距眼镜、自动烤肉机、玻璃乐器……一个人身上集中了如此之多的成就，实在令人惊讶。

有人说：“每天早晨起床后，不管你喜不喜欢，你都得有事做，强迫自己工作并尽最大努力做好，可以培养自控能力、勤奋、意志力等各种美德。在懒惰的人身上，是没有这些优点可言的。”

如果你缺乏勇气、忍耐力、魄力、决断力，那就磨炼自己具备这种能力。应该深信，上帝赋予了你一种神奇的力量，使你能够改变自己。

加快自己行动的步伐

每个人的成功故事都取决于某个关键时刻，在这个时刻一旦犹豫不决或退缩不前，机遇就会失之交臂，再也不会重新出现。

在古老的、生活节奏缓慢的马车时代，用一个月的时间历经路途遥远而危险的跋涉才能走完的路程，我们现在只需要几个小时就可以穿越。但即使在那样的年代，不必要的耽搁也是犯罪。文明社会的一大进步是对时间的准确测量和利用。我们现在一个小时可以完成的任务可能是100年前的人们大约20个小时的工作量。

马萨诸塞州的州长安德鲁在某日给林肯的信中写道：“我们接到你们的宣言后就马上开战，尽我们的所能、全力以赴。我们相信这样做是美国和美国人民的意愿，我们完全废弃了所有的繁文缛节。”某个星期一，他在上午从华盛顿的军队那边收到电报，而第二个星期天上午9点钟他就作了这样的记录。“所有要求从马萨诸塞州出动的兵力已经驻扎在华盛顿与门罗要塞附近，或者正在去往保卫首都的路上。”

安德鲁州长说：“我的第一个问题是采取什么行动，如果这个问题得到回答，第二个问题是下一步该干什么。”

企管顾问艾维·李对施瓦布说：“我可以帮你提高公司的效率。”

施瓦布问：“费用是多少？”

李说："如果无效，则免费；如果有效，希望你支付我因此为您省下的费用的1%即可。"

施瓦布同意："这很公平，那怎么做？"李说："我需要与每一位高级主管会面，面谈10分钟。"

李于是开始与所有高级主管会面，他告诉每一位主管："请在下班离开办公室之前，写下6件你今天尚未做完、而在明天必须做完的事。"

当每一位高级主管将写下的内容交给李的时候，李对他们说："你们要为工作定出较短的时间，也就是说，不要把工作战线拉得过长，这样你就会很快把它完成。这就是你们为什么要加快行动步伐的目的所在。没有想要尽快完成工作的思想，你对那些困难或者轻松的工作就会产生惰性，因为没有期限或者期限较长，你感觉可以放到后面再说。如果你只从工作而不是从可用的时间上去着想，就会陷入一种过度追求完美的危机之中。你会轻重不分，且又安慰自己已经把某项次要工作做得很完美，这样做的结果只能使主要目标落空。"

主管们都同意这种观点，并把这一计划付诸实施。这样一来，大家做事都力求迅速且有主次，也正因为这样，他们都努力完成了自己的工作。

这样实施不久，公司的效益明显得到了改善。几个月后，施瓦布开了张35万美元的支票给李。

英国社会改革家乔治·罗斯金说："某个时刻一旦过去，指定的工作就永远无法完成，或者说，如果没有趁热打铁，某种任务也许永远都无法完工。"

拿破仑非常重视"黄金时间"，他知道，每场战役都有"关键时刻"，把握住这一时刻意味着战役的胜利，稍有犹豫就会导致灾难性的结局。据说，在滑铁卢战役中那个性命攸关的上午，拿破仑自己和格鲁希因为晚了5分钟而惨遭失败。就因为这一小段时间，拿破仑被送到了圣赫勒拿岛上，进而使成千上万人的命运发生了改变。

有一句家喻户晓的俗语可以成为很多人的格言警句，那就是："任何时候都可以做的事情往往永远不会有时间去做。"

非洲协会想派旅行家利亚德到非洲去，人们问他什么时候可以出发。

他回答说："明天早上。"科林·坎贝尔被任命为驻印军队的总指挥，在被问及什么时候可以派部队出发时，他毫不迟疑地说："马上。"

与其费尽心思地把今天可以完成的任务千方百计地拖到明天，还不如用这些精力立刻把事情做完。而任务拖得越久就越难以完成，做事的态度就越勉强。在心情愉快或热情高涨时可以完成的事情，被推迟几天或几个星期后，就会变成苦不堪言的负担。比如，在收到信件时没有马上回复，以后再捡起来回信就不那么容易了。许多大公司都有这样的制度：所有信件都必须当天回复。

当机立断地去行动，常常可以避免做事情的无趣和乏味。拖延则通常意味着逃避，其结果往往就是不了了之。做事情就像春天播种一样，如果没有在适当的季节行动，以后就没有合适的时机了。无论夏天有多长，也无法使春天耽搁的事情得以完成。某颗星的运转即使仅仅晚了一秒，它也会使整个宇宙陷入混乱，后果不可收拾。

"没有任何时刻像现在这样重要，"有人说，"不仅如此，没有现在这一刻，任何时间都不会存在。没有任何一种力量或能量不是现在这一刻发挥着作用。如果一个人没有趁着热情高涨的时候采取果断的行动，以后他就再也没有实现这些愿望的可能了。所有的希望都会消磨，都会淹没在日常生活的琐碎忙碌中，或者会在懒散消沉中流逝。"

真抓实干比能言善辩更重要

埋头苦干、脚踏实地，既是一种工作态度，也是一种管理思想。一个人如果没有实干精神，做任何工作都将一事无成；一个领导者如果缺乏脚踏实地的实干精神，工作浮在面上，成绩挂在嘴上，凡事浅尝辄止、蜻蜓点水，遇到矛盾绕着走，遇到困难就低头，是不可能把工作做好的。

在事业发展过程中，必然会遇到许多困难和矛盾，作为一个单位的领导，尤其是一把手，绝不能含含糊糊、得过且过，更不能下压上推，必须要埋头苦干、脚踏实地，敢于碰硬，敢于冲破阻力，确保工作落实到位，措施执行到位。

“空谈误国，实干兴邦。”衡量一个领导者作风的优劣，不仅要看他讲得如何，更要看干得怎样。一个合格的领导者，绝不能坐而论道，电话里问情况，材料里找根据，而必须深入实际，亲自调查研究，将“实”字贯穿工作的始终，做一名真正的实干家。

“你倒试试看！”这句话在绝大多数情况下，表达的都是对领导者感到失望的情绪，是对他们只会说不会做的失望。

在生活中，我们时常会看到这样的领导：当某件麻烦、棘手的事情发生时，他们总是不愿意直接插手，千方百计地将其推诿给员工去处理。而在遇到体面光彩的事情时，却又恨不得自己冲锋在前。

诚然，发挥人的积极性、主动性、创造性，确实是领导者的本质。然而，当员工面临棘手的问题而不知如何着手时，领导者就有必要亲自上手了。如果作为领导者，你把一切麻烦的工作都推给员工，也不管其能否胜任，都一概不管。这种做法，必然会给做具体工作的员工造成一些困难，从而引起员工的不满。

从某种意义上说，谁都觉得生疏困难的工作应该由领导亲自出面处理，这应该成为领导者的第一准则。因为不这样做就不能体现你的实力，不能维系同员工之间的信赖关系。也许，诸如此类的工作，确实不能称为重要的。然而，在给大家心里带来不良影响这一点上，就成为非常重要的问题了。

也许有人认为，既然员工是在做自己的工作中出现了问题，那么，善后工作当然应该由员工自己去做。凡是有这种想法的人所持的理由是，通过让他本人去做善后工作，对他既是一种实际教育，又可以警示他不要重蹈覆辙。

然而，这种做法并不总是有效。要是依着这种逻辑行事，也许偶尔会收到一定成效，但必须知道，要是员工解决不了这个问题，就会挫伤他们的积极性，使之对今后的工作失去信心，产生恶性连锁反应。一旦形成这种局面，则是无论用什么办法都不能挽回的了。不论你以什么样的借口把令人讨厌的麻烦事情推给下边的员工，至少也可以说明你身上有种明哲保身、不负责任的思想在作怪。

很显然，这样的领导者是不会受到员工拥戴的，而毫无威信的领导者又怎么谈得上对员工进行有效管理呢？麻烦的事、要担风险的事，你要自己承担。大声地说："你们干不了的，让我来！"那种气魄，定会让员工刮目相看。另一方面，这种影响也是潜移默化的，在无形之中使员工受到教育。它可以有助于你在你所管理的团队中建立起一种相互关照、遇事互不推诿的良好工作氛围。

那么，领导者应该注意哪些方面呢？

首先，在危急时刻，领导者应展示坚定勇敢的形象，借以产生强大的号召力和凝聚力。这种作用在生死攸关的战场上，在抢险救灾的搏斗中，在条件恶劣的环境里，尤其显得必要。

其次，在平时，领导者应树立自律自重的形象，借以影响员工的行为。领导者只要按照他们要求员工做到的，自己注意做到，哪怕是一个不大的动作，一个细微的表情，都可能产生意想不到的效果，而且职务越高，影响就越大。这些极平常的细微的动作，员工看了会产生亲近感，并由小及大，推测他们的为人品行，进而产生信任感。

在特殊情况下，领导者应塑造同舟共济的形象，发挥激励作用。有时，领导者为了突击完成艰巨任务，可以亲临现场，做一些力所能及的事情，有意识地通过自己的行动给员工以激励和鼓舞，其效果也是十分明显的。

例如，某单位的一项工程必须在暑期完工，工作相当艰苦，这时正值天气酷热，工人们在烈日下施工，个个汗流浃背，有的干脆光膀子干，但工程进度依旧缓慢，负责这项工程的领导年纪比较大了，他本来可以在有空调的办公室里指挥，可是他没有那样去做。他在布置完工作后，即来到现场，就坐在工地上。天热，他也脱掉上衣，有扇子也不扇，工人们干多长时间，他就陪多长时间，工人们很受感动。奋战一暑期，使工程提前完工了。这样惊人的速度与领导者同舟共济的精神是分不开的。

当然，领导者的实干精神并不是故意做给人看的。这些举动应是他们思想本色的体现，一贯作风的反映。只有展示自己的真实面貌和形象，人们才会心悦诚服，才能产生积极的影响力，如果当面一套，背后一套，一旦被人们发现，他们在员工心目中的形象就会黯然失色。

成功在于有效利用时间

一个成功者往往非常珍惜自己的时间，特别是作为领导者。一个有行动力的领导者总是能判断出自己面对的顾客在生意上的价值，如果有很多不必要的废话，他们都会想出一个收场的办法。同时，他们也绝对不会在别人的上班时间，去和别人海阔天空地谈些与工作无关的话，因为这样做实际上是在妨碍别人的工作，浪费别人的生命。

善待来客的人往往预备出一定时间。关于这一点，老罗斯福总统就是一个最佳典范：当一个分别很久，只求见上一面的客人来拜访他时，老罗斯福总是热情地握手寒暄之后，便很遗憾地说他还有许多别的客人要见。这样一来，他的客人便会很简洁地道明来意便起身告辞。

以沉默寡言和办事迅速、敏捷而著称的领导者都是深谋远虑、目光敏锐的，他们说出来的话，句句都很精准、很简要，都有一定的目的，他们从来不愿意在这里头多耗费一点一滴的宝贵资本——时间。

在美国现代企业界里，与人接洽生意能以最少时间产生最大效率的人，非金融大王摩根莫属。为了珍惜时间，他甚至招致了很多他人的怨恨，但其实人人都应该把摩根作为这一方面的典范，因为人人都应具有这种珍惜时间的美德。

摩根每天 9 点 30 分准时进入办公室，下午 5 点回家。有人对摩根的收入进行了计算，他每分钟的收入是 20 美元，但摩根认为远不止这些。所以，除了与生意上有特别关系的人商谈外，他与其他人谈话绝对不会超过 5 分钟以上。

通常，摩根总是一个人默默地工作。摩根会随时指挥他手下的员工，按照他的计划去行事。如果你走进他那间大办公室，是很容易见到他的，但如果你没有重要的事情，他是绝对不欢迎你的。

摩根极其卓越，他能够轻易地判断出一个人来接洽的到底是什么事。当你对他说话时，一切转弯抹角的方法都会失去效力，他能够立刻判断出你的真实意图。这样卓越的判断力为摩根节省了许多宝贵的时间。有些人本来就没有什么重要的事情需要接洽，只是想找个人聊天，而耗费了工作繁忙的人许多重要的时间。摩根对这种人简直是恨之入骨。

合理安排时间，对每一个渴求成功的领导者都很重要，因为合理安排时间等于是对你拥有的时间进行一次有效规划，这样你做起事来就会有条不紊，达到事半功倍的效果。

1. 计划时间

你最好给你的每一天和每一周定个计划书，否则，你就只能被迫按照不时放在你桌上的东西去分配你的时间，也就是说，你完全由别人的行动决定你办事的优先与轻重次序。这样你将会发现你犯了一个严重的错误——每天只是应付问题。

为你的每一天订出一个大概的工作计划与时间表，尤其要特别重视你当天应该完成的两三项主要工作。其中一项应该是使你更接近你最重要目标之一的行动。在每个周六按照这个办法订出下一周的计划。

研究结果表明：当你做一项工作之时，你花在计划上的时间越多，做这项工作所用的时间就越少。不要让一天繁忙的工作把你的计划时间表打乱。请记住，没有任何东西比事前的计划能促使你把时间更好地集中运用到有效的活动上来。

2. 分配时间

列出你今天、这一周和这个月要处理的工作，在一张纸上画出四栏，并在左上角贴上“重要而且紧急”的标签，你应在这一栏内填入必须立即处理的工作，并依次写下每项工作的处理日期和时间。

在右上角贴上“重要但不紧急”的标签，并填入必须做，但不必立即处理的工作。如果你认为这一栏的工作最重要时，则可以不必填写左上角的栏位，同样依次写下每项工作的处理日期和时间，你应每天审查一下这一栏的工作，以确保不会有工作变成“重要而且紧急”的专案。

左下角贴上“不重要但却紧急”的标签，在这一栏中所填写的都是一些必须立即处理的琐事，诸如某人需要你的建议，有人马上要你去买一些小东西等。当然，你也能把这些事情记在“重要而且紧急”一栏中，但本栏的目的在于使你了解“紧急”但并不等于“重要”。

最后，在右下角贴上“不重要也不紧急”的标签，你当然可以让这一栏空着，反正写在这一栏的工作，都是你可以不必在意的，但本栏的目的在于告诉你事实上有许多事情是属于“不重要也不紧急”的项目。

3. 按日程表行事

为了更好地实施你的计划，建议你每天制定两种工作表，而且最好在同一张纸上。这样一目了然，也便于比较。

在纸的一边列出“待做”的事项——把你计划要在一天内完成的每一件事情都列出来。然后再审视一番，排定优先顺序。表上最重要的事项标上特别记号。在纸的另一边或在你的记事本上列出某几段特定时间要做的事情，如开会、约会等，你要排出一两段特定的时间来办理。如果时间允许，再按照优先顺序尽量做完其他工作。不要事无巨细地平均支配时间，同时你要留有足够的时间来弹性处理突发事件，否则你会因小失大，因无法完成主要工作而泄气。

但是，“待做事项表”有一项很大的缺点，那就是我们通常根据事情的紧急程度来排定。它包括需要立刻加以注意的事项，其中有些事项很重要，有些并不重要。但是，它通常不包括那些重要却不紧急的事项，诸如你要完成但没有人催你的长远计划书中的事项和重要的改进专案。

因此，在列出每天“待做事项表”时，你一定要花一些时间来审阅你的目标表，看看你现在所做的事情是不是有利于你要达到的主要目标，二者是否相一致。

在结束一天工作的时候，你很可能没有做完“待做事项表”中的事项，但是你不要因此而心烦。如果你已经按照优先顺序完成了其中几项主要的工作，那么这正是时间管制所要求的。

4. 定期检查计划表

早晨起床的第一件事就是查看计划表。如果你确定要做的事情全都列在计划表上，而且每天固定检查计划表，你就不会忘记这个计划当中还有事情没有做完。

每当你分配工作给下属时，应要求他们把你所交代的事情记在工作计划表上；在随后的会议中，也要请他们带计划表来开会，并以此来作为推进报告的根据。只有这样，你才会放心而不至于遗漏工作中的某些环节。

5. 在计划表旁加注日期

时间日记并不总是灵丹妙药，只有真正下定决心完成计划表上的事情，时间日记才能发挥作用。而要下定决心完成计划表上的事情，最好的办法莫过于限定完成计划表上每项工作的时间。

第九课　个性魅力：树立良好的个人形象

个性魅力源于良好的个人品质，这包括积极的心态与良好的品德。有良好的个人品质的人更让人信赖，即使才能稍逊，也比那些才能出众而品质低劣的人更有可能成为领导人物。那些品质低劣的人，或者自私自利，见利忘义，或者毫无原则，胡作非为，只要稍具理智的人，怎么会将希望寄托在他们身上呢？

当然，单靠良好的个人品质还不能成为领导人物，领导者还需要建立起良好的人际关系，主动关怀别人，学会与别人交谈并调动别人的积极性，领导者通过这一过程，将自己的人格魅力焕发出来，对他人产生潜移默化的吸引力和巨大的鼓舞力量，使人们产生这样的信念：跟着他干，没错！

塑造正直诚信的品格

一个领导者，最重要的人格特质就是正直诚实的品格。一个人的领导能力，与正直诚信绝对脱离不了关系。企业领导者不但要做自己，更要诚实面对自己。

真正的领导者希望领导、服务他人，他们最看重的，是让自己所领导的部属产生改变，远远超过通过领导获取权力、金钱或名誉，而圣洁的心灵、悲天悯人的热情、精辟的见解，是主要的支持力量。

这样的领导人特质并非与生俱来。很多人天生有领导才能，但要成为真正的领导者，还得彻底发挥这些天赋才行。真正的领导者除了善用天赋，更懂得承认短处，努力克服。他们的领导包括目的、意义及价值。他们擅长建立坚若磐石的人际关系，众人真心追随。他们的人格特质前后一致、高度自律，当所坚持的原则遭到考验，绝不轻言妥协。真正的企业领导者时时提升自己，因为他们知道，成为真正的领导者，有时需要花费毕生的精力。

1. 做自己

没有完全相同的企业领导者，努力尝试模仿他人领导特质的人注定失败。“做自己”是企业领导者最需要具备的特质。最好的领导者必须独立自主、不随波逐流。易受他人影响的人，往往在冲突利益夹击之下背离初衷，或因害怕冒犯别人而不愿作艰难的决策。这样的人最重要的是学会“做自己”。

“做自己”面临的最大挑战，是当你孤军奋战，而大家逼你作决策的压力接踵而至的时候。然而，学习适应“高处不胜寒”才能不受任何压力左右。力排众议是“做自己”的必要元素。

2. 培养独特的领导风格

要成为真正的领导者，必须先培养符合自己“人格”与“特质”的独特领导风格。不幸的是，组织往往迫于各种压力，让人不得不遵循既有的风格。然而，若屈从于与自己人格特质不符的压力，想成为真正的领导者，简直是天方夜谭。

领导风格并非是领导是否成功的关键。华盛顿、林肯、丘吉尔、罗斯福、撒切尔夫人和甘地，领导风格都不同，却都展现真性情，他人模仿不来。

企业领导者也是如此，3 位美国通用电气公司的 CEO——政治家风范的琼斯、魄力十足的韦尔奇和授权部属的伊梅特，领导风格截然不同，但都是非常成功的企业领袖。通用公司顺应他们不同的领导风格，委以重任，最后都大放异彩，获得成功。成功的重点就在于领导者的“正直诚信”，而非个人的领导风格。

发展一套整合自己“人格”与“特质”的独特领导风格，对成为企业领导者的成长过程很重要。经过一段时间，当你独特的领导风格能够有效地领导不同类型的人和环境时，那么，你就成为了合格的领导者。

外在环境变化迅速，并且竞争也日趋激烈，领导者必须顺应时势调整领导风格。对下属，有时要正面激励，有时得严格要求，有时要充分授权，有时得事必躬亲，有些议题得公开讨论，有些只能在台面下运作。顺应时势的领导风格和“不真诚”不同，也不表示你角色多变而没能“做自己”。优秀的领导者能巧妙地掌握不同的领导风格，以顺应不同的环境，更深知运用不同风格的时机与诀窍。

当比尔·乔治刚进美敦利公司任总裁时，他花了很多时间熟悉公司业务、倾听顾客声音，同时还将重心放在激励员工，以达成公司的使命——帮助人们恢复健康上。与此同时，他又发现公司的决策与开销需要更严谨的审核流程，因此特别注意预算方面的监管，也紧盯人员编制的增加。很多人一开始对他心生疑虑，但最后都了解他顺应时势、做所当做的领导风格。毕竟，身为公司的领导者，他必须看到成绩。

3. 了解自己的缺点

诚实面对自己，指的是勇于接纳自己的短处，并能发挥自己的长处。

坦荡面对自己的阴暗面，是做真诚领导者的必备条件。当你尝试隐瞒不足、牺牲真诚，好赢取下属的尊敬与赞美时，反而会衍生更多的问题。

举例来说，有些领导者也已经意识到自己对下属不留情面、缺乏耐性、不够圆融，他们也曾为接纳这些短处所苦。但是，领导者应该明白，一个人的长处与短处犹如硬币的正反两面。在开会时痛斥下属，虽然能迅速直捣议题核心，但强硬态度却会让员工渐渐气馁，丧失自信；要求每件事都能迅速完成，虽能达到优质绩效，却暴露了领导者对动作不够快下属的不耐烦；直来直去的互动虽能清楚传达信息，却有失圆融。领导者只要能做到反躬自省，调整作风，节制强势的领导风格，就能让员工积极参与、勇于负责，并认真地提出他们的建议。

领导者应该放开心胸，坦然接受各种批评，不必尽力表现完美，或至少表现出无懈可击的领导气质。因为多方隐藏不足之处，只会让别人更看清楚你的不足，尝试掩盖只是掩耳盗铃。

失信于人，领导者就失去威信，在员工面前就丧失了影响力。失信越多，个人威信丧失就越多，影响力也丢失越多，企业的凝聚力也就越来越弱。可见，信用是事关企业大局的东西，一旦确立，就要全力以赴，绝不能让它空有其名，要使它在一桩桩管理活动中成为生动的现实。信用不是用来做摆饰、装门面的，也不是用来应付上级和外界检查的，它是实实在在能转化为员工巨大动力的希望。

以下有五个具体可行的途径，作为领导的你必须遵守。

第一，目标一致：领导者的一言一行，从各方面所传达出来的信息，整个组织的目标以及沟通管理上的工作，都必须有着极为密切的关系。

第二，言行一致：领导者的行为应该要和自己公开说过的话一致。

第三，风格一致：领导者的沟通方式应力求直接、坦诚，尽量鼓励他的下属们发表意见。

第四，前提一致：领导者认为重要的人和事，就应该充分地重视。比方说部属和其他组织的主要成员就应该比外界人士先得到第一手资料。

第五，角色一致：领导者应该是一个组织的最高沟通上司，也是主要事务的发言人。不管是对内或对外沟通，都不该假手他人。

你真正希望百分之百赢得信赖和效忠吗？我们建议你必须真诚、表里一致，时时刻刻为团体示范出你是个值得信赖的好领导。

以下是领导者必须严守的五项原则，有助于创造并增强下属对你的信赖。

第一，公私分明：绝不可以将私事和公司的业务混杂不分，要分得一清二楚。

第二，严于律己：公司所规定的任何事情一定要以身示范并做好它，绝对不要破坏自己所颁布的规定和办法。

第三，不轻易许诺：绝对不要承诺你不能实现的事。

第四，用人不疑：用他，就要完全信任他，不信任他，就不要用他。

第五，公平公正：以公平公正的准则来管理人事和公司。

此外，领导者必须投注更多的时间，长期地培养自己的信用，小心维护自己的声誉。好事不出门，坏事传千里。你必须更加谨言慎行，一次失信就可能造成永远无法弥补的致命伤，因此想建立你个人的信用，提高信誉，你必须注意不要犯错，甚至要达到永不犯错的地步。

领导者都应当谨记在心：信赖为成功领导者的宝贵资产。并且你要经常问自己："下属到底有多信赖我？"然后，设法提高别人对你的信赖感。

富有感染力和热情

领导，其实就是魅力的极致发挥，影响他人合作和达成目标的一个历程。一个人之所以心悦诚服地为他的领导或组织卖力工作、奋斗，绝大多数的原因，是他拥有一位"魅力"逼人的领导。这样的领导就像磁铁般俘获了大家的心，激励大家勇往直前。

一位员工推崇他的领导说："和他在一起一分钟，你就能感受到他浑身散发出来的光和热，我之所以卖命工作，乃是因为他身上有一股强大的魅力深深地吸引了我。"

从领导效能的观点来看，我们不得不承认：魅力、影响力远胜权力。

多少年来，有关领导的书籍和研究报告层出不穷，讨论的主题涉及组织领导、领导行为、权力领导。这些重要的主题，都包含了许多不错的构想。事实上，这些都可以精简成一句话：与其做一位实权在手的领导，不如做一位浑身散发无穷魅力的领导。

盛田昭夫是第一个实现了日本企业国际化梦想的人。他使索尼成为一个庞大的国际化电子厂家，是仅次于日本松下、德国西门子、荷兰飞利浦公司的第四大电子公司。盛田昭夫也因此得到英国皇家学院授予的艾伯特勋章，并荣登美国《时代周刊》，成为封面人物。

就是这样一名出色的企业家，他对自己的要求向来都是全力以赴。不仅如此，他对自己员工的要求也是全力以赴。他说："当你三十年后离开我们公司，或者离开这个世界时，我不希望你后悔把宝贵的岁月荒废在这里，否则，那将是个悲剧。"

盛田昭夫在青少年时代就很喜欢电子产品。日本在第二次世界大战中失败了，战争刚刚结束，他就想去东京发展，父亲说他："就凭你们几个毛头小子还想从帝国的废墟上培植出鲜花来？"盛田昭夫没有听父亲的话，他和他的老师一起来到了东京，开始了自己的事业。他们以500美元起家，在战争的废墟上成立了东京通讯工业公司，这个公司就是索尼的前身。

盛田昭夫在索尼的发展历程中，将重点放在了创造市场上，而不是夺得市场。这是和其他经营者的主要区别。一般的经营者都是按照市场的需求来指导自己的经营方向，盛田昭夫不是。他全力以赴的目标是将自己的产品打入市场，让这个市场为自己的产品而动，而不是自己的产品随市场而动。要做到这一点，还是有很大的难度的。但是盛田昭夫一点都不灰心，他认为，只要认定一个目标，并朝着这个目标全力以赴地去努力，只要他的员工愿意努力，多付出的部分一定会得到补偿的。

当需求随着盛田昭夫的新产品问世而出现的时候，盛田昭夫就已经成功了。盛田昭夫告诉员工，要不断地开发和研究新的产品，并在整个的过程中，让新的产品不断地增加。

为了创新，盛田昭夫总是付出很多的代价，比如，盛田昭夫计划着用产品来领导潮流，也要为新的产品做好准备。盛田昭夫的公司要生产一些在市场上从来都没有销售过的产品，也就是从来都没有被其他公司生产过的产品。在盛田昭夫的领导之下，公司每天可以推出几种新的产品，每年可以推出来上千种。在创造和推出新产品的问题上，盛田昭夫从来都是全力以赴的。

其他的竞争者们都是抱着看好戏的态度在观望，索尼公司常常是独占市场一年多以后，其他的公司才会相信该产品会成功，于是其他品牌的同类产品也随着上市了，这期间索尼公司已赚了大把的钱，并且又有了新的创新、新的产品问世，又会以新的产品重新占领了市场。

盛田昭夫一旦有了自己的想法，他就会立刻和技术人员一起研究其可行性。盛田昭夫对技术人员说他要袖珍性质的产品，要实现的性质却是和那些大块头一样的功能。很快，这样的产品就出现了，同时这样的产品也给盛田昭夫以及他所管理的公司带来了巨大的利润，这种产品就是我们现在用的袖珍型的照相机和录影机。在这个基础上，盛田昭夫不断地告诉他的员工，努力工作，千万不要满足于现在，要变化，不仅工艺领域如此，而且人们的观念、见解、风尚、爱好和兴趣也是如此，任何企业如果不善于领会这些变化的意义，就不会在商界生存，在高技术的电子领域尤其如此。

除了不断地开发新产品之外，盛田昭夫对于努力工作还有新的解释。比如对未来工作的合理判断，对现在的把握。一个企业之所以能做大，是由很多的方面决定的，盛田昭夫的目标很简单，但是实现起来也有一定的难度。没有全力以赴的拼搏精神，是什么事情都不可能干成的。

带人要带心。做一位成功的领导，除非具备了相当程度的魅力和影响力，否则，是很难实现领导所面对的一个重要课题：如何赢得员工的信赖和忠心。有位颇为成功的领导在一次研讨会上，曾单刀直入地说道："在现实世界里，每一位成功的领导，无一例外地都具有特殊的人格特质，他们不仅能激发员工的工作意愿，又具有高超的沟通能力，动之以情，晓之以理，浑身散发着吸引人的魅力。运用奖赏和强制力来管理，也许有效，但是如果你要提高自己的领导魅力，赢得众人的尊重和喜爱，你就要尽最大的努力以影响和争取员工的心。如果领导者能够做到这一点，就能够完成许多看似不可能完成的任务。

个人的魅力或影响力，比职位的高低和提供优越的薪水、奖金来得重要得多。它才是真正促使人发挥最大潜力，以实现任何计划、目标的关键所在。

成功的领导的确不在于职位和权势，绝大部分取决于他有没有具备迥异于人，并足以吸引追随者的魅力。在一本名为有关领导艺术学的书中，作者也提到了类似的主张：

“除非激发了一个人的工作动机，你很难令人追随你。”同时作者也毫不留情地指出，“90%的领导者，将工作保障、高薪和赢利视为影响员工工作的最重要因素，是值得怀疑的。比上述更重要的因素还多得多，领导本身得拥有超凡的、令人‘信服’和‘归宿’的领导魅力，才有办法让员工跟着你走。因此，完全更可以确信：人们愿不愿意跟随你，要看你是否有强大的魅力，而非权力。”

务必牢牢记住，权力并不会自动点燃你的魅力，有权力并不意味着你有某种程度的魅力可以掌握人心。

不用过分担心和怀疑自己有无足够的领导魅力，因为领导魅力是可以培养和增加的。

某知名的社会心理学家就说过这么一句鼓舞人心的话：“每一个人都有一方有魅力的沃土，就等待你去开垦。”

如果你希望成为一位更具魅力的领导，要做的第一件事情就是尽快培养发展一项吸引追随者的超凡特质。要使追随者“跟我来”，你必须先懂得如何激发他们的追随动机。

1. 如何激发他人的追随动机

第一，使别人感到他自己重要。每个人都希望受到重视，你要让员工感到他本人很重要；

第二，宣传你的目标，说服员工相信你的目标是值得全身心投入的；

第三，想要别人怎样对待你，你就怎样对待别人。你想让别人追随你，你要关心他们，公平地对待他们，将他们的福利放在你的心上。

第四，为你自己的行为负责，也为员工的行为负责，千万不要把责任推在下属身上。

培养和增加领导魅力，是要讲究方法和技巧的。当你激发了员工的追随动机之后，你还必须做到下面五点，才能更进一步展现你的魅力，有效地吸引员工为你赴汤蹈火。

2. 如何更进一步展现自己的魅力

第一，做任何一件事情，都能比一般人想得周密细致，做得有条理。

第二，勇挑重担，不怕困难，喜欢在重担和困难面前锻炼自己的人格和能力。

第三，能从全局看问题，从小处着手，一步一个脚印地解决问题。

第四，不追求个人享受，任劳任怨，以身作则，同时能以大家的甘苦为甘苦。

第五，能以科学的手段，指导大家的工作方法，能以人性为本，激励大家的工作热情。

独特的魅力是领导者感召员工、凝聚向心力的基础。背景、年龄、性格各有千秋的员工就像一堆沙子，而领导者的魅力就是水泥，水泥可以让沙子紧密地结合在一起，领导者的魅力也可以让员工们团结在身边。因此，只有将你自身的魅力提高上来，才能拥有聚沙成塔的感召力。

领导需要微笑

领导者对员工主动的微笑意味着其平易近人的管理风格。面对第一次见面的员工也好、见过几次面的员工也好、经常见面的员工也好，见面的瞬间便露出满脸的笑容。这样的笑容蕴藏着“见到你真好”的信息。在美好的笑容已经不常见的现代，满脸的笑容已经成为吸引人的一项强大利器。

整日板着脸，动辄对员工训斥的领导者永远不可能被下属当知己看待。而领导者的微笑则具有非同一般的鼓动力，它既是对员工工作的认可和赞赏，又是一种勉励。

一些领导对工作认真尽责，全力以赴，可是他满脸倦态，鲜有笑容，这就让他失去了领导应该拥有的最基本的魅力。所有的员工都喜欢与欢畅、快乐及精力充沛的领导者共事，而厌恶与一个郁郁消沉、经常陷入失败颓废思想的领导者一同工作。美国总统里根便深知其中的奥秘：领导者必须倾注全力演出一个最具“成功形象”的优秀领导者角色，把活泼、愉悦的微笑脸孔展现给大家，把积极、自信的坚毅精神散发出来。

提起古永锵，搜狐的员工第一反应是：“总是面带微笑，英语说得很好。”古永锵的微笑传播范围其实相当广泛，影响力也很深。在其离职搜狐的消息爆出时，曾有记者撰文，评价古永锵是一个具有很高的职业水准、待人以礼、观点独到的职业经理人。这似乎也是下属们对古永锵的共识。

回忆与古永锵共事的日子，一位已离职的搜狐员工说：“他非常职业，非常理性。他的形象始终不变，一直面带微笑，说话非常客气。无论什么情况下，你做错什么，他都从来不会加以指责，他对下属从来就是本着提出建议，指导你解决问题的态度。从来没见他发过火。”古永锵用微笑传达出他无比的亲和力。这对一个企业的领导者而言，无疑是至关重要的优良作风。一位搜狐员工说：“我们上上下下都很服他，和其他企业的领导者相比，古永锵很低调、内敛、谦和，但他内心很有激情，这一点他拿捏得非常好。”

美国某心理学家谈到，有笑容的人在管理、教导、推销上更能成功。真诚的微笑不但可以让人们和睦相处，也给人们带来极大的成功。

希尔顿出生在美国的一个移民家庭里，成年后他买下了一家旅馆，经过苦心经营，终于使资产超过了本钱一些。他将这一消息告诉了母亲，没想到母亲却淡淡地说：“依我看，你跟以前根本没有什么两样……事实上，你必须把握比本钱更值钱的东西：除了对顾客诚实之外，还要想办法使来希尔顿旅馆的人住过了还想再来住，你要想出这样一种简单、容易、不花本钱而行之久远的办法去吸引顾客。这样你的旅馆才有前途。”

希尔顿苦思良久，终于找到了答案，那就是为顾客提供一流的微笑服务。于是希尔顿每天提醒服务员；“你对顾客微笑了吗？”并把这句话奉为自己的座右铭。

从此，希尔顿实行了微笑服务这一独创的经营策略。每天他对服务员说的第一句话就是："你对顾客微笑了没有?"他要求每个员工不论如何辛苦，都要对顾客投以微笑，即使在旅馆业务受到经济萧条的严重影响的时候，他也经常提醒员工记住："千万不要把我们心里的愁云摆在脸上，无论旅馆本身遭遇的困难如何，希尔顿旅馆服务员脸上的微笑永远是属于旅客的阳光。"

从领导者的角度看，企业实施微笑管理，可以表现领导者的宏大气度，出现矛盾时，微笑可以使双方恢复理智，化干戈为玉帛；微笑管理也是赞扬和鼓励员工的重要方式，当员工创造出良好的业绩时，领导者的微笑代表了肯定和赞许，员工能从微笑中受到鼓舞，获得力量，并焕发出更高的工作热情。从员工的角度看，当领导者适时运用微笑管理时，一张满面春风的笑脸传递出对下属员工的尊重、信任、关怀的信息，这能间接消除员工的紧张和对抗情绪，让他们从微笑中获得价值满足，从而更积极地做好工作。

美好的笑容，有时候会胜过一百句的赞美。如果你平时是一个不苟言笑的领导者，你不妨尝试以下一些做法。

①在上班之前，想一件开心的事情，不要把不愉快的情绪带入工作之中。

②保持微笑，对遇到的每一个员工点头致意。

③遇到下属员工没有做好工作时，保持冷静，多作自我批评，检查一下是否是自己沟通不够，指导不够。

④微笑要来自真诚，只有真诚，才会让人信任。

⑤领导者要经常把微笑挂在脸上。持之以恒的微笑会传染给每一个员工，让原本紧张的工作气氛变得轻松活泼，员工心情愉悦了，就自然会愉快地接受各项指令，工作效率也会随之提高。

总之，微笑不仅表现了领导者在工作中的豁达情怀，更反映出企业内部人际关系的融洽与和谐。它让人与人之间更加信任和宽容。与其说微笑管理是一种魔法，不如说微笑管理是一种"以人为本"理念的根本体现，是一种建立在领导者与被领导者间并使之心灵相通的桥梁。因此，请领导者在工作中不要吝啬你的微笑。

努力控制自己的情绪

人都有七情六欲，情绪的流露也是自然而然的事。这本无可厚非，但你若想成为一名成功的领导者，就应该管好自己的情绪。要知道，看似不经意的一笑一怒，全被底下的很多双眼睛盯着呢。

不轻易表露自己的观点、见解和喜怒哀乐，被称为“深藏不露”，这是成功的领导者用以控制员工的一种重要手段。历来聪明的领导者一般都喜欢把自己的思想感情隐藏起来，不让别人窥视自己的底细和实力，这样员工就难以钻空子了，会觉得上司神秘莫测，从而产生畏惧感，也就不容易暴露自己的真实面目。这样就如同上司在暗处，员工在明处，控制起来就比较容易了。

任何情绪都有负面影响。不善于控制情绪的人，随时随地都有可能让情绪“冒”出来。领导者从事管理工作，如果把情绪的负面影响带进来，会使对方不知所措，无法理解，最终造成误解和隔阂。因此，领导者应该有自控能力，遇事沉得住气，有效地控制情绪，这样才能保持上下关系的平稳发展，把自己的工作做好。具体来说，领导者适当控制自己的情绪有下列好处。

1. 避免自己的弱点被利用

要知道，无论是谁，只要稍有智力，便多多少少练就察言观色的本领，他们会根据你的喜怒哀乐来调整和你相处的方式，并进而顺着你的情绪来为自己谋取利益。这样一来，如果你的情绪表达失当，你的意志也会在不知不觉中受到别人的掌握。因此，高明的领导者一般不随便表现这些情绪，以免被人窥破弱点，给人以可乘之机。

2. 情绪自控是作出正确决策的需要

领导者一旦露出了“真情”，就容易为人所看穿，受到影响，而导致作出错误的决策。领导者要做到“喜怒不形于色”，亦即尽量控制自己的感情，而以冷静客观的态度来应付事情，这种性格的人才配做一位领导。

3. 做好工作需要积极情绪的支持

领导者所从事的工作关系到企业的生存发展，某项事业的成败兴衰。因此，领导者没有积极情绪的支持是不行的。这就需要你自觉主动地对个人的情绪进行自我控制，创造良好的心境。

4. 情绪自控是建立良好人际关系的基石

良好的人际关系，是领导者贯彻其管理意图，组织指挥各项任务完成的重要外部条件。领导者本人的情绪状态，直接关系到与他相联系的社会相关人员和企业组织成员。一个孤僻、冷漠、偏执、自大、暴躁的领导者，其不良情绪必然会影响与他人的正常交往，必然妨碍他与上下级之间的正常沟通与团结，更难以建立个人的友谊。而一个乐观、自信、宽厚、幽默的领导者，就容易与相关人员交往，容易获得上下级的支持与帮助。

5. 情绪自控也是保证自身理智的核心

情绪是有迁移性的，平时我们讲的“爱屋及乌”、“惊弓之鸟”、“草木皆兵”等都是情绪迁移性的表现。这种迁移性，带有十分明显、强烈的感情色彩，具有主观性。如某些领导者工作中受到挫折，心里郁闷，就会情不自禁地发脾气、发怨气，因而影响了团结，造成工作上的被动。因此，领导者必须对自己的情绪进行自控。这种自控反映了领导者个人的修养和心理水平的成熟程度，表现了其理智水平的高低。

6. 情绪自控能让你保持冷静

控制好自己的情绪，就能使你在企业遭遇困难时保持若无其事的冷静与沉稳，这是最能安抚人心的方法。如果你控制不了自己的情绪，露出不安的表情或慌乱的态度，便会影响到全体员工，一旦根基动摇，就会带来崩溃。

7. 情绪自控会使你从容镇定、成竹在胸

特别是在对外交涉、谈判交易的过程中，控制好自己的情绪，就会显得从容不迫。如果把持不住露出感情，如同自掀底牌一般，容易被对方控制，而屈居下风。

以身作则，使下属自觉追随

振臂一呼，应者云集的领导能力绝不是一个领导职位就能赋予的，没有追随者的领导剩下的只是职权威慑的空壳，也就是说，是追随者成就了领导者。领导者总是员工目光的焦点，因此，领导者必须以身作则，养成良好的工作习惯和道德修养，因为员工往往会模仿领导的工作习惯和修养。

作为企业的领导者，不能自律就无法以德服人、以力御人，如果无法取得他人的信赖和认可，将必败无疑。好的领导者必须懂得，要求下属和员工做到的事，自己首先必须做到。

建安三年，曹操率兵东征。此时正是麦子收割季节。由于连年战火，许多田地都荒芜了。曹操正行军时，随着一阵微风，飘来了一股股新麦的清香。原来，在队伍的前面出现了一大片黄澄澄的麦地。农夫们正在忙着收割。

一看到粮食，曹操顿时产生了一种特殊的感情。他想，老百姓们辛辛苦苦大半年，眼看果实到手，倘若这大片庄稼被我的人马一路踏过，多么可惜啊，自己的军队在老百姓心中也会留下不好的印象。战争期间，人心向背和粮食都十分重要呀！于是，曹操立刻传令：“凡是踩踏麦田者，罪当斩首！”传令兵立即将曹操的命令传达三军。

全军上下，人人都小心翼翼起来，因为他们深知曹操的为人，不要因为踏一撮麦子而丢了性命。所以，士兵们行走时，都离麦田远远的，骑兵害怕马一时失蹄狂奔乱窜，也就纷纷下马，用手牵着马走。队伍在麦田边缓缓地移动着。

正在忙于收割的黎民百姓们，对这支纪律严明、秋毫无犯的军队投去了感激的目光。不少人说道：“老天保佑你们打胜仗！老天保佑曹将军！”

曹操见到这种场面，心里不亚于打了一个大胜仗那样高兴。他坐在马背上，被眼前的景象所陶醉，想不到一句号令，就赢来了老百姓这么高的赞誉。

事情往往就是这样凑巧，正当曹操得意忘形之时，“嗖”的一声，一只大野兔从麦田里窜了出来，穿过路面，跑到了另一块田里。他的马匹给这一吓，犹如脱了缰一般，一下子窜入麦田几丈远，差点没把曹操给摔下马来。等到曹操回过神来勒缰绳时，一大片庄稼已被踩坏了。

面对眼前这一意外突发事件，大家都惊呆了。曹操虽久经沙场，但一时也手足无措。全军上下议论纷纷说：“将军自己刚刚下达的命令，现在他自己就先违背了，看他这次如何处置。如果他不处罚自己，以后还怎么让将士遵守命令呢？早知如此，何必下这‘罪当斩首’的命令啊！”曹操也感到事情很是棘手。于是曹操大声地说：“我定的军规，我自己违犯了，请主簿给我定罪吧！”

好一个曹操，反应真是敏捷。他明明知道自己是犯了死罪，但他却不说，而是让主簿去解决这道难题，把球扔给了下属。他就可以为自己的解脱找一个台阶。

主簿听了曹操的话后，心有灵犀一点通，便大声对曹操及大家说：“依照《春秋》之意，为尊者讳，法不责众。将军不必介意此等小事。”旁边的一些军士们也跟着附和道：“主簿说得对。”

曹操听了，心里当然十分舒服，但他还是一本正经地说：“军令是我制定的，怎么能被我自己破坏呢？”接着，又像是自言自语地感叹道：“唉！谁让我是主帅呢！我一死，也就没有人带你们去打仗了，皇上那里也交不了差呀！”众人忙说：“是呀，是呀，请将军以社稷为重。”

曹操见大家已经彻底地倒向他了，便说：“这样吧，我割下自己的头发来代替我的头颅吧！”于是，拔剑割下一绺头发，交给传令兵告示三军。

曹操这样做，既维护了他制定的军令，又给老百姓及下属一个良好的印象，同时也保住了他的脑袋，可谓一石三鸟。

大圣人孔子曾经说过：“己欲立而立人，己欲达而达人。”这句话的意思是说，只有自己愿意去做的事，你才能要求别人也去做，只有自己能够做到的事，才能要求别人。同样，作为现代企业领导者也必须以身作则，用无声的语言激励下属，才能充分发挥榜样的力量。

东芝公司是世界上有名的大企业。有一次，该公司的董事长土光敏夫听业务员反映，公司有一笔生意怎么也做不成，主要是因为买方的课长经常外出，多次登门拜访他都扑了空。土光敏夫听了情况后，沉思了一会儿，然后说：“啊！请不要泄气，待我上门试试。”

业务员听到董事长要“御驾亲征”，不觉吃了一惊。一是担心董事长不相信自己的真实反映；二是担心董事长亲自上门推销，万一又碰不上那家企业的课长，岂不是太丢一家大企业董事长的脸！那位业务员越想越怕，急忙劝说：“董事长，您不必亲自为这些具体小事操心，我多跑几趟总会碰上那位课长的。”

业务员没有理解董事长的想法。土光敏夫第二天真的亲自来到那位课长的办公室，但仍然没有见到课长。事实上，这是土光敏夫预料之中的事。他没有因此而告辞，而是坐在那里等候，等了老半天，那位课长回来了。当他看了土光敏夫的名片后，慌忙说道：“对不起，对不起，让您久候了。”土光敏夫毫无不悦之色，相反微笑地说：“贵公司生意兴隆，我应该等候。”

那位课长明知自己企业的交易额不算多，只不过几十万日元，而堂堂的东芝公司董事长亲自上门进行洽谈，觉得赏光不少，所以很快就谈成了这笔交易。最后，这位课长热切地握着土光敏夫的手说：“下次，本公司无论如何一定买东芝的产品，但惟一的条件是董事长不必亲自来。”随同土光敏夫前往洽谈的业务员，目睹此情此景，深受教育。

土光敏夫此举不仅做成了生意，而且以他坦诚的态度赢得了顾客。此外，他这种耐心而巧妙的营销技术，对本企业的广大员工是很好的教育和激励。

企业是一个有机整体，员工都在看领导者怎么做，继而就会跟着效仿。因此，领导者只有在关键时刻为员工作出好的榜样，才能起到带头表率作用，才能有效地激励员工。

那么，企业的领导者如何做到以身作则，并以此来带动下属向你看齐呢？以下几点非常重要。

1. 具有自我管理素质

善于自我管理的领导者能够独立思考、工作，无须严密的监督。

2. 忠于一个目标

大多数人都喜欢与将感情和身心都奉献给工作的人共事。除了关心自身，领导者应忠于某项东西：如一项事业、一件产品、一个组织、一个工作团队或一个想法。

3. 培养自己的竞争力，竭尽全力以达到最好的效果

领导者掌握着对组织有用的技能。对领导者的绩效标准，应比工作和工作团队要求的高。

4. 有魄力，讲诚信

领导者独立自主、有判断力。员工可以信任他们的知识和判断力。他们有较高的伦理道德标准，值得信赖，并且勇于承认自己的错误。

让“精明强干”为魅力加分

精明强干是领导者最为重要的特质之一。无论是说话、办事还是决策，领导者都要做到干脆、利落，不犹豫不决，不拖泥带水，不朝令夕改。这是一个优秀领导者有才能、有魄力最直观的表现，对提升自我形象有着至关重要的作用。

在对员工演讲、作报告时，领导者要果断威严，有威慑力。不管在什么情况下，讲话要一是一，二是二，切忌含糊不清。跟员工交谈时，即使员工一方处于主动，领导者听取对方谈话，也切忌唯唯诺诺，被对方左右。如果对方与自己意见相左，并且意识到员工意见确是对企业、对自己有利的，也不要急于表态。可以多思考少说话，也可以用“让我自己考虑一下”或“容我们研究、商量一下”等语句来结束谈话。这样，一方面可以有时间从容、仔细地考虑是取是舍，比草率决定要好；另一方面，这在无形中增加了自己的权威。

不能做到坚决果断的领导者，往往给人懦弱无能的感觉，那么这样的领导在员工心里的印象可要大打折扣了。领导者要时常作出各种决定，而

作出这些决定都是需要勇气的。当信息完全准确时，易于作出正确的决定，但当信息难以得到时，你简直就无法作出取舍。这是考验你的时候，一双双眼睛正盯着你，在等你作出一个决定，你成了大家关注的焦点。犹豫不决、优柔寡断，这些都表明这位领导者心中无底或内心的恐惧。此时你只有一个选择：坚决果断地作出决定，用智慧给大家指明一条出路。如果一再犹豫，坐失良机，今后大家对你的印象会如何？没有人会尊敬或跟随一位胆小的领导者。关键时刻挺身而出，作一个英明的决断，对你日后的感召力、影响力，效果会强于你平日里长时期的外在表现；倘若你平时派头十足，一到关键时刻却疲软，那么这个反差只会给你周围的人留下笑柄。

仅仅是坚决果断，还不足以打造出自己精明强干的气质，日常生活、工作的一点一滴中你都需要一些手段来“包装”自己，在员工面前强化自己的领袖气质。以下这些手段非常有效，领导者不妨酌情运用。

①开始讲话之前，将要讲的内容拟好几个要点，可以使员工产生你头脑清晰灵敏的印象。

②把一件事情在 3 分钟内叙述完毕，这是精明干练的领导者的说话秘诀。

③在会议的最后作好总结性的发言，可以给员工留下领导者具有深厚功底的印象。

④为了使自己的话更具说服力，借用古语或名言来表达是个好方法，员工会觉得你知识渊博，很有文采。

⑤使用极其明确的数字，可以让员工觉得你思维周密。

⑥在约定见面时，先看看记事簿后再决定时间，可以表现出你做事有条不紊的样子。

⑦把写满约会事项的记事簿“无意”地让对方看到，可以显示你的细心周到。

⑧为了让人看到自己是个从容不迫的人物，尽量放慢动作可以达到效果。

⑨为了使员工看出自己能力不凡，在宴会等场合与要人相邻而坐。

⑩坐着的时候，保持挺直端正的姿势，可以显示你是个“意志坚定者”。

⑪一面注视着员工的眼睛一面交谈，能使员工觉得你诚恳正直。

⑫与人约定时间时，不约定“几点整”，而约定“几点几分”，更容易被人认为是有魄力的人物。

当然，领导者在运用以上手段时，一定要显得自然，万不可流露出做作之态，否则，会适得其反。若想在员工面前长久地树立起自己高大的形象，就必须把上述这些办法反复地运用，并且形成一种习惯。俗话说，习惯成自然，既然已经习惯了、自然了，那就不会显得做作，时间一久，这种精明强干的气质也就刻在了自己的骨子里。如此一来，赢得员工的心就容易得多了。

下属愿意跟随你，不是由你的头衔、地位或者官阶层次决定的，而是意味着你必须有驾驭和左右全局的能力。也就是说，你必须具有一种“大家风范”。而要有这种大将之风，你只能从提升自己的人格魅力和号召力开始。

尽管在企业经营管理中并不强调个人英雄主义，但不同的领导者对公司的经营会产生不同的影响和作用，并会直接导致完全不同的结果。

稍加留意，你便会发现，一个成功或失败的公司总是和一个成功或失败的领导者的名字联系在一起的。宝洁公司的雅克、福特汽车公司的纳赛尔都曾将这些著名的公司带向危险的边缘，而他们之后的雷富礼、小福特却主要利用自己的个人智慧和魄力迅速扭转了颓势，并最终引领保洁和福特走出低谷，步入正常的发展轨道。

领导者，特别是高层领导者之所以对公司的发展至关重要，是由他们所处的特殊位置及个人强大的影响力所决定的。这种强大的影响力，更多的是来自非权力性因素的影响，这种来自非权力性因素的影响力是一种极为神奇奥妙的力量，使被领导者愿意顺从，并且去高效地完成交办的事项和任务。

你知道自身有大将之风吗？如果你不是很清楚的话，你不妨从下列几个问题中找寻线索和答案：

首先，当竞争对手开出天价，表示要挖走你的得力干将，他们的反应是不为所动，仍然跟随你左右？还是见利忘情，趁机跳槽呢？

其次，当你因为环境因素，宣布组织变革、策略转向的新消息时，部属们举双手赞成者多，还是抗拒抵制者与日俱增？

最后，为了节省租金成本，不得不忍痛将公司迁移到远离都市的偏僻地区时，他们是依然与你同甘共苦？还是拂袖而去，另谋他就？

如果你还不能马上并准确地回答出以上问题，这里有一个最好的建议：直接去请教你的部属，并诚心请他们告诉你真正的答案。不管部属对你的评分是多少，我相信你会明白，作为一个企业的领导者，必须要有足够的影响力。一个人的成就感与工作绩效，绝大部分取决于他能否成功地运用影响力。当一位领导人不断追求和学习发展影响力的新价值观时，他所表现出来的气质、见识与能力，都能令周围的人深深感受到他越来越有影响力。

记住：影响力可以被整个组织上上下下的人感觉出来的。它提供和激发了工作的步调、活力与热情，并且促使大家发自内心无悔地执著于共同的目标，一起奋斗不懈。

因此，今天的领导人除了非常需要了解人性，并获得部属的敬重之外，更要进一步懂得利用不同的方式去影响部属（当然他要考虑自身的条件和部属的状况），以创造出一种值得部属共同支持，甚至自愿无私奉献的环境和气氛，让组织更具有适应力、创造力和学习力，更容易应付变幻莫测的竞争。

以特殊的胸怀征服下属

俗话说：“理直气壮”、“有理走遍天下”。但这并不是说有了理就一定要不依不饶。在得理的情况下退让一步，对方一定称道你的宽宏大量，对你感激备至。

俗话说：将军额上能跑马，宰相肚里能撑船。作为一名领导，应该有这种气度。有了这种气度，才会处理好周围的人与事。宽宏大量，才能保持一份好的心境，才会成为一个合格的领导。一个企业，人员形形色色，在工作和生活中的表现千姿百态，世俗之人说三道四是常见的，领导者如果不能正确对待，则会影响工作情绪和身心的健康。为此，我们应该有宽宏大量的气度，减少思想压力，愉快地投入工作和学习。

宽容是一种涵养的体现。它指的是人与人之间最珍贵的谦让和理解，它要求人们在明白事理后，适当地放弃和忍让。

我国汉朝有一位叫刘宽的人，为人宽厚仁慈。他在南阳当太守时，有人曾经错认了他驾车的牛，硬说刘宽驾车的牛是他的。这事要是换了别人，不将那人拿到官府去治罪，也要狠揍他一顿。可刘宽什么也没说，叫车夫把牛解下给那个人，自己步行回家。后来，那人找到了自己的牛，便把那牛还给刘宽，并向他赔礼道歉，而刘宽非但没有责备那人，反而好言安慰了他一番。

刘宽的夫人为了试探他是否像人们所说的那样宽厚仁慈，便让婢女在他和属下集体办公的时候捧出肉汤，装作不小心的样子把肉汤泼在他的官服上。要是一般的人，必定会把婢女责打一顿，即使不如此，至少也要怒斥一番。而刘宽不仅没有发脾气，反而问婢女："肉羹没有烫着你的手？"由此足见刘宽为人宽容之度量确实超乎一般人。

这就是有理让三分、得理而饶人的做法。刘宽的度量可谓不小，他感化了人心，也赢得了人心。

宽容和忍让、得饶人处且饶人是制止报复的良方，也是收服别人、让人忠心为自己做事的高妙手法。

有一段时间，胡雪岩与庞二合伙做丝业收购，两人齐心协力，逼压洋人，抬高国人丝价，为了这件事，胡雪岩费了大量心血，做得实在不容易。谁知到了后来临近交货时出了一个乱子，被朱福年暗地里捣了鬼。

朱福年是庞二的档手，人送外号"猪八戒"，他自己野心勃勃，想借庞二的实力，在丝场上做江浙丝帮的首脑人物，因而对胡雪岩表面上"看东家的面子"不能不敷衍，暗地里却处心积虑，想打倒胡雪岩。但是他不敢明目张胆地同胡雪岩对着干，所以一切都在暗中操作。所幸尤五率先发现问题，派人告诉古应春，古应春又来告诉当时正在苏州的胡雪岩。听得古应春细说原委，胡雪岩渐渐有了办法，要制服朱福年。

其实很容易，只需将庞二请出来，几个人合伙给他演一出戏，慢慢揭穿他的把戏，朱福年就没得混了，做得狠一点的话，让他在整个上海都找不到饭碗。

在对待吃里爬外的朱福年时，胡雪岩牢牢记住，“饶人一条路，伤人一堵墙”的道理，因此胡雪岩在这件事的处理上是极为漂亮的。

朱福年做事不地道，不仅在胡雪岩与庞二联手销洋庄的事情上作梗，还拿了东家的银子“做小货”，他的东家庞二自然不能容忍。依庞二的想法，他是一定要彻底查清朱福年的问题，狠狠整治他一下，然后让他滚蛋。但胡雪岩觉得不妥。胡雪岩说：“一发现这个人不对头，就彻底查清之后让他走人，这是普通人的做法。最好是不下手则已，一下手就要叫他心服口服，死心塌地替你效力，才算本事。”

胡雪岩的做法是，先通过关系，摸清了朱福年自开户头、将丝行的资金划拨“做小货”的底细，然后再到丝行看账，在账目上点出朱福年的漏洞。然而他也只是点到即止，不点破朱福年“做小货”的真相，也不再深究，让朱福年感到自己似乎已经被抓到了把柄，但有莫名实情。同时，他还给出时间，让朱福年检点账目，弥补过失，等于有意放他一条生路。最后则明确告诉朱福年，只要尽力，他仍然会得到重用。

这一下，朱福年心惊不已，自己的毛病自己知道，却不明白胡雪岩何以了如指掌，莫非他在恒记中埋伏了眼线？照此看来，此人莫测高深，真要步步小心才是，他的疑惧写在脸上，胡雪岩就索性开诚布公地说出一番话，这话很有水平：“福年兄，你我相交的日子还浅，恐怕你还不知道我的为人，我的宗旨一向是有饭大家吃，不但吃得饱，还要吃得好。所以我绝不会轻易敲碎他人的饭碗。不过做生意跟打仗一样，总要齐心协力，不管心血花在明处还是暗处，我说句自负的话，我一定看得到，也一定不会抹杀你的功劳，在你们二少爷面前帮你说话。或者，你若看得起我，将来愿意跟我打天下，只要你们二少爷肯放行，我欢迎之至。”

这番话，听得朱福年激动不已："胡先生，胡先生，你说到这样的金玉良言，我朱某人再不肯尽心尽力，就不是人了。"他对胡雪岩是毕恭毕敬，显然是对胡雪岩的为人彻底服帖了。要知道，此人平日里总是自视清高，加之东家庞二"强硬"，所以平日里总在有意无意间流露出"架子大"的味道。此刻一反常态，才是真正内心的表现。胡雪岩得理也饶人，因此收服了朱福年。

宽恕别人的过错、宽容别人的过失，有容人之量，适时地放对方一马，会使事情更加圆满地解决，别人也会对你感恩戴德。

领导者应该以怎样的胸怀对待下属呢？

1. 有理让三分，得理而饶人

一般而言，有理、没理，饶人、不饶人，多是在是非场上、论辩之中。假如是重大的或者重要的是非问题，自然应当不失掉原则地论个青红皂白，甚至为追求真理而献身。但日常工作中，往往为一些非原则问题、鸡毛蒜皮的问题争得不亦乐乎，以至于非得决一雌雄才算罢休，就未免有些小题大做，得不偿失了。

当人们争吵时，由于满腔愤怒，所以往往出言不逊，争得面红耳赤。在此种情况下，如果有理的领导者表现得宽容，就能显示出他胸襟宽广，富有修养，反而更能让他人钦佩，更易征服下属。

不管下属怎样冒犯你，或者你们之间产生什么矛盾，总之"得饶人处且饶人"。凡事能够宽厚一点，日后你有什么差错，别人也不会做得太过分，迫你走向绝境。

2. 正确对待犯错的下属

很多领导者管不住自己的脾气，下属犯错后，往往火冒三丈，甚至以罚薪乃至解雇相威胁。这种打压的做法无疑给下属以相当大的压力。人们常说"轻装上阵"，带着沉重压力的员工会变得畏首畏尾，这样又怎么指望他们创造出效益呢？此时，你最好采用感化的手段，即对犯错的员工更好一些，这样做比惩罚要更加有效。

对于下属的错误历来有两种传统做法，一是毫不留情地、洞察秋毫地予以揭露，并予以严厉斥责；二是采用宽容而和缓的方法，给员工以改过或自我反省、自我认识的机会。这两种方法哪个更有效，主要是看它所适用的对象如何。

对于那些有自我约束力和较高素质的员工来说，后一种办法显然是比较合适的。这种方式不仅可以使员工的品行和灵性不会受到损伤，而且可以唤醒员工的觉悟，这种方式就是对人宽厚赢得下属的心，使其对领导者产生崇敬之情，进而更加忠实。

3. 有时也不妨装装糊涂

有这样一位领导者，他交代手下工作时，把完成的时间、完成的情况、报酬都规定得一清二楚。但由于不可抗拒的因素，时间到了，该完成的工作却没能完成。他手下的人听说他为人严厉，觉得如果如实汇报完成情况，很可能会受到他的严厉责备，于是大家便合伙对他撒谎，虚报了一个数字。

在那件不可抗拒的意外事故发生的时候，那位领导者就已料定大家不能在规定时间内完成任务，但大家汇报上来的结果又分明完成了，他心里颇有些怀疑，便私下里作了调查，发现大家串通起来造假骗他。他当时很生气，但过了一阵子他冷静下来想了一下，就不再生气了。因为摆在他面前的有两种处理方法，一种是按原则办事，毫不留情地揭穿谎言，对大家进行一定的处罚和教育，这样一来，固然可以让大家知道一下他的厉害，他的明察秋毫，不好糊弄不好欺负。但这样一来，他的人缘可就成大问题了，让大家下不了台，他一个人成了众矢之的，大家会记住这一次羞辱，而在以后寻机报复，最可怕的是这将使一群人抱成一团同自己作对，这样的局面对一个企业来说，是应该竭力避免的。

经过再三掂量，他决定用一种比较宽厚的方式处理这个问题，他按当时的协议规定的标准付了报酬。可以想象到，这样的宽容之心使员工们的良心大大地发现了，这位领导者于是深得大家的拥戴和尊重，在以后的几年间，他同手下的一批人合作得非常好。

这种手段的运用，是在向员工展现领导者所拥有的宽广胸怀。哪怕这份胸怀只是表面上的东西，也足以让员工感恩图报，并真心追随于你了。

做一个富有责任感的领导

是否具有责任感是员工评价一个领导者的重要标准，凡是卓越的领导者从来都不会推卸责任。勇于承担责任的领导者会使下属更有安全感，不仅如此，而且还会带动下属检讨自己的行为，反思自己的不足和应该承担的责任，从而增加他们的责任感。

在一次对广大员工的问卷调查中，当问及他们喜欢何种领导时，大约60%的人回答是“富有责任感的领导”。为什么如此多的员工都倾向于在富有责任感的领导手下工作呢？原因很简单，他们办事从不推卸责任，值得员工信赖。

员工希望领导认真负责，领导他们，创造更好的工作业绩。要知道，领导的担子很重，如果不富有责任感，担负的任务将不再有被顺利完成的保证，上司和员工们也不会把宝压在领导的身上。

一个不专心于自己的本职工作，对企业、对员工缺乏应有的忠诚的领导者是不可能担负起责任的，更不要说对本部门的员工及应取得的业绩负责。一般认为，责任感意味着对企业的专注、忠诚，在许多时候它可以在点滴的小事上展现出来。“我警告我们企业的领导们，”深圳某发展集团董事长说，“如果有谁说‘那不是我的错’而是他（其他的同事）的责任’之类的话被我听到，我就立刻把他给开除。这种人显然对我们企业没有足够的专注与忠诚，就好比你站在那儿，眼睁睁地看着一个醉鬼坐进车子里开车，或任何一个没有穿救生衣的小孩单独在码头上玩耍。也许你有权决定你个人的行动权，可是我不会容许这种事情在企业内部发生，在这里任何有损企业利益的事情一旦发生，所有的人都有不可推卸的责任。所以，不论是不是你的工作范围，只要是关系到企业的直接利益，都要毫不犹豫地加以保护，这样的领导才是肯负责的、也是我需要的人。”

作为领导，必须在企业里充分发挥个人的敬业精神。因为，一个对工作热忱的人，无论是在清扫马路，或是经营大企业，都会认为自己的工作是一项神圣的职责。即使会遇到困难，他们也毫不畏缩，遭遇失败也绝不逃避，更不用说推卸责任了。富有责任感就要勇于承担责任，不以任何方式推卸责任。有些领导，当员工发生事故时首先想到的就是——如何知情不报，或夸大事实换取同情，以便保全自我。若无法推托时，必以企业照明设备不够、材料不佳、机械情况不好等老掉牙的理由来搪塞。这样的领导怎能成为员工心目中的好领导？一个真正的领导，时刻以全局为重。所有的行为及态度，都要为企业利益着想，在不损失企业利益的原则下妥善处理问题。因此，要成为一个好的领导，就必须了解下述一点：只有对自己的行为负责、对企业负责、对员工负责、对客户负责的领导，才是员工们心目中的富有责任感的领导，也才是员工值得信赖和欢迎的领导。

老陈是一家工厂的生产线科长，他个性温和，工作勤奋，与同事相处得十分融洽。有一次，因为货源来不及补足，造成产量未达到预期的目标，厂长非常生气，在开会时宣布要扣除生产科员工当月的奖金。

散会后，老陈并没有解释生产为什么会延误，只是诚恳地对厂长说“这一切都不关生产科其他同事的事，是我自己指挥不当才造成的，这事应该由我独自来承担，请扣我个人当月工资和全年奖金作为处罚。”厂长同意了老陈的要求。

生产科的员工得知此事后，非常感动，于是他们主动加班，决心下个月超额完成生产目标。在他们同心协力及辛勤的努力之下，第二个月的产量果然超过目标。厂长非常高兴，立即宣布加发奖金给生产部门。

老陈将奖金都分给员工，自己分文未取，他对员工说：“这些奖金是大家的辛劳所得，是属于大家的。”老陈推功揽过，不但赢得了生产科同事的拥护和赞赏，同时也为公司创造了佳绩。推过揽功的人，为人所唾弃；而豁达超然、不计较个人名利的人，反而能拥有威信，为人所尊重。

如果领导敢于为下属撑腰壮胆，敢于在必要时替下属分担责任，不仅体现了一个领导者的道德品质和领导水平，而且直接关系到上下级之间能否建立起互相信赖、互相支持的融洽关系，关系到整个管理机器能否正常运转。倘若下属偶有过失，领导就把他当做“替罪羊”抛出去，而自己却不承担丝毫责任，那么，还有哪个下属愿意再为这样的领导者效劳呢？

在通常情况下，下属尽管存有希望少承担甚至不承担责任的心理要求，但他自己也认为这只不过是一种不切实际的“奢望”。只要中层领导能够实事求是地按照委派任务的性质，让他明确承担相应的责任，下属一般还是愿意接受的。问题的关键在于，几乎每个下属都希望上级能够替自己分担一些责任，对于这一正当的心理要求，倘若领导者不能痛快地予以满足（哪怕是“部分”满足），则下属是绝难忍受的。一旦遇到是非纠葛，下属就会为了自卫而对领导者作出强烈反应。由此观之，领导不应故意回避自己应承担的一份责任。这是处理好上下级关系的大前提。

领导必须明确区分哪些是下属应负的直接责任，哪些是自己应负的领导责任，绝对不要含糊其辞，模棱两可，让下属听了心里没底，或者感到“安全系数”太小，或者感到似乎有“空子”可钻。领导者替下属分担责任的目的，不仅是为了使下属增添几分安全感，更重要的还在于有意培养和增强下属对领导的信任感，使下属愿意承担自己应负的“直接责任”。

为此，领导就必须毫不含糊地替下属分担下列责任。

①由于领导作出的错误决策（包括正确决策中的“不正确”因素）所造成的损失。

②下属在执行任务过程中遇到各种不确定因素的影响和干扰所造成的挫折和失误。

③其他一切值得同情和谅解的过失。

领导一旦向下属作出分担责任的许诺，就应该遵守诺言，绝不反悔。

总之，承担责任，一要分清职责，二要适度。在此基础上，领导者要严于律己，敢于为下属分担责任。只要做到这些，下属就会从心底尊重你这个领导，心甘情愿地服从你的调遣。

有的中层领导喜欢拍着胸脯对下属说：“出了问题我负责!”这样做，表面看上去似乎给了下属一张“护身符”，实际上有头脑的下属并不相信自己的领导果真能够承担一切严重后果，过分的承诺，反而容易使人产生怀疑。领导的大包大揽，还容易诱使下属放松警惕，给工作造成一些不必要的麻烦或损失。